JN310160

継体大王の年齢研究

神谷政行

◇ 目 次

継体大王の面影と現状

本書の目的はただ一つ、８２歳とされた継体大王の年齢を明らかにすることです。

どの書物も、各天皇の歪んだ年齢構成を放置したまま、論理が展開され、その時代が議論され、推論が導き出されています。疑問と思わないのでしょうか。不思議でなりません。

日本書紀のなかで、年齢がよく話題に上る天皇は天武天皇とこれから扱う継体大王です。太古の天皇、例えば雄略天皇や応神天皇など１００歳を超える年齢も問題ですが、逆にはっきりあり得ない年齢であるとわかりますから、年齢は呪縛されることなく自由に語れるのです。

天武天皇については前書で述べました。日本書紀のなかでも最大のボリュームで微に入り細にわたり語られながら、年齢だけが明らかにされていません。そのため諸説が登場しました。結局、室町時代以降、６５歳説が有力とされてきました。ところが、戦後、兄天智天皇の年齢が５８歳から４６歳と１２歳も若返ったことから、弟天武天皇の年齢も若くする必要に迫られ、無理矢理６５歳は書き間違いと仮定して５６歳とされたのです。

前書では結論的にはさらに１３歳若返らせ４３歳としました。異様に多い当時の異世代婚を無理なく解決できると考えたからです。

ところが、これから扱う継体大王は違います。はっきり８２歳だと書かれているからです。即位前年が５７歳、継体２５年が８２歳で崩御されたと、挿入句としての原文注などではなく本文にはっきりあるように見えます。また、息子の安閑天皇が７０歳、安閑の弟宣化天皇は７３歳とまで記されました。

日本書紀がこれだけはっきり、年齢を示すことは異例なことです。日本書紀の全体を見渡すと、前半は別として後半を飾る天皇の年齢記述は、一人推古天皇を除き、ほとんどありません。それが推古天皇から１００年も遡（さかのぼ）って、この３人の天皇の年齢を明記しました。唐突な年齢記述といえます。また、その後も１００年近く沈黙は守られるからです。

よって、この８２歳は正しいものとして現在も多くの方が、この高齢に基づき、継体大王に関わるあらゆることが論じられています。その象徴的な石像が福井県の足羽山公園にあります。その姿は長老に相応しい厳しい世を乗り越えられた末にたどり着いた境地とも見える穏和で優しげな雄大なものです。

本書はこの８２歳を否定します。それも８２歳が事実ではないが伝承があったとか、春秋年という年間を２年と数える習慣が当時あったとして日本書紀の歪な年齢を正当化するなど、安易な弁解や妙な妥協はしません。この年齢について日本書紀は故意に年齢を違えたと考えました。ここで日本書紀は嘘をついたのです。それには止むに止まれぬ事情があったはずです。

年齢だけにこだわれば、本書だけがこの年齢を疑っているわけではなく、古事記は４３歳とありますし、現在まで視野を広げれば５４歳など諸説あります。なぜ日本書紀は８２歳とかけ離れた数字を記したのでしょう。

宮内庁の定めた順位では継体大王は日本の第２６代目の天皇です。

６世紀前半に活躍した天皇であり、息子には欽明天皇などがおられます。戦後、万世一系の天皇系列が見直され、現皇室は神武天皇ではなく、この継体大王に始まるとする新王朝論が唱えられるようになりました。

神武天皇から脈々と連なる天皇は息子達、もしくは兄弟に引き継がれていきましたが、この継体大王は確かにこうした直接の血族者ではありません。継体大王の父、彦主人王（ひこうしのおおきみ）は応神天皇の５世の孫、母振媛（ふるひめ）は垂仁天皇の７世の孫と位置づけられており、男子直系子孫と考えるには少し無理があるようです。

【古代天皇系譜】

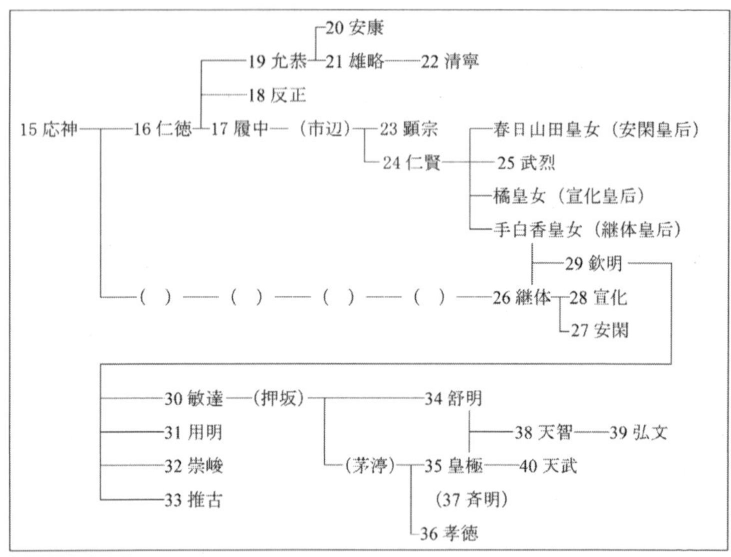

継体大王は息子に安閑、宣化がいます。この父子３人はともに仁賢天皇の娘を娶りました。継体皇后は欽明天皇を生み、宣化皇后は石姫を生みました。その後、この石姫は欽明皇后となり敏達天皇を生んでいきます。ですから、「入り婿」と捉えれば、その後の血筋は辛うじて守られたと考えることもできます。

【継体大王周辺の系譜】

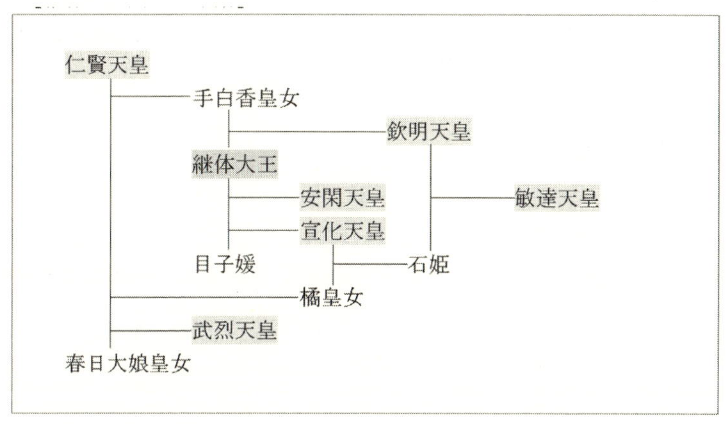

矛盾した言い方ですが､本書は古事記と日本書紀を基本としています。最近言われているような、嘘偽りの書だとは思いません。正しい過去の証言者だとして勉強を重ねてきました。

古事記や日本書紀は、天武天皇の指示から始まった国家プロジェクトによる成果です。当時最高の頭脳集団が時間をかけ総力を挙げてまとめ上げたものです。幾多の海外文献、全国に通達され集積された伝承の数々、国内の過去の歴史書、例えば、聖徳太子が編纂されたと言われる史書など現在に伝わらないあらゆる文献が引用されています。その他、政治的思惑、氏族間の軋轢などに揉まれながらも、細部に及び、よくここまでまとめ上げたと思います。世界に誇ることの出来る書物だと確信しています。

古事記と日本書紀の食い違う記事を恐れません。逆に、この二書には共通点が多すぎるとさえ思っています。これから逐一述べていきますが、食い違いは、結果的に二者択一を迫られます。本書は二説を紹介するに留めずあえて、あえてどちらかを選択しました。ただ、ご都合主義での選択は著者のもっとも恐れるところです。根拠はしつこいぐらいに述べたつもりですが、思わぬ思い違いがあるのかもしれません。叱責を頂ければ幸いです。

継体大王の謎の多さ

こうして継体大王を調べ始めたわけですが、この大王がとんでもない存在であることがわかってきました。単なる年齢研究と悠長に構えていられなくなったのです。

１．崩御時の年齢は８２歳か４３歳か

継体大王の年齢が日本書紀は８２歳としています。ところが、古事記は４３歳です。どうしてこうも大きく違うのでしょう。

２．継体大王の崩御年が一定しない

日本書紀は辛亥（しんがい）の年、西暦５３１継体２５年崩御とありますが、一説として甲寅（こういん）の年、西暦５３４継体２８年崩御説があるとも紹介しています。一方、古事記は丁未（ていび）の年、西暦５２７年（日本書紀の記述に従えば、その年は継体２１年）に崩御されたとも書かれています。少なくとも都合三種類の崩御年があることになります。

３．在位期間が不確実

日本書紀は２５年間ですが、一説に従えば２８年間になります。古事記は前天皇の崩御年が書かれていないので単純に決められませんが、日本書紀と同じと考えると、さらに４年短い２１年間となり、きわめて不確実なのです。その帰結として、即位年もあいまいです。

継体大王の足跡を辿ると、日本書紀は５０７継体１年、葛葉宮（くずはのみや）（枚方市）で即位したとありますが、その後５１１継体５年には筒城宮（つつきのみや）（京田辺市）に移り、５１８継体１２年には弟国宮（おとくにのみや）（長岡京市）に移り、５２６継体２０年、崩御の５年前ですが、やっと大和の磐余玉穂宮（いわれたまほのみや）（桜井市）に入

るのです。すぐ大和入りせず、4つの宮を転々と移動を繰り返しました。昔から、日本書紀が記す継体1年、葛葉宮での即位を疑う説が根強くあるのです。

4．出自が曖昧

日本書紀も古事記も、応神天皇の「五世孫の子」としながら、厳密には両書物が天皇家につながる系譜を明らかにしていないのです。記紀ともに中間の歴代の人物を省略しているので、これを不審と出自を疑われてもしかたありません。「上宮記（じょうぐうき）」はこれを埋める重要な文献ですが、なぜ記紀はともに系譜を「上宮記」のように克明に記さなかったのでしょうか。

【日本書紀】

> 男大迹天皇（をおどのすめらみこと）【更名彦太尊（ひこふとのみこと）】譽田（ほむだ）天皇五世孫、彦主人（ひこうし）王之子也。
> 母曰振媛。振媛、活目天皇七世之孫也。

【古事記】

> 品太王（ほむだのみこ）五世孫、袁本杼命（をほどのみこと）。坐伊波禮（いわれ）之玉穂宮（のたまほのみや）、治天下也。

5．継体崩御と安閑即位年の間に2年間の空白

日本書紀によると、継体大王は辛亥（しんがい）の年531継体25年に崩御され、次の安閑天皇は534年が安閑1年となっています。この二人の間に2年間の空位期間が存在するとはどういう意味なのでしょう。

しかも、息子の安閑は継体大王から日本史上はじめて生前譲位された天皇とされています。スムーズな継承のはずなのになぜ、2年間の空位があるのでしょう。

6．「百済本記」の奇怪な記述

日本書紀は継体大王が継体25年に崩御されたとしましたが、これは古朝鮮の記録「百済本記」の記述を採用したものであることが紹介されています。同時に、「この辛亥年に日本の天皇及び太子、皇子がともに亡くなった」とするセンセーショナルな記事があると伝えています。

しかし、古事記や日本書紀の記述からは、そんな事実は読み取れません。なぜ、あえて日本書紀は「百済本記」の記事を紹介したのでしょう。

7．皇位継承問題

盛んに論じられていることですが、新王朝が旧王朝に入り婿の形で越の三国（福井県）から大和に呼ばれ、天皇位を継承されたのは本当なのでしょうか。

それとも、この近江、北陸の雄は自ら軍を率い大和を武力制圧したのでしょうか。それにしては、争いの考古学的痕跡がありません。それとも、部族の統合、吸収といった形で平和的に統一されていったというのでしょうか。

8．二朝並立論

この問題の発端は仏教伝来記事にはじまりました。日本書紀の系譜順は、継体→安閑→宣化→欽明です。それを欽明が継体から直接、皇位を継承し、その間、安閑、宣化天皇と二朝並立時代があったというものです。

欽明天皇の在位期間は日本書紀では３２年間ですが、「上宮聖徳法王帝説」や「元興寺伽藍縁起幷流記資材帳」では仏教伝来に基づく年号から、４１年間となります。計算上、欽明天皇の即位年がちょうど継体大王崩御年に当たるので、欽明天皇は継体大王から直接皇位を継承したのではないかというのです。その差９年間が二朝並立です。現在、皇位継承問題を含めて、議論百出といった状態です。

本書の見方

ここでは継体天皇と呼ばず、継体大王と書き表します。特に「天皇」名称起源論にこだわったわけではありません。この時代、諸王の中で認められた最大の実力者が「大王」と呼ばれていたと思います。ここではあえて、継体だけを「大王」と呼称しました。これは、本書の結論の一つを明確に表現したいためです。

なお、本書の年号表記は「西暦５３４年継体２８年」を「５３４継体２８年」と簡略化します。また、特に断りなしに史書にのる干支による年代表現を西暦に置き換えています。古事記の西暦表記は那珂道世氏等の研究成果に基づきました。十二支と十干を組み合わせた中国古来の年代表記法です。６０年に一度巡ってくる六十干支を単に干支と略します。

天皇の名称は俗称としても使用される後世に定められた漢風諡号を用いました。継体を男大迹、聖徳太子を厩戸とは基本的に記述していません。単に個人をはっきり差別化させたい、理解しやすくするためにすぎません。本来なら和風諡号を用いるべきでしょう。必要に応じて紹介しています。

また逆に、同一人物を日本書紀の記述や古事記の漢字記述と混同して統一できていないところがあります。つくづく思うのですが、日本の古代は口伝えであることがよくわかる漢字が当て字として利用された時代なのです。

これから、天皇を中心とした多くの人たちの年齢を示していきます。

下記に継体大王を例にとります。

例

【継体大王の年齢】

古事記	日本紀	扶桑記	愚管抄	一代記	仁寿鏡	正統記	紹運録
４３	８２	８２	８２	欠	８２	８０	８２

４８５雄略２年生　～　５３４継体２８年崩　５０歳　本書

上記の一覧表は代表的な歴史的史書を左から古い順に並べたものです。崩御時の年齢を表示しました。これ以外で注目される記事があれば、その都度、本文で紹介します。表の下に本書の推測値を誕生年、崩御年、年齢の順に記載しました。

参考図書は左から次ぎのとおりです。

古事記　稗田阿礼の知識を太朝臣安万侶が撰録した。
　　　　７１２和銅５年に完成。

日本書紀　代表として天武天皇の息子、舎人親王が勅修し、
　　　　７２０養老４年に奉じる。「日本紀」と略。

扶桑略記　比叡山の僧（阿闍梨）、皇圓著と言われる。
　　　　１０９４寛治８年以降（平安後期）に成立「扶桑記」と略。

愚管抄　天台座主、慈円著
　　　　１２２４元仁１年（鎌倉前期）の作と言われる。

一代要記　作者不詳　後宇多天皇の頃
　　　　１２７４～８７（鎌倉後期）「一代記」と略。

仁寿鏡　作者不詳　後二条天皇の頃
　　　　１３０１～０８（鎌倉末期）

神皇正統記　南朝の大納言北畠親房著

１３３９延元４年「正統記」と略。
本朝後胤紹運録　後小松上皇の勅により洞院満季らが編纂
１４２６応永３３年（室町時代）「紹運録」と略。

天武天皇と継体大王の関わり

前作、「天武天皇の年齢研究」を通して天武天皇の出自疑問に共感し、多くの方々の労作を拝見し勉強を進めてきました。その中で天武天皇には継体大王に関わりのある事項が意外に多くあると常々思っていました。天武天皇はこの継体大王を敬愛しておられたようです。継体大王は天武天皇にとって大変重要な人物で、もっと掘り下げる必要があります。

いくつか例を挙げると、

天武天皇の出自を探求するうえで、犯人捜しの常套手段ではありませんが、天武が即位したことで、誰が得をしたかという手法で探ってみました。

まず、継体の子孫をなにかにつけ大切にしていることがわかります。天武天皇が定めた八色の姓で、「真人」という天武天皇自身と同等とするような最高の官位を、この継体大王の血筋の多くの者達に与えられたことです。これは単に、壬申の乱の功績者だからではすまされない高い官位だからです。その中で、丹比、為奈の氏族は宣化天皇の縁戚関係です。

また、その壬申の乱で天武天皇が最初に頼りとした目的地は、尾張、美濃などではなく、現在、関ヶ原町の野上と呼ばれる和蹔の地でした。ここは、息長氏の勢力圏であり、継体大王の息づかいが聞こえてくるところです。天武天皇が最初に武力蜂起した場所といえます。

逆に、尾張にこだわれば、継体大王もはじめ尾張の豪族の媛を娶り、安閑、宣化を得ています。戦略上重要な拠点でもあったのです。

兄、天智天皇は近江に遷都しています。当時としてかなり意外な地、近江への遷都の理由を現代の我々も推し量りきれないでいます。当時の中国唐の驚異から武力防衛のための遷都と一般的には言われていますが、それだけで納得できない飛鳥からは遠い場所への遷都です。受け身で逃れた遷都となってしまいます。あの天智天皇の性格からは考えられぬほど弱気な行動です。逃げ出すようなマイナスイメージに違和感を覚えます。もっと積極的な遷都の意味があったはずです。案外、天智天皇は継体系の直系という意識が強くあり、故郷近江を首都にするという気持ちがあったとも思えてきました。いずれにしろ、天武天皇自身にも継体大王の直系という印が強く刻まれていたと思うのです。天智天皇は祖先の土地、近江に安住の地を見出していたのではないかと、密かに考えています。祖国に錦を飾ったのです。

壬申の乱の作戦では、その主流は関ヶ原から米原に出てまっすぐ南下し瀬田を渡り、大津宮を滅ぼす図式です。これは当然としても、琵琶湖を北から西に迂回して現在の高島市、三尾の地を攻略したことも描かれています。一般には、さらに大津をめざし南下し、大津からの逃亡する敵を防いだといわれます。しかし、そんな記述はありません。三尾の地そのものの制圧が目的であったと思います。ここは、継体大王の生地なのです。父、彦主人王の墓といわれる前方後円墳などが残っている地です。息長氏に頼まれたのかもしれません。兵站に対するスムーズな運用に一役買う、なくてはならぬ氏族に対し、こうした対応も必要だったのかもしれません。

この三尾を征圧した将軍は羽田矢国です。新撰姓氏録には出自に応神皇子稚野毛二俣王を上げ、継体大王の直系です。天武天皇はさらに北の越（福井県）にも入らせたという記述もあります。越は継体大王の母、振姫の故郷です。

息長氏の強いつながりを感じます。この地を当初拠点とした鏡王の娘、万葉歌人の額田王は天武天皇の最初の妻です。鏡王の正体は不明ですが、蒲生野など、近江を拠点とする氏族の王であることでは問題ないようです。尾山篤二郎（おやまあつじろう）氏が提唱した為奈（いな）氏ではないかとも推測できます。継体大王の息子、宣化天皇の血筋です。

また、天武天皇の在位期間中に勢力をもった氏族の一つに当麻（たいま）氏がいます。現在の當麻（たぎま）寺、元は大阪府交野市辺りにであったとする史料があります。ここは、継体大王が即位した地として知られ、樟葉宮（くすはのみや）といいます。為奈（いな）氏、当麻（たいま）氏は後に、天武天皇の側近として活躍する氏族です。

きりがないので、これは別稿に譲るとして、話を戻します。

本書の年齢研究での年齢仮説条件を示します。

○年齢は数え年です。よって、生まれた年が１歳です。

○年齢不詳の男女の婚姻は同年齢としました。

○第一子誕生は１８歳～２０歳、特に２０歳をよく用いました。実例では１８、１９歳の例が数多みられますが、流産の危険が高いこの頃のことでもあり、余裕を持たせたものです。私的感覚にすぎませんが、この頃の女性は２０歳までに子供を一人は生んでおきたいという漠然とした人生設計を描いていたように思えます。実際にはそううまくはいかなかったようです。

○出産間隔は多産の場合には２年おきとして仮計算しました。

○また、下記年齢表の見方は、一例として次ぎのとおりです。

一行目は西暦の十桁、二行目は西暦の一桁を現します。

三行目以降にその行ごとに、注目した人物の名と年齢推移が一年ごとに数字の○（まる）連番で年齢を示しています。２０歳以上は特徴的な時期の年齢を示し、右の最後に没年齢を示しました。

例えば、下記の図では左端の西暦５１７年から右端５４２年が示されています。そして、上から順に継体大王とその子、安閑天皇、宣化天皇が並んでいます。ちなみに、継体大王の宝年は８２歳です。継体崩御時、安閑は６６歳、宣化は６５歳であることがわかります。

【日本書紀による継体大王親子の年齢関係】

５００	１１１２２２２２２２２２２２３３３３３３３３３３４４４	年
	７８９０１２３４５６７８９０１２３４５６７８９０１２	齢
継体大王	—69——————77————82	82
安閑天皇	—53——————61————66———70	70
宣化天皇	—52——————60————65———69———73	73
	└弟国宮　　└玉穂宮　空位←→	
	————継体在位２５年————→←→安閑←宣化→←欽明—	

○本書は「天武天皇の年齢研究」という公開されたホームページ上に掲載されたものに基づいています。しかし、その具体的年齢の結論はホームページと本書では異なっています。この微妙な年齢相違は、応神天皇までの年齢研究を進めた上で、最終的な今のこの形に修正した結論です。ホームページの修正はあえてしていません。これは、本書が著した結論の初期段階としての自分の推敲であり、その経緯を残したかったからです。

○本書は日本書紀と古事記の記述にあくまでこだわりました。
継体大王の年齢を突きつめた結果、日本書紀は年齢を偽るという間違いを犯したと結論付けました。このことを証明するためには、応神天皇にまで、年齢検証を遡らなければならなくなりました。継体大王は応神天皇の５世の孫の子だと言われるからです。その結果、紀年論にも関わることになるのです。

○また、年齢を調べることは、その人生を見ることです。特に、それに関わる女性の人生を調べることは重要でした。女性の方が出産年齢などから年齢を特定しやすいからです。今まで古代天皇の姿は御簾(みす)の後ろに隠されていました。これを具体的に示そうと意識しました。人間的な血のかよう姿です。現在では古代中国、韓国そしてギリシャやローマなど、自由に自国の古代の英雄としてドラマ化されています。これと比較すると、日本の古代はあまりに貧弱です。日本書紀は古代天皇を中心に描かれたものです。だからこそ、まずそこから、生き生きとした日本の歴史を描くべきだと考えました。

継体天皇像（福井市足羽山公園）

前提と推論

◇継体大王と安閑、宣化親子の年齢関係

日本書紀は第１代神武天皇より第１５代応神天皇まで歴代天皇の年齢を丹念に記述しています。ところがそれ以降になると、ほとんどの天皇の年齢を記さなくなります。しかし、この継体大王と引き継いだ二人の息子となる天皇だけは年齢を唐突に示しています。第２６代継体大王、第２７代安閑天皇、第２８代宣化天皇です。

それぞれ、継体、安閑、宣化の年齢は８２歳、７０歳、７３歳。どれも高齢といえますが、父、継体大王は１７歳と１８歳のときこの二人の息子を得たとなります。親子の年齢関係は緊密に見えます。

【日本書紀における継体大王とその息子達の年齢記述】

	継体大王	安閑天皇	宣化天皇
４５０允恭３９年	１歳降誕		
４６６雄略１０年	１７歳	１歳降誕	
４６７雄略１１年	１８歳	２歳	１歳降誕
５０６武烈　８年	５７歳	４１歳	４０歳
５０７継体　１年	５８歳即位	４２歳	４１歳
５３１継体２５年	８２歳崩御	６６歳即位	６５歳
５３４安閑　１年	→	６９歳年	６８歳
５３５安閑　２年	→	７０歳崩御	６９歳即位
５３６宣化　１年	→	→	７０歳
５３９宣化　４年	→	→	７３歳崩御

そうしますと、継体が５８歳で即位、次期皇位に長男安閑が６９歳、次男宣化が７０歳で即位したことになります。あまりに高齢な記録です。

こうした高齢となる即位年齢や崩御年齢は信じることができません。でも、継体大王の親子の年齢差だけは日本書紀のとおり正しいと前提として考えていいと思いました。継体大王は１７，１８歳で安閑、宣化の子供を得たことになります。このことだけは、信じるに値する親子の年齢関係です。これを何らかの理由により、この三人の年齢を引き伸ばされたと仮定しました。

継体大王は何歳なのでしょう。

その一つの重要なヒントが継体大王の前の武烈天皇の年齢に隠されていました。継体大王とその息子たちをまとめていく過程で、この武烈天皇が意外なキーマンであることがわかってきました。年齢研究の立場からは武烈天皇の存在位置がかなり特異なのです。

◇武烈(ぶれつ)天皇の年齢

【武烈天皇の年齢】

古事記	日本紀	扶桑記	愚管抄	一代記	仁寿鏡	正統記	紹運録
―	―	１８	１８＊	欠	５７	５８	５７

５１６仁賢２年生～５３３武烈８年崩　１８歳　本書

ここで彼自身の醜い性行を詳しく描写するつもりはありません。日本書紀が描く武烈天皇の業績内容が乏しいことから、その存在すら否定する向きもありますが、実在を信じて武烈の姿を浮き彫りにしてみようと試みました。

武烈天皇は子供がなく妃も不詳なことから、単純には未成年で崩御されたと考えられます。武烈天皇の１８歳崩御説は意外と多くの史書が採用しています。しかもかなり古い史書に集中しています。扶桑略記、水鏡、愚管抄、神皇正統録などです。実際に伝承があったのかもしれません。

一方、武烈天皇の５７歳説は、その後の室町時代以降、比較的新しい史書になってからです。皇代記、仁寿鏡から本朝後胤紹運録などです。たぶん、日本書紀に５７歳と書かれてあると考えたからでしょう。しかし、継体大王と二人の息子の年齢を日本書紀の記述のまま比較すると武烈天皇が５７歳では不自然でありえないことはすぐに気がつきます。５７歳は武烈天皇と継体大王が同じ年の生まれとなります。偶然の一致とも思えません。

継体大王の前の天皇が武烈天皇です。武烈天皇は父仁賢天皇の皇子で７人姉弟です。女ばかりの姉妹の中で末から２番目の唯一の男の子です。

【仁賢天皇の子供達】

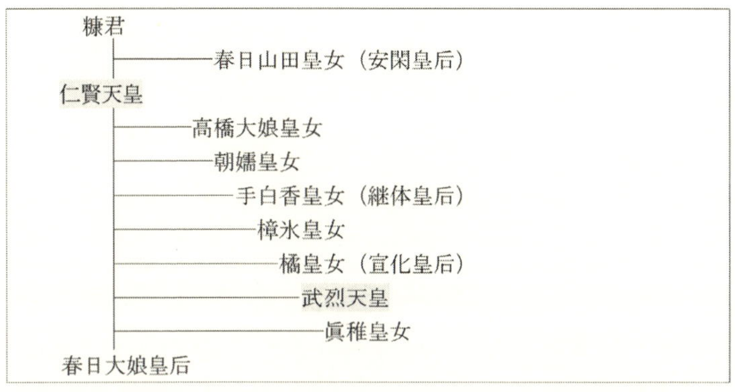

継体大王の皇后となった手白香皇女は武烈天皇の同母姉（第３女）です。継体大王の息子、宣化の皇后、橘皇女も武烈天皇の同母姉（第５女）です。具体的に、同じ母から生まれた武烈天皇を含む姉妹は全員で７人です。２年おきに生まれたとします。武烈天皇を５７歳とすると、５０７継体１年は継体５８歳、皇后は６４歳です。この手白香皇后は継体の６歳ほど年上となり、息子の宣化天皇の皇后となる橘皇女にいたっては夫より１９歳も年上になってしまうのです。これはどう考えてもおかしい。

一方の１８歳説です。伝承かどうかは別としても、中世の史書が示したように武烈天皇の年齢を最低限にまで引き下げる必要があったのです。すると、姉たちの年齢も下がり、継体皇后となった手白香皇女は２５歳で、２年後に欽明天皇を出産しています。また、この欽明天皇の皇后となる石姫もこの頃生まれたことでしょう。しかし、対する夫となる男達はかなりの高齢のままです。かなり年下の娘達を娶ったことになります。

【扶桑略記に基づく年齢表】（手白香、橘皇女は本書推定）

４００ 年	８８８８８８８９９９９９９９９９０００００００００００年 ３４５６７８９０１２３４５６７８９０１２３４５６７８９齢
継体大王	――――――――40――――――――――――50――――――――57――――82
宣化天皇	――――20―――――――――――――30―――――――――――――40――――73
手白香皇女	②③④⑤⑥⑦⑧⑨⑩⑪⑫⑬⑭⑮⑯⑰⑱⑲⑳――――――24――――？
橘皇女	①②③④⑤⑥⑦⑧⑨⑩⑪⑫⑬⑭⑮⑯⑰⑱⑲⑳――――？
武烈天皇	①②③④⑤⑥⑦⑧⑨⑩⑪⑫⑬⑭⑮⑯⑰⑱　　　18
	←―仁賢在位１１年――→←武烈在位８年→←継体

母は違いますが春日山田皇女も継体の息子、安閑天皇に嫁ぎました。具体的な春日山田皇女の年齢はわかりませんが、同等の年齢関係であると想像できます。つまり、娘姉妹と天皇父子の婚礼ですから、息子二人の同等年齢の女性たちとの婚礼を主体とすべきで、継体大王は武烈天皇よりかなり年上と考えられるのです。

仁賢天皇系に入り婿として継体大王系が結びつくには二つの年齢設定が考えられます。

一つが、姉妹が親子ほどの大きな年齢差があり、継体大王と安閑、宣化親子にそれぞれ婚姻し、子を成した。

二つ目が、姉妹の年齢差が通常の年齢差である場合、継体大王がうら若い姉の手白香皇女と婚姻し、息子の宣化らは同年齢で妹たちと結ばれた。

もしくはその中間で、継体大王が６歳ぐらい年下の娘と、その６歳ぐらい年下の妹がさらに６歳年下の宣化と婚姻したと考えられます。するとその三人の皇后となる仁賢天皇の娘姉妹の年齢はどうだったのでしょう。その手がかりの一つが息子の欽明天皇の年齢です。

この二人継体と手白香皇后からうまれた、後の欽明天皇は継体３年生まれと言われています。どの史書も６３歳だというからです。武烈天皇５７歳説では、手白香皇后は６０歳を超えた年齢で始めて子供を出産したことになります。やはりこのままではありえません。手白香皇女は継体大王の即位以前に欽明を生んだことにして、欽明天皇６３歳の年齢をさらに大幅に高齢に修正する必要が生じます。これも間尺に合いません。

そこで、武烈天皇が１８歳とすれば、これは解決します。手白香皇后は２０歳すぎで欽明天皇を生んだとなります。

【武烈天皇の位置】

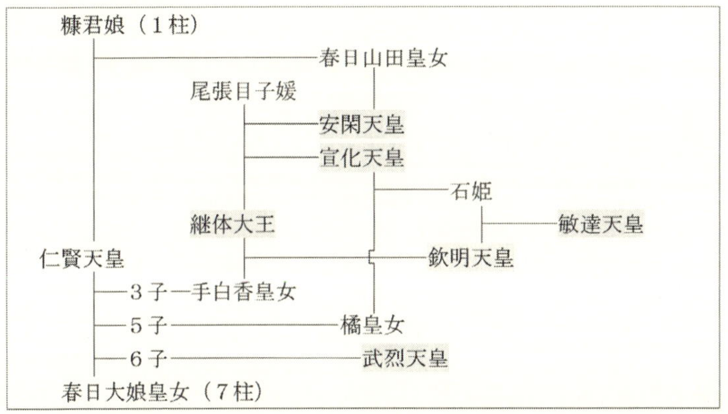

じつは５７歳説は間違いです。初め私も日本書紀に武烈天皇の年齢が５７歳と書かれていると勘違いしていました。岩波版日本書紀で教えられました。

【日本書紀　継体即位前紀】

天皇壯大、愛士禮賢、意豁如也。
天皇年五十七歳、八年冬十二月己亥、小泊瀬天皇崩。
元無男女、可絶繼嗣。

「天皇は、人を愛し賢人を敬い、心が広く豊かでいらっしゃいました。
武烈天皇は５７歳で、８年冬１２月８日におかくれになった。
もとより男子も女子もなく、跡嗣がたえてしまうところであった」

(宇治谷孟訳／下線は本書)

宇治谷氏もこのように、二行目の「天皇」を武烈天皇と訳し、同様に誤訳されています。ここで正しくは「天皇」とは継体大王のことを指します。日本書紀の記述は巻ごとに区切られ、その天皇の項目ではたとえ即位前の記述でも「天皇」と呼称し、前天皇を和風諡号(わふうしごう)で正確に記述しているからです。ですから、正しくは

「継体天皇は、人を愛し賢人を敬い、心が広く豊かでいらっしゃいました。継体天皇が57歳のとき、武烈8年冬12月8日に武烈天皇がおかくれになった。もとより男子も女子もなく、跡嗣がたえてしまうところであった」となります。

翌年、継体大王は即位して25年後に82歳で崩御されたと計算上正しく表記されているのです。このように武烈天皇と継体大王が同年齢だったなどとする説は間違いです。

この宇治谷孟氏の間違いは彼だけではありません。日本書紀以降あらゆる史書が武烈天皇の年齢を57歳と間違えています。古い史書、扶桑略記、愚管抄などがはじめ18歳であったのに、後に皇代記、仁寿鏡、興福寺略年代記、皇年代略記、如是院年代記、本朝後胤紹運録、帝王編年記などが57歳にしてしまいました。

これだけ間違うと間違いではなく、一つの定説になってしまいます。

すでに述べたように、現実的にみても姉たちとの婚姻関係から武烈天皇が継体大王と57歳同年生まれであるはずがありません。よって、消去法によれば、武烈天皇の崩御時の年齢は18歳となります。

すると、武烈天皇が18歳で崩御されたとき、継体、安閑、宣化の親子はそれぞれ57歳、41歳、40歳です。普通に考えると、父子と姉妹の婚姻ですから、手白香皇女と橘皇女の姉妹には大きな年齢差のある姉妹とも考えられました。しかし、武烈天皇は姉妹達の弟ですから、継体即位時にはこの姉妹はすでに成人しています。姉妹はそれほどの年齢

差がなかったとなります。継体父子は仁賢天皇のうら若い娘３人と婚姻関係を結んだと考えられるのです。

仮に、さらに２０歳ほど若く継体大王親子の年齢にすれば、すっきりするのです。欽明天皇を４０歳ぐらいで得たとき、これを生んだ手白香皇后やその妹達も２０歳代の女達で、息子の安閑、宣化はこの姉妹と同年齢となります。実際、現在、５４歳とする説があるくらいです。

ここに、なぜ日本書紀の編者達が継体大王を８２歳にする必要があったのかの原因が隠されていると思います。せめて６０歳程度にしておけば、こんな年齢矛盾はなかったはずです。

今城塚古墳（継体大王陵候補地）大阪府高槻市郡家新町

◇古事記　継体大王４３歳説

　ところが、古事記は「継体天皇は４３歳、５２７年４月９日に崩御された」と記したのです。どの解説本を見てもこの４３歳説は魅力だといいますが、採用されていません。

　継体大王は武烈天皇の崩御後に即位しました。古事記では継体大王の在位期間はわかりませんが、日本書紀と同様と考え、継体２１年崩御時に４３歳だとすると、単純計算で、下記にようになり、継体大王と皇后手白香皇女はほぼ同年齢となります。息子の宣化天皇は武烈天皇崩御時にはまだ幼児ですから、橘皇女との婚姻は１０年くらい先のことになります。年齢差も１５歳は年上になってしまいます。何かが間違っているようです。

【継体大王４３歳説による推敲】

４００	８	８	８	８	８	８	９	９	９	９	９	９	９	９	９	９	０	０	０	０	０	０	０	０	０	０	年
年	４	５	６	７	８	９	０	１	２	３	４	５	６	７	８	９	０	１	２	３	４	５	６	７	８	９	齢
継体大王		①	②	③	④	⑤	⑥	⑦	⑧	⑨	⑩	⑪	⑫	⑬	⑭	⑮	⑯	⑰	⑱	⑲	⑳	—	22	—	—	—	43
宣化天皇																				①	②	③	④	⑤	⑥	⑦	—	34
手白香皇女	②	③	④	⑤	⑥	⑦	⑧	⑨	⑩	⑪	⑫	⑬	⑭	⑮	⑯	⑰	⑱	⑲	⑳	—	—	—	24	—	—	—	?
橘皇女				①	②	③	④	⑤	⑥	⑦	⑧	⑨	⑩	⑪	⑫	⑬	⑭	⑮	⑯	⑰	⑱	⑲	⑳	—	—	—	?
武烈天皇						①	②	③	④	⑤	⑥	⑦	⑧	⑨	⑩	⑪	⑫	⑬	⑭	⑮	⑯	⑰	⑱				18
																←武烈在位８年→								←継体			

　それでも本書では、古事記の４３歳説にこだわりました。

　単純ですが、武烈天皇の５７歳説から３９歳を差し引くと年齢が１８歳になります。実は、継体大王８２歳も３９歳を差し引くと４３歳となり、古事記の記述に一致します。また、古事記では雄略天皇崩御から継体大王崩御までの間が３９年です。何か数字のトリックがあるような気がしました。その共通の値である「３９」は細かく言うと多くの問題を含みますが、順に説明していきます。

もう一つ忘れてはならない日本書紀と古事記の記述の一致している事実があります。それは継体大王の息子、安閑天皇の崩御年です。どちらも安閑天皇は乙卯５３５年に崩御されたとあります。この事実は重要です。歴代天皇の崩御年は、この安閑天皇の崩御年を境にして過去に向かって、ずれ始めるからです。この継体大王の崩御年から以前の天皇たちの崩御年がこの古事記、日本書紀でも一致しなくなるのです。

継体大王の伝承が伝えられる美濃根尾谷の淡墨桜

◇本書の仮説

より明快に解説するため、本書ではまず、結論を先に提示することにしました。あとから、これに至った経緯を順に説明していきます。

1．継体大王の年齢は丁未５２７年、４３歳であった。
これは、古事記の記述に基づきますが、古事記がいうように、この年が崩御年だとは考えません。何かの事情により故意に古事記は継体大王の崩御年を丁未年に早めたのです。

2．継体大王は日本書紀本文にいう５３１継体２５年ではなく、「ある一説」と書かかれた、５３４継体２８年に崩御された。

ここでも古事記と同様、継体大王の崩御年を故意に早めたと考えました。すると古事記の５２７年４３歳から、継体大王の崩御は５３４継体２８年は年齢５０歳です。

日本書紀も古事記も継体大王が甲寅５３４年に崩御されたことを隠蔽したのです。

3．息子、安閑、宣化の両天皇の年齢はそれぞれ３５歳、３８歳である。

これは、日本書紀に記述されている、継体８２歳、安閑７０歳、宣化７３歳の３人の相対年齢関係から求めたものです。継体大王は１７歳、１８歳のときに安閑、宣化を得ていたからです。

4．安閑天皇の崩御年は日本書紀、古事記とも同じで乙卯５３５年です。よって、宣化天皇の崩御５３９年と共に日本書紀の記述に従います。
これ以降、古事記と日本書紀の崩御年の記述は一致しています。

継体天皇から崩御年の記述が乖離し始めるのです。

【本書の仮説と古事記、日本書紀】

西暦	500年	520	521	522	523	524	525	526	527	528	529	530	531	532	533	534	535	536	537	538	539	540	年齢
日	継体天皇								78				82										82
本	安閑天皇								62				66				70						70
紀	宣化天皇								61				65								73		73
古	継体天皇								43														43
事	安閑天皇																崩						
記	宣化天皇（記述なし）																						
本	継体大王								43							50							50
	安閑天皇								27								35						35
書	宣化天皇								26												38		38

継体大王にまつわるこの８２歳という高年齢の疑問を一つずつ解き明かしていくと、いつしか日本書紀全体の紀年論に関わることになってしまいました。継体大王の在位期間は日本書紀や古事記が記録した、これ以前の天皇の異常な高年齢や長期在位期間の秘密の扉を開く一つの鍵がここにあると気がつきました。

紀年論を語るには、全天皇を語る必要があります。本書はあくまで、継体大王だけに的を絞っています。むろん、前後の天皇の年齢を記述していますが、あくまで継体大王の年齢を確定したいがためのものです。継体大王の父が応神天皇の五世の孫である以上、応神天皇の年齢を確定する必要がありました。

これだけあいまいな継体大王の年齢を確定する方法は、年齢が比較的正確に記述された推古天皇や聖徳太子の時代から、一人ずつ積み上げて行くことだと考えました。不確定要素の多い天皇の年齢を、突然に当時の世界に飛び込むことに躊躇を覚えます。せめて、子供達の年齢ぐらいは正確でありたいと思いました。

その一人、息子の欽明天皇は継体大王の年齢を確定させるのに欠かせない人物です。欽明天皇の年齢は古事記も日本書紀も記録されていませんが、平安以降の書物は、どれも６３歳と一致しています。５０９継体３年生まれになります。本当に大王６０歳のときの子供なのでしょうか。これも、継体、安閑、宣化の高年齢に影響を受けているのではないないのでしょうか。確かに日本書紀の文面からは欽明天皇は兄弟のなかでは年の離れた弟という印象を受けます。この欽明天皇の年齢から調べる必要があります。この欽明天皇の年齢を定めるためには、さらに孫の年齢へ下らなければならなくなりました。

本書は、これらの問題を継体大王の年齢研究を通して探っていきます。ここで至った結論はいたって常識的なものでした。しかし、継体大王が古事記の５２７年に４３歳だとすると、古事記や日本書紀に記述された天皇系譜が説明できないことはさきほどの説明からすぐに気がつきます。どのように考えても致命的な欠点があるのです。

継体大王の孫　敏達、用明、崇峻、推古天皇の年齢

この章では継体大王の息子、この欽明天皇の年齢を知るために、さらに下の孫達の年齢を確認するところから始めます。日本書紀に書かれた敏達天皇、用明天皇、崇峻天皇、推古天皇です。

ところが、欽明天皇の年齢が６３歳とされる定説があるにも関わらずこの子供たちの年齢推定が意外と難敵でした。なぜなら、諸説入り乱れ幅広い年齢が推定されているからです。このままでは、欽明天皇の年齢が定まるはずがありません。

本書では、天皇になった４人のなかでも、推古天皇の年齢が機軸になると考えました。日本書紀の中でも最後に年齢が記述された天皇であり、信のおける存在と思うからです。さらに、用明天皇は兄であり、敏達天皇は夫だからです。年齢推定が容易になると考えました。

【欽明天皇の系譜】

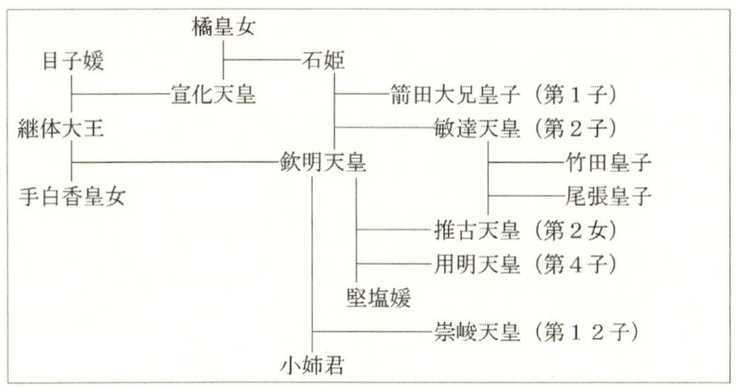

◇推古天皇の年齢

【推古天皇の年齢】

古事記	日本紀	扶桑記	愚管抄	一代記	仁寿鏡	正統記	紹運録
―	７５	７３	７３	７３	７３	７０	７３

５５４欽明１５年生～６２８推古３６年崩　７５歳　本書

推古天皇は欽明天皇と大臣蘇我稲目の娘堅塩媛の間に生まれた皇女です。そして幸いなことに推古天皇の年齢はほぼ確定的に判断できます。日本書紀が記述した７５歳です。日本書紀は推古天皇の年齢を詳細に記録しています。これは極めて異例なことです。日本書紀に描かれた歴代天皇のなかでこれほど詳細に年齢を示した天皇はいません。丁寧に推古天皇の年齢推移を年表のように書き表しています。

【日本書紀　推古天皇即位前紀】

豊御食炊屋姫天皇、天國排開廣庭天皇、中女也。
橘豊日天皇同母妹也。
幼曰、額田部皇女。
姿色端麗、進止軌制。
年十八歳、立爲渟中倉太玉敷天皇之皇后。
卅四歳、渟中倉太珠敷天皇崩。
卅九歳、當于當于、泊瀬部天皇五年十一月、
天皇爲大臣馬子宿禰見殺。
嗣位既空。
｜（略）
冬十二月壬申朔己卯、皇后即天皇位於豐浦宮。
｜（略）
卅六年、～三月癸丑、天皇崩之時年七十五。

「推古天皇は欽明天皇の娘（中女）である。
用明天皇の同母妹である。
幼少の時、額田部皇女という。
容姿端麗で立ち振る舞いに誤りがなかった。
１８歳のとき、敏達天皇の皇后になられた。
３４歳のとき、敏達天皇が崩御された。
３９歳のとき、崇峻天皇５年１１月、
天皇は大臣馬子宿禰のために弑せられた。
皇位が空いた。
｜（略）
冬１２月８日、皇后は豊浦宮において即位された。
｜（略）
３６年、～３月７日、天皇は崩御された。時７５歳」

推古天皇は７５歳の天寿を全うしました。大変な高齢ですが長期に及ぶ実績や子供達の存在などからも信じるにたる記述です。なぜ、この推古天皇の年齢を表したのでしょう。たぶん、世界に誇れる長寿の天皇だったからです。これが、多くの長寿天皇を正当化させる手段にされたのかもしれません。

しかし、この年齢記述には誤記があります。

まず、５７１欽明３３年、１８歳で敏達天皇皇后になったとありますが、実際に皇后になるのは前皇后の広姫が敏達４年１１月に薨去された翌５７６年のことで、２３歳になっていました。この１８歳は妃として入内した年と推測されています。本書では下記の年齢考証の結果でも、１９歳で最初の子を生んだと考えました。

さらに３４歳のとき敏達天皇が崩御されたとありますが、夫、敏達天皇が崩御されたのはこの２年前３２歳のはずで、５８５敏達１４年です。３４歳は５８７用明２年です。「用明天皇の崩御」が正しいのです。

上記のように日本書紀があろうことか計算違いをしているのです。ここだけに混乱があるとすると問題ですが、他の天皇の記述でも、計算違いをしています。このように日本書紀の年齢数字は注意を要するようです。たぶん、いろんな文献により混乱したと、ここでは良心的に解釈しておきます。

【正しい推古天皇の関連年表】

西暦　和暦	年齢	記録
５５４欽明１５年	１歳	推古天皇降誕
５７１欽明３２年	１８歳	敏達天皇に嫁ぐ。
５７５敏達　４年	２２歳	先の皇后、広姫薨去（１男２女出産）
５７６敏達　５年	２３歳	敏達天皇の皇后になる（２男５女出産）
５８５敏達１４年	３２歳	夫、敏達天皇崩御
５８７用明　２年	３４歳	兄、用明天皇崩御
５９２崇峻　５年	３９歳	弟、崇峻天皇崩御
５９３推古　１年	４０歳	前年、１２月推古天皇即位
６２２推古３０年	６９歳	聖徳太子（４９歳）薨去
６２８推古３６年	７５歳	推古天皇崩御

実はこの日本書紀の７５歳は後世の史書にはあまり採用されませんでした。７５歳としたのは皇代記や興福寺略年代記ぐらいでしょうか。扶桑略記、本朝皇胤紹運録などは７３歳、神皇正統記などは７０歳とあります。２歳もしくは５歳の差があります。これはこの日本書紀の記述間違い、すなわち、敏達と用明崩御時の２歳差、立后の５歳差を後世の書物が敏感に反映させたものであると考えられるのです。

◇用明天皇の年齢

【用明天皇の年齢】

古事記	日本紀	扶桑記	愚管抄	一代記	仁寿鏡	正統記	紹運録
—	—	—	—	欠	４８	４１	—

５４７欽明８年生～５８７用明２年崩　４１歳　本書

４１歳説は神皇正統録、如是院年代記、和漢合符も採用しています。他説に、水鏡が６３歳、興福寺略年代記が５０歳、皇年代略記６９歳。

用明天皇の年齢は単純に考えました。用明天皇は推古天皇の同母兄です。年齢の知れる推古天皇の母は堅塩媛で１３人の子を生みました。１番目が大兄皇子と呼ばれていたこの用明天皇で、４番目が推古天皇です。単純に２年おきの子として、６歳違いとなります。すると、１３人目の末子は舎人皇女で５７１欽明３２年となります。この年欽明天皇は崩御されたことになりますから、逆に平均２年おきに生まれたとしなければならないことになるのです。彼女は老婆になって生めなくなったのではありません。夫が亡くなったため１３人で生み終わったのです。１８歳ぐらいから生み始めて４４歳ぐらいになっていたでしょうか。

故に用明天皇の誕生計算値は５４８欽明９年。それに一番近い旧来からの説が神皇正統記などの４１歳説です。５４７欽明８年生まれとしました。推古天皇とは７歳違いの同母兄となります。

用明天皇の年齢は過去の史書では統一性がありません。すべてを網羅するとかえって判りづらくなります。大筋、４１歳説と６０歳代説（６３、６９歳）に大別されるようです。

おおよそ、この２説は見当がつきます。４１歳説は本説の通り、推古天皇から積み上げた年齢です。水鏡のように６３歳は、父欽明天皇６３

歳説から逆算したと考えられます。欽明天皇１７歳のときに生まれたことになります。

在位期間は５８５敏達１４年９月即位から５８７用明２年４月崩御と短い在位でした。「天皇之(の)瘡(みやまい)轉(いよいよ)盛(さかん)」とありますから、義兄、敏達天皇の天然痘に感染した病死と考えられます。

樟葉宮旧跡（交野天神社境内貴船神社）大阪府牧方市樟葉丘

◇崇峻天皇の年齢

【崇峻（すしゅん）天皇の年齢】

古事記	日本紀	扶桑記	愚管抄	一代記	仁寿鏡	正統記	紹運録
—	—	７２	７２	７２	７２	７２	７３

５５７欽明１８年生～５９２崇峻５年崩　３６歳　本書

崇峻天皇の年齢ですが、古事記、日本書紀は年齢を語っていません。他のほとんどの史書は７２歳としています。しかし、７２歳はありえません。蘇我氏族の長男、用明天皇が第４子です。崇峻天皇は第１２子とあるからです。この用明天皇の５年後には崇峻天皇も崩御されるのですから、用明天皇を６０歳代と捉える史書などを参考にしてもこれほど高齢にはならないのです。

なぜここで長寿の年齢を語り始めるのか不思議です。扶桑略記が７２歳と著したのが最初のようです。現在もこの７２歳を信じる学者がいることは驚きを超え呆れてしまいます。でもなぜなのでしょう。

【崇峻天皇の位置】

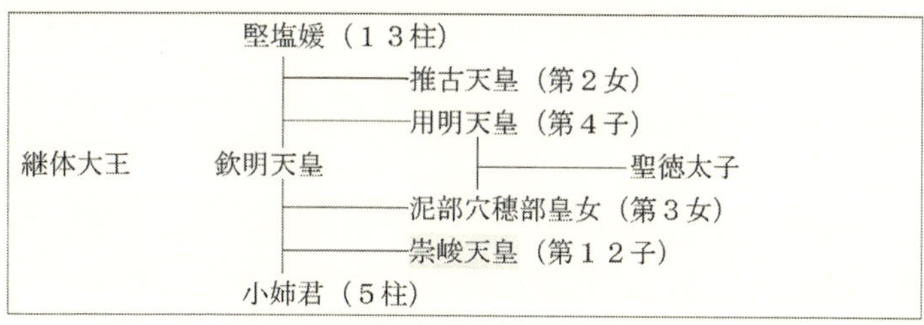

年齢根拠

母は小姉君（おあねのきみ）と呼ばれた蘇我稲目（そがのいなめ）の娘で、用明、推古の母、堅塩媛（きたしひめ）の同母妹です。四男一女を生みました。順に茨城（いばらき）皇子、葛城（かつらぎ）皇子、泥部穴穂部（はしひとのあなほべ）皇女、泥部穴穂部（はしひとのあなほべ）皇子、泊瀬部（はつせべ）皇子（崇峻天皇）です。

崇峻天皇はこの小姉君が生んだ末子です。３番目が穴穂部皇女で聖徳太子の母です。穴穂部皇女はまた欽明天皇の第３女と言われています。義兄の用明天皇に嫁ぎ、生んだ長男、聖徳太子の年齢は４９歳と知れています。その時を２０歳としました。よって異母姉の推古天皇とは１歳年下となります。

崇峻天皇はその５番目の弟ですから、単純に順番に２歳ずつで４歳年下の弟となります。ただ､穴穂部皇女のすぐ下の弟は穴穂部皇子といい、同じ名前です。別に理由もありますが、ここは双子と考え２歳違いとしました。崇峻天皇の年齢は３６歳です。

【崇峻天皇５兄姉の年齢表】

500年	49	50	51	52	53	54	55	56	57	58	59	60	61	62	63	64	65	66	67	68	69	70	71	72	73	74	年齢
用明天皇	③	④	⑤	⑥	⑦	⑧	⑨	⑩	⑪	⑫	⑬	⑭	⑮	⑯	⑰	⑱	⑲	⑳	—	—	—	—	—	26	—	—	41
推古天皇						①	②	③	④	⑤	⑥	⑦	⑧	⑨	⑩	⑪	⑫	⑬	⑭	⑮	⑯	⑰	⑱	⑲	⑳	—	75
茨城皇子		①	②	③	④	⑤	⑥	⑦	⑧	⑨	⑩	⑪	⑫	⑬	⑭	⑮	⑯	⑰	⑱	⑲	⑳	—	—	—	—	—	?
葛城皇子				①	②	③	④	⑤	⑥	⑦	⑧	⑨	⑩	⑪	⑫	⑬	⑭	⑮	⑯	⑰	⑱	⑲	⑳	—	—	—	?
穴穂部皇女							①	②	③	④	⑤	⑥	⑦	⑧	⑨	⑩	⑪	⑫	⑬	⑭	⑮	⑯	⑰	⑱	⑲	⑳	67
聖徳太子																										①	49
穴穂部皇子							①	②	③	④	⑤	⑥	⑦	⑧	⑨	⑩	⑪	⑫	⑬	⑭	⑮	⑯	⑰	⑱	⑲	⑳	30
崇峻天皇									①	②	③	④	⑤	⑥	⑦	⑧	⑨	⑩	⑪	⑫	⑬	⑭	⑮	⑯	⑰	⑱	36
	——欽明天皇在位期間——→																							←敏達—			

なぜ長寿になったのか

崇峻天皇の年齢はどの史書も７２歳です。唯一、本朝後胤紹運録（ほんちょうこういんしょううんろく）だけ７３歳とあります。しかし、この本をよく見ると「**継体十四年辛丑降誕**」とあります。「辛丑（しんちゅう）」は５２１継体１５年であり、７２歳と同じということになります。結局どの史書も７２歳としていたのです。神皇正統記などは兄、用明天皇を若い４１歳としながら、崇峻天皇を７２歳としているのです。計算ミスとも思えません。不思議と言わざるを得ません。

７０歳は昔から古稀（こき）と言われてきました。タイ国では７０歳より７２歳を重視しています。数え年の７２歳は現在の満年齢ではその誕生日前日までは７０歳ですから、古希だともいえるのです。ちなみに６０歳が還暦、７７歳が喜寿、８８歳が米寿、９９歳が白寿となります。不幸にして早く亡くなった人たちへの思いが隠されているような気がします。

「聖徳太子平氏傳雑勘文（へいしでんぞうかんもん）」について

ホームページを運営していますと、ときどき鋭いご指摘を頂くことがあります。その中で、聖徳太子の諸事を記した「聖徳太子平氏傳雑勘文」で太子の子孫の記述がありますが、その子、長谷部（はっせべ）王の記述が泊瀬部（はっせべ）天皇（崇峻天皇）と混同しているというものです。

まず、下記が日本書紀での崇峻天皇の妃とその二人の皇子の紹介記事です。

【日本書紀　崇峻紀】

> 元年春三月、
> 立大伴糠手連女、小手子爲妃。
> 是生、蜂子皇子與、錦代皇女。

「(崇峻) 元年春３月、大伴糠手（あらて）連の娘、小手子（こてこ）を妃に立てた。

蜂子(はちのこ)皇子と錦代(にしきて)皇女を生む。」

それに対し、

【聖徳太子平氏傳雑勘文　下三　大宮太子御子孫幷妃等事】

長谷部王。
　　娶姨佐富女王生兒。
　　　　葛城王。多智奴女王。　二王也。
　　娶大伴奴加之古連女子名古氏古郎女生兒。
　　　　波知乃古王。錦代王。　二王也。

「(聖徳太子の子) 長谷部(はっせべ)王、

　叔母の佐富(さとみ)女王を娶(めと)り、葛城(かつらぎ)王、多智奴(たちぬ)女王の二王を生んだ。

　大伴奴加之古(やかのこ)連の娘、古氏古(こてこ)郎女を娶り、波知乃古(はちのこ)王、錦代(にしきて)王の二王を生んだ」資料「大日本仏教全書第７１巻　鈴木学術財団１９７２」

　上記では長谷部王が４人の子を得たとあります。確かに長谷部大王とも呼ばれた崇峻天皇の皇子２名が、聖徳太子の子、長谷部王の記述の後半と同じであることがわかります。日本書紀では同一漢字で泊瀬部王とあります。

「聖徳太子平氏傳雑勘文」は「聖徳太子伝略」の注釈書で、橘(たちばな)寺の僧、法空の撰です。成立は１３１４正和３年。「聖徳太子伝略」の項目を挙げ、この諸説、学義などを説明した後に「私云」として自説を述べています。

　この上宮記の引用記事ですが、「上宮記下巻、注云」とあり、厳密な意味で正確な写本転記記録とは言えないようです。

　しかも、この上宮記の引用記事は続きがあります。最後にこうあるのです。「**已上御子孫等。惣三十人也**」ところが「法大王」以下、人数を指折り数えると３２人で２人多いことになります。

　このように考えると原本上宮記には、本来この「娶大伴」以下の二王はなかったと言えそうです。もしくは、上宮記は推古朝の記事が元になっているはずですから、孫の記録そのものが後の編者による追加記事とも考えられます。

長谷部王の母は膳姫で夫聖徳太子と共に６２２推古３０年に太子の前日に亡くなりました。毒殺とも言われている事件です。その６年後、６２８推古３６年天皇崩御に際し、長谷部王がやはり謎の死を迎えています。「**泊瀬王、忽に病發りて薨しぬ**」継承問題に巻き込まれた形です。

これをどうしたら間違えるのかはっきりしませんが、確かに崇峻天皇と長谷部王が混同したと考えると７２歳になります。同じ名の泊瀬部大王（崇峻）と長谷部王が同じ３６歳で亡くなり、ちょうど２倍の７２歳とされたようにみえます。

推測を広げると、崇峻天皇崩御の翌年、推古１年、ちょうど長谷部王が生まれたとしてもおかしくありません。このとき父、聖徳太子は２０歳です。長谷部王が同じ長谷部天皇の名を重ねられたのです。

この「聖徳太子平氏傳雑勘文」の中で「扶桑略記」の記述が何度も紹介されており、同じ僧侶同士なのです。どうも、この鎌倉時代に間違った形で定着したと考えるほうが、無理がないよいように思います。

天皇の暗殺

「弑」すると書かれる、天皇暗殺のはっきりとした記述は日本書紀では三例あり単語として６回使われていますが、実際に弑されたのはこの崇峻天皇と安康天皇だけです。安康天皇は皇后の連れ子（眉輪王）、いわゆる義理の息子に殺されましたが、崇峻天皇は自分の部下となる蘇我大臣の指示で東漢直駒によって殺されたのです。もう一例は未遂事件です。古代中国では当たり前のように使われた「弑逆」や「弑」することが、日本ではほとんどなかったことになります。

小姉君の生んだ子供達の素行

蘇我稲目の娘、姉堅塩媛（用明と推古天皇の母）と妹小姉君（崇峻天皇の母）は同じ母を持つ姉妹です。しかも、二人の長子の年齢差は３歳ぐらいと思われ、年齢差のある姉妹ではありません。二人とも欽明天皇に嫁ぎましたが、二人はあまり仲が良くなかったようです。それは小姉君の子供達の素行から判断できそうです。この小姉君の子供達は堅塩媛の子供たちへの対抗意識が強いのです。

小姉君の第１子、茨城皇子は姉堅塩媛の娘、伊勢斎王の磐隈皇女を犯し、伊勢斎王を解任に追い込んでいます。

また、第４子、穴穂部皇子も同様で、食炊屋姫皇后（後の推古天皇）が夫敏達天皇の葬式の最中、殯宮で危うく犯されるところを三輪君逆に救われています。穴穂部皇子は３０歳になっていました。天皇即位資格年齢に達したこの穴穂部皇子も天皇位を目指していたのです。

小姉君の唯一の娘、第３子、穴穂部皇女は用明天皇に嫁ぎ聖徳太子を出産しますが、上宮法王聖徳記では鬼前女王と書かれます。異母姉妹の推古天皇とは同年齢（計算上は１歳違い）のはずです。用明天皇が崩御されると、この皇后は夫が別の妃に生ませた子、田目皇子と関係し佐富女王を生みます。用明天皇崩御の翌年に生まれたと仮定してみました。穴穂部皇女は用明天皇の皇后であり、天皇死後、大后とよばれた女性です。しかも相手の田目皇子は用明天皇１８歳のときの子としても少なくとも自分より１０歳は若い男性です。１０歳年上で位が高い女性と簡単に関係できるものではありません。やはり、ここは未亡人が若い男性を求めたと考えるのが自然で、聖徳太子の母は素行正しい女性ではなかったようです。推古天皇の長男、竹田皇子は聖徳太子と同年齢と思われます。物部との戦いが終わった頃、竹田皇子は亡くなり、代わりに聖徳太子の方に脚光が浴びたのです。しかし、どんどん大きな存在となっていく推古天皇に押し潰されるようにして、穴穂部皇女は息子、聖徳太子薨去の二ヶ月前に一生を終えました。

第５子、崇峻天皇は推古天皇の大臣、蘇我馬子に弑(しい)されましたが、推古天皇にためらいはありません。この暴挙を容認した一人だったと思います。推古天皇と蘇我馬子は一つの逸話から対立的立場にあったと思われがちですが、案外、一枚岩の強力な政権であったと考えられます。名君と言われた推古天皇ですが、結果的に母の妹小姉君の子供達を根絶やしにしたのです。

蛇足ですが、その後、穴穂部皇太后が生んだこの佐富(さとみ)女王は問題の長谷部王と結ばれ２人の子を得ています。二人が同様の年齢とすれば、佐富皇女も母、穴穂部皇女の弟、崇峻天皇が弑された前後に生まれたことになります。長谷部王は、父と母と妻の母を同時に失い、自分も推古天皇の崩御に伴い、急な病で薨じられました。本来なら次期天皇候補にもなりえたはずです。偶然とも思えません。哀しい負の連鎖が崇峻天皇を長寿にしたことになります。

【長谷部王の関係】（×は不可解な死）

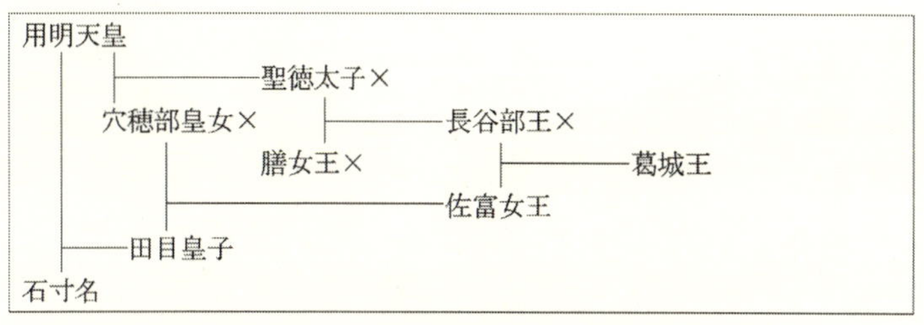

500	７	７	７	７	７	７	７	７	８	８	８	８	８	８	８	８	８	８	９	９	９	９	９	９	９	年
年	２	３	４	５	６	７	８	９	０	１	２	３	４	５	６	７	８	９	０	１	２	３	４	４	５	齢
用明天皇					30											41										41
崇峻天皇	⑯	⑰	⑱	⑲	⑳												32				36					36
長谷部王																						①	②	③	④	36
聖徳太子			①	②	③	④	⑤	⑥	⑦	⑧	⑨	⑩	⑪	⑫	⑬	⑭	⑮	⑯	⑰	⑱	⑲	⑳				49
	←――敏達天皇在位１４年 ――→用明←崇峻在位←推古在位																									

【用明、崇峻、長谷部王と聖徳太子の年齢関係】

和風諡号は泊瀬部天皇（はつせべのすめらみこと）です。古事記には長谷部若雀天皇（はせべのわかさざきのすめらみこと）とあります。日本書紀はこの「若雀」を取ってしまったように見えます。武烈天皇＝小長谷若雀を連想するからです。つまり、この崇峻天皇を研究すれば、武烈天皇の置かれた立場がわかるのではないかと考えています。末の弟ということでは武烈天皇とほぼ同じです。武烈天皇は崇峻天皇と同様弑殺されたと考えられるのです。

息長陵（敏達皇后広姫）米原市村居田

◇敏達天皇の年齢

【敏達天皇の年齢】

古事記	日本紀	扶桑記	愚管抄	一代記	仁寿鏡	正統記	紹運録
—	—	２４	３７＊	欠	６１	６１	４８

５４９欽明１０年生～５８５敏達１４年崩　３７歳　本書

推古天皇、用明天皇、崇峻天皇は皆、蘇我稲目の娘が生んだ天皇たちです。その後の蘇我氏を支える強大な権力の源となります。しかし、敏達天皇は違います。明らかに継体大王の血筋を色濃く残す天皇です。父は同じ継体大王の子、欽明天皇であり、母も継体大王の子、宣化天皇の娘だからです。

【敏達天皇の祖先】

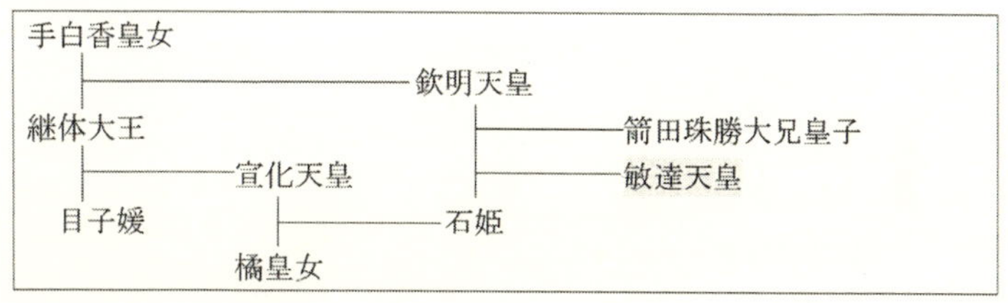

敏達天皇の年齢根拠

愚管抄の一説３７歳説を採用しました。愚管抄には年齢記述が豊富で詳しく記されています。

【愚管抄　敏達天皇】

敏達天皇、十四年。元年壬辰、廿四即位。八十二或卅七　或廿八。

「敏達天皇、在位１４年。壬辰５７２敏達元年。２４歳で即位された。崩御の御年は８２或いは３７とも２８歳ともいう」

愚管抄はあらゆる伝承や史書を一覧して見せます。敏達天皇の年齢には２４歳というキーワードが昔から言い伝えられていたといえそうです。その後の史書は日本書紀の記述の影響からか、どんどん年齢を押し上げられていったのです。

そのなかで愚管抄は、２４歳を即位年齢とし、在位１４年ですから３７歳を導き出したようです。たしかに崩御時の２４歳説では１６人の子供を残すには若すぎますし、額田部（ぬかたべ）皇后（後の推古天皇）より年下になってしまいます。前皇后が薨去された後に皇后となったいわゆる後妻です。額田部皇后は敏達天皇より若いはずです。

本朝後胤紹運録などの４８歳は２４歳を無理やり２倍にしたように見えますが、第２子の敏達天皇だから、第４子の用明天皇より年上と考えたようです。父欽明天皇の通説６３歳では３０歳のときの子供となります。２４歳や３７歳であるはずがない、もっと年長者であったというわけです。同様に６１歳説は即位年齢が２４歳ではなく４８歳としたもので、欽明天皇の第２子ですが、１７歳のときの子供だと記したのです。

【敏達天皇の年齢諸説】

５００年	548	549	550	551	552	553	554	555	556	557	558	559	560	561	562	563	564	565	566	567	568	569	570	571	572	年齢
用明天皇	②	③	④	⑤	⑥	⑦	⑧	⑨	⑩	⑪	⑫	⑬	⑭	⑮	⑯	⑰	⑱	⑲	⑳	—	—	—	—	—	26	41
推古天皇							①	②	③	④	⑤	⑥	⑦	⑧	⑨	⑩	⑪	⑫	⑬	⑭	⑮	⑯	⑰	⑱	⑲	75
敏達天皇（扶															①	②	③	④	⑤	⑥	⑦	⑧	⑨	⑩	⑪	24
敏達天皇（愚		①	②	③	④	⑤	⑥	⑦	⑧	⑨	⑩	⑪	⑫	⑬	⑭	⑮	⑯	⑰	⑱	⑲	⑳	—	—	—	24	37
敏達天皇（紹		⑫	⑬	⑭	⑮	⑯	⑰	⑱	⑲	⑳	—	—	—	—	—	—	—	—	—	30	—	—	—	—	35	48
敏達天皇（仁	—	—	—	—	—	—	30	—	—	—	—	—	—	—	—	—	40	—	—	—	—	—	—	—	48	61
	—	—	—	—	—	—	—	—	—	—	—	—	欽明在位３２年	—	—	—	—	—	—	—	—	—	—	→	←敏達	

注）扶＝扶桑略記、愚＝愚管抄、紹＝本朝後胤紹運録、仁＝仁寿鏡

敏達天皇は父欽明天皇の第２子とあります。だからといって安易に次の天皇、第４子と書かれた用明天皇より年上と位置づけるのは危険です。本書の天武天皇の息子たちの年齢研究で紹介したように、年長の高市皇子は第１子と書かれていません。母の位が低いことが原因です。大津皇子は持統天皇即位前紀に第３子と書かれています。年齢順に第１子が高市皇子、第２子が草壁皇子という通説がありますが、私はこれを第１子はあくまで草壁皇子で、第２子は高市皇子、第３子が大津皇子となり地位が落とされたと思っています。高市皇子はこの頃までには、皇太子である草壁皇子に準じる位高き皇子なのです。それが続日本紀の頃になると、高市皇子の息子、長屋王の乱などで高市の地位は逆に低くなり、天智天皇の娘が生んだ舎人皇子が第３子に浮上するようになります。父が淳仁天皇となるからです。順位は時代背景によって変わっていきます。青木和夫氏も続日本紀では草壁皇子が第１子、大津皇子が第２子と推測されています。日本書紀や続日本紀の第何子とは、単純に年齢順ではないのです。敏達天皇の母、宣化天皇の娘、石姫皇后が生んだ皇子は蘇我の娘が生んだ用明天皇より上位となり、敏達天皇が第２子だからといって用明天皇より年長者とは言えません。

次に敏達天皇の子供達を検討します。

まず、広姫皇后は押坂彦人大兄（おしさかひこひとおおえ）皇子など３人の子を残し、５７５敏達４年に早くも薨去されました。この皇后は継体大王と縁戚関係のある息長（おきなが）眞手王（まておう）の娘です。広姫皇后の位は高く年齢も敏達天皇と同じと考えました。２０歳の時、押坂彦人大兄を出産し、２７歳薨去と思われます。その押坂彦人大兄皇子は２６歳で後の舒明天皇を生まれています。

また、広姫皇后の死後、皇后となった推古天皇の年齢はわかっています。敏達天皇の子を７人（古事記では８人）生んだわけですから、１９歳から子供を生み始めれば、２年おきの出産として敏達天皇崩御の１年前に７人を生み終わる勘定です。後添えですが、夫の敏達天皇と極端に年齢差があるとは思えないのです。

【敏達天皇関連の年齢】

５００年	６６６６７７７７７７７７７７８８８８８８８８８８９ ６７８９０１２３４５６７８９０１２３４５６７８９０	年齢
敏達天皇	⑱⑲⑳――24――30――37	37
広姫皇后	⑱⑲⑳――24――27	27
押坂彦人大兄	①②③④⑤⑥⑦⑧⑨⑩⑪⑫⑬⑭⑮⑯⑰⑱⑲⑳――	？
逆登皇女	①②③④⑤⑥⑦⑧⑨⑩⑪⑫⑬⑭⑮⑯⑰⑱⑲⑳――	？
磯津貝皇女	①②③④⑤⑥⑦⑧⑨⑩⑪⑫⑬⑭⑮⑯⑰⑱⑲―	？
推古天皇	⑬⑭⑮⑯⑰⑱⑲⑳――30―32――	75
貝鮹皇女	①②③④⑤⑥⑦⑧⑨⑩⑪⑫⑬⑭⑮⑯⑰⑱⑲―	？
竹田皇子	①②③④⑤⑥⑦⑧⑨⑩⑪⑫⑬⑭⑮⑯⑰―	？
小墾田皇女	①②③④⑤⑥⑦⑧⑨⑩⑪⑫⑬⑭⑮―	？
鸕鷀守皇女	①②③④⑤⑥⑦⑧⑨⑩⑪⑫⑬―	？
尾張皇子	①②③④⑤⑥⑦⑧⑨⑩⑪―	？
田眼皇女	①②③④⑤⑥⑦⑧⑨―	？
	欽明→←――敏達在位１４年間――→←用明	

子供は１６人で多産にみえますが、后妃は４人しかいません。最初に広姫が３人を生み、薨去後に蘇我の媛、後の推古が７人を引き継ぎ順番に生んだ形です。天皇に即位したことで、さらに二人の夫人、春日氏の娘と伊勢の采女が納められ子６人を生み分けたのです。

広姫の三番目の子、菟道磯津貝（うじのしつかい）皇女と額田部皇女（推古）の最初の子、菟道貝鮹（うじのかいだこ）皇女の名前が類似しているのは出産が同じ年、同じ場所で生まれたと予想できます。

その結果、愚管抄の享年３７歳が一番近い年齢といえそうです。

実は、問題にしなければならい事柄がもう一つあります。敏達天皇が皇太子になった時期です。

【日本書紀】

【欽明紀】 十五年春正月戊子朔甲午、立皇子渟中太珠敷尊(ぬなかふとたましきのみこと)、爲皇太子。
【敏達即位前紀】 渟中倉太珠敷天皇(ぬなくらのふとたましきのすめらみこと)、～廿九年、立爲皇太子。

欽明紀「欽明１５年１月７日に皇子の渟中倉太珠敷尊（後の敏達天皇）を立てて皇太子とした。」
敏達即位前紀「敏達天皇は欽明２９年に立って皇太子となられた。」

同じ日本書紀の中で、敏達天皇は２度、皇太子になっているのです。敏達天皇は、皇太子になったのが欽明１５年なのか、それとも欽明２９年なのかです。ここでは、両方正しいと考えました。

まず、欽明１５年正月の立太子の記事です。次男の敏達天皇が天皇になれたのは、長男の箭田珠勝大兄皇子(やたのたまかつのおおえ)が予定外に早く７歳で薨去されたことにあります。そこで２年後の正月の就任式はまだ６歳でしかないこの皇子を皇太子にしました。将来天皇にすると父、欽明天皇の強い意志が反映したものです。そして、欽明２９年に成人となった２０歳の敏達が正式に再度、皇太子に指名されたと考えられます。

前年、欽明２８年は天災の年です。「国々に大水が出て、飢える者多く、人が人を喰うことがあった」と悲惨さを記録しています。それを吹き払う、めでたい儀式が盛大に挙行されたと想像します。

【石姫が生んだ子供達】（年度の網掛けは２度の太子と即位年）

５００	４	４	４	４	５	５	５	５	５	５	５	５	５	５	５	６	６	６	６	６	６	６	６	６	７	７	年
年	６	７	８	９	０	１	２	３	４	５	６	７	８	９	０	１	２	３	４	５	６	７	８	９	０	１	齢
欽明天皇	⑳								29												40		42			45	
石姫	⑰	⑱	⑲	⑳					26				30										39			42	？
箭田皇子	①	②	③	④	⑤	⑥	⑦																				
敏達天皇				①	②	③	④	⑤	⑥	⑦	⑧	⑨	⑩	⑪	⑫	⑬	⑭	⑮	⑯	⑰	⑱	⑲	⑳			23	37
笠縫皇女						①	②	③	④	⑤	⑥	⑦	⑧	⑨	⑩	⑪	⑫	⑬	⑭	⑮	⑯	⑰	⑱	⑲	⑳		？
――欽明天皇在位３２年――→																											

長子と推測される押坂彦人大兄皇子（おしさかのひこひとのおおえのみこ）が後に舒明天皇を得るのが２６歳と遅いのは、すでにその前にすでに何人かの夫人がいたと思われます。漢王の妹といわれる大俣王（おおまたのおおきみ）が嫁ぎ、皇極天皇の父、茅渟（ちぬ）王を含め２人を生んでいます。それにしても早死にしたとされるわりには、推古天皇の３女小墾田（おわりだ）皇女に続き、末娘、櫻井弓張（さくらいゆみばり）皇女までを押坂彦人皇子に嫁がせ２人の子を生ませていますから、少なくとも６０１推古１０年までは生きていて、聖徳太子より６歳は年上のはずです。聖徳太子らが朝鮮出兵を企画し、推古１０年には官位１２階の制定と１７条憲法を発布する勢いの裏側で、押坂彦人皇子は人知れず薨去されたと思われます。

この時、推古天皇は自分の血を引き継ぐ子孫が天皇になるという最後の夢を絶たれたのです。敏達天皇との間に生まれた愛息子の竹田皇子はすでに亡くなっていました。

継体大王の子——欽明、宣化、安閑天皇の年齢

継体大王の孫の年齢は、子の欽明天皇の年齢を確定するために重要なものでした。調べると、孫達の４人の年齢が各史書の年齢でばらつきが大きいことに気づき、苦慮しました。以下に古典史書による５４０欽明１年即位から５７１欽明３２年崩御までの年齢対比表としてまとめました。

【扶桑略記】

５００	４	４	４	４	４	４	４	４	４	４	５	５	５	５	５	５	５	５	５	５	６	６	６	６	～７	年
年	０	１	２	３	４	５	６	７	８	９	０	１	２	３	４	５	６	７	８	９	０	１	２	３	～１	齢
２９欽明																										?
３０敏達																							①	②	～⑩	24
３１用明																										?
３２崇峻	⑳										30						36				40				～51	72
３３推古																	①	②	③	④	⑤	⑥	⑦	⑧	～⑯	73

【愚管抄】

５００	４	４	４	４	４	４	４	４	４	４	５	５	５	５	５	５	５	５	５	５	６	６	６	６	～７	年
年	０	１	２	３	４	５	６	７	８	９	０	１	２	３	４	５	６	７	８	９	０	１	２	３	～１	齢
２９欽明										41							48		50						～63	63
３０敏達										①	②	③	④	⑤	⑥	⑦	⑧	⑨	⑩	⑪	⑫	⑬	⑭	⑮	～23	37
３１用明																									～	?
３２崇峻	⑳									29							36				40				～51	72
３３推古																	①	②	③	④	⑤	⑥	⑦	⑧	～⑯	73

欽明は子敏達、用明、崇峻、推古を４１、一、１３、４８歳で得る。

【神皇正統記】

500年	40	41	42	43	44	45	46	47	48	49	50	51	52	53	54	55	56	57	58	59	60	61	62	63	～71	年齢
２９欽明	—	—	—	—	—	—	—	57	—	—	60	—	—	—	—	—	—	—	—	69	—	—	—	—	～81	81
３０敏達	⑯	⑰	⑱	⑲	⑳	—	—	23	—	—	—	—	—	—	30	—	—	—	—	35	—	—	—	—	～47	—61
３１用明								①	②	③	④	⑤	⑥	⑦	⑧	⑨	⑩	⑪	⑫	⑬	⑭	⑮	⑯	⑰	～25	—41
３２崇峻	—	—	—	—	—	—	—	27	—	—	30	—	—	—	—	—	—	—	—	39	—	～	—	—	～51	—72
３３推古																				①	②	～	⑩	⑪	⑫⑬	—70

欽明は子敏達、用明、崇峻、推古を３５，５７，３１、６９歳で得る。

【本書】

500年	40	41	42	43	44	45	46	47	48	49	50	51	52	53	54	55	56	57	58	59	60	61	62	63	～71	年齢
２９欽明	⑭	⑮	⑯	⑰	⑱	⑲	⑳	21	—	23	—	—	—	—	28	—	—	31	—	—	—	—	—	—	～45	45
３０敏達										①	②	③	④	⑤	⑥	⑦	⑧	⑨	⑩	⑪	⑫	⑬	⑭	⑮	～23	—37
３１用明								①	②	③	④	⑤	⑥	⑦	⑧	⑨	⑩	⑪	⑫	⑬	⑭	⑮	⑯	⑰	～25	—41
３２崇峻																		①	②	③	④	⑤	⑥	⑦	～⑮	—36
３３推古															①	②	③	④	⑤	⑥	⑦	⑧	⑨	⑩	～⑱	—75

欽明は子敏達、用明、崇峻、推古を２３、２１、３１、２９歳で得る。

この時代、確実になってくる年齢が古代の高年齢とぶつかり合う時代といえます。欽明天皇の年齢は通説で６３歳です。子供達の年齢がこれでは高すぎるのです。本書は推古天皇の年齢から積み上げています。

欽明天皇の年齢は、先に４５歳と示しました。その検証が以下の文章になります。また、宣化天皇、安閑天皇もすでに３８歳、３５歳と提示しています。７３歳、７０歳ではありません。継体大王の子として順次検討します。

記紀による紀年の相違

日本書紀は越年称元法（えつねんしゅうげんほう）で表現され、古事記は当年称元法（とうねんしゅうげんほう）で記述されています。ちなみに、現在は古事記と同じ当年称元法を採用しています。１９８９昭和６４年は平成１年でもあるのです。翌年は１９９０平成２年になります。このほうが実際にその場で生きたものには現実的なのでしょうが、歴史を語るとき、年数がダブるため、計算が複雑になります。日本書紀はその間違いの避けるため、あえて計算が容易な越年称元法を採用したと考えられます。実際、古事記をはじめ中国歴史書や朝鮮の三国史記など記述間違いや混乱をこれから多く見ることになります。

【崩御年干支比較】

天皇	古事記　（在位年）	日本書紀　（在位年）	差年（在位差）
継体	丁未５２７（　－年）	辛亥５３１（２５年）	－４年（－年）
空位	—	（　２年）	—
安閑	乙卯５３５（　－年）	乙卯５３５（　２年）	０年（　－年）
宣化	—	己未５３９（　４年）	—
欽明	—	辛卯５７１（３２年）	—
敏達	甲辰５８４（１４年）	乙巳５８５（１４年）	－１年（０年）
用明	丁未５８７（　３年）	丁未５８７（　２年）	０年（＋１年）
崇峻	壬子５９２（　４年）	壬子５９２（　５年）	０年（－１年）
推古	戊子６２８（３７年）	戊子６２８（３６年）	０年（+1年）

古事記で崩御年と在位年が記されたのはこの４人だけです。

本来なら、推古天皇の表記が正しいはずです。崩御年差では同じはずで、在位年は古事記のほうが＋１年になります。在位年が同じになるのは即位日が前天皇崩御の翌年１月１日となる場合です。まず、古事記での崇峻の在位年が計算相違となります。

敏達天皇だけがはっきり崩御年が１年ずれています。ただ、推古天皇から積み上げていくと、古事記には欽明天皇の崩御年が記されていませんが、上宮聖徳法王帝説なども同じ辛卯（しんぼう）５７１年４月と崩御年が日本書紀と同じになります。よってためらわず古事記が誤記とし、敏達天皇の崩御年は乙巳５８５年としました。

筒城宮伝承地（京田辺市同志社大学内、写真中央部分）

◇欽明天皇の年齢

【欽明(きんめい)天皇の年齢】

古事記	日本紀	扶桑記	愚管抄	一代記	仁寿鏡	正統記	紹運録
―	若干	―	６３	６２	６３	８１	６３

５２７継体２１年生～５７１欽明３２年崩　４５歳　本書

欽明天皇の年齢を記紀は語りませんが、他の史書が概ね６３歳であることでは一致しています。

あの推古天皇が７５歳の生涯で天皇在位は３６年でした。ですから、欽明天皇の在位３２年は崩御時６３歳でも決して長くないことになります。この年齢を疑うのは間違いなのでしょうか。

史書による年齢根拠

この通説６３歳説に従えば、降誕は５０９継体３年になります。すると、父継体大王が崩御されたとき２３歳、兄たち安閑、宣化の御代の後を引き継ぎ、欽明天皇として即位したのが３２歳ということになり、何の問題もないように見えます。ただ、継体大王８２歳崩御説では６０歳のときに生まれたことになります。

【通説に基づく欽明天皇の年齢推移】

５０７継体　１年　　　　　継体大王即位（継体５８歳）
５０９継体　３年　　１歳　欽明天皇降誕（継体６０歳）
５３１継体２５年　２３歳　継体大王崩御（継体８２歳）
５３５安閑　２年　２７歳　安閑天皇崩御（安閑７０歳）
５３９宣化　４年　３１歳　宣化天皇崩御（宣化７３歳）

５４０欽明　１年　３２歳　　即位
５７１欽明３２年　６３歳　　崩御

神皇正統記

神皇正統記だけが欽明天皇の年齢を８１歳としています。長命すぎ論外といえますが、日本書紀の記述に沿えば、その主旨は理解できます。父継体大王は８２歳で崩御されたからです。４９１仁賢４年、父継体大王４２歳のときに出来た晩年の子となります。さきほどの一般通説の６３歳説だと、父継体大王６０歳の時の子となってしまうところを修正したものといえそうです。

また、欽明天皇は兄、宣化天皇の娘、石姫を娶っています。その宣化天皇は欽明が生まれるとき２５歳であり、この頃、欽明天皇の皇后となる石姫が生まれたとして計算上は人間的で自然なものなのです。

このように継体８２歳説を採用すると、欽明天皇の年齢は８０歳を超える高齢に設定する必要が生じてしまうのです。古代天皇の現実離れした長寿設定から順番に天皇年齢を設定した計算結果といえます。

欽明天皇は若い

欽明天皇は本当に６３歳なのでしょうか。即位時、３２歳は立派な成人男性です。ところが、日本書紀では即位当時、欽明天皇はまだ、未成年として、さらに若いような記述を示しているのです。箇条書きにしてみました。

１．「冬１２月５日、欽明天皇は即位された。年はまだ若干（そこばく）であった。」

冬十二月庚辰朔甲申、天國排開廣庭皇子、即天皇位、時年若干。

「若干」とはまだ数が達していないという意味です。成人していないのです。一方、日本語の同音として「弱冠（じゃっかん）」とは礼記には２０歳とあります。現代風に見れば、若干（じゃっかん）○○歳と記述するところ、まるで、その年齢を無理に消し去ったようにも見えるのです。いずれにしろ、まだ年が若いはずです。

2．「父の天皇はたいへんこの皇子を可愛がって常にそばに置かれた。」

天皇愛之、常置左右。

父、継体大王は、欽明天皇を溺愛していた表現が多く見られます。晩年の子にふさわしい表現であり、この頃の欽明天皇は幼児に見えます。

3．「欽明天皇はまだ幼かったので二人の兄（安閑天皇と宣化天皇）が国政を執られた後に、天下を治められた。」

是嫡子而幼年。於二兄治後、有其天下。

継体大王はその死に際し、二人の息子に欽明のことを託しています。

4．「兄、宣化天皇が崩御されたとき、それを継いだ欽明天皇は群臣に『自分は年若く知識も浅くて、政事に通じない。山田皇后（もう一人の兄、安閑天皇の皇后）は政務に明るく慣れておられるから、皇后に政務の決済をお願いするように』といわれた。」（宇治谷孟訳）

5．生涯6人の妻を持ちましたが、すべて天皇即位後に娶ったと思われます。他でよく見られる「前からの妃」という古女房の存在表現もありません。また、欽明天皇は即位した当初、父、継体大王や兄、宣化天皇の部下をそのまま起用しています。

6．欽明天皇の皇后となる石姫は義兄となる宣化天皇の子であり、父継体大王の孫に当たります。そのまま自然に考えると欽明天皇は幼い石姫を皇后に迎えたようにみえます。しかし、この石姫皇后は欽明天皇の第一子を出産していますから、欽明天皇と年が違う幼い姫ではありません。

欽明天皇とそう違わない年齢と思われるのです。

7．母は手白香(たしらか)皇女です。父、継体大王は自分の息子の妻と同母姉の一人、この手白香皇女を娶っています。つまり、手白香皇女は継体の息子たちとそれほど年齢の違わない年となります。年の離れた若い妻を迎えたと考えられるのです。

8．ところで、欽明天皇の息子達の年齢はどうなのでしょう。これが、皆、若かったのです。

欽明天皇には圧倒的大きさに見える歴史的存在感があります。しかし、６３歳説では例えば、第二女であるはずの推古天皇などは欽明天皇４８歳という晩年の子となってしまいます。その後、母、堅塩媛は引き続き残り９人の子を出産しています。やはり６３歳は高齢すぎるのです。

よって、下記のとおり長男誕生を２０歳のときの子として年齢を設定しました。その結果、本書でまとめた皇子たちの年齢分布は以下のようだと推定されるのです。なお、ここに記述した没年齢は薨去年がわかる方のみ逆算し推定しています。なお、もう一人の妃、春日糠子(あらこ)の生んだ２人は省略しました。

今までの４天皇はすべてこの欽明天皇の年齢を特定したいがためのものでした。このなかに、推古天皇の年齢が日本書紀に記述されています。７５歳とあるこの年齢に基づき年齢を積み上げ、欽明天皇の年齢、しいては継体大王の真の年齢にせまります。

その次が、用明天皇になります。この推古天皇の兄です。同じ、欽明天皇と蘇我稲目大臣の娘、堅塩媛の間に生まれた第１子になります。推古天皇は同母妹で第４子です。よって、大体一人一人が２歳差の兄妹として、６歳ぐらい年上と理解できます。その結果を踏まえ、神皇正統記の年齢説４１歳を採用しました。

【欽明天皇の皇子４人関連年齢表】

５００	４	４	４	４	５	５	５	５	５	５	５	５	５	５	６	６	６	６	６	６	６	６	６	６	７	７	年
年	６	７	８	９	０	１	２	３	４	５	６	７	８	９	０	１	２	３	４	５	６	７	８	９	０	１	齢
欽明天皇	⑳	—	—	—	—	—	—	—	—	—	30	—	—	—	—	—	—	—	—	—	40	—	—	—	—	45	
箭田皇子	①	②	③	④	⑤	⑥	⑦																				7
敏達天皇				①	②	③	④	⑤	⑥	⑦	⑧	⑨	⑩	⑪	⑫	⑬	⑭	⑮	⑯	⑰	⑱	⑲	⑳	—	—	—	37
笠縫皇女						①	②	③	④	⑤	⑥	⑦	⑧	⑨	⑩	⑪	⑫	⑬	⑭	⑮	⑯	⑰	⑱	⑲	⑳	—	？
石上皇子				①	②	③	④	⑤	⑥	⑦	⑧	⑨	⑩	⑪	⑫	⑬	⑭	⑮	⑯	⑰	⑱	⑲	⑳	—	—	—	？
用明天皇		①	②	③	④	⑤	⑥	⑦	⑧	⑨	⑩	⑪	⑫	⑬	⑭	⑮	⑯	⑰	⑱	⑲	⑳	—	—	—	—	—	41
磐隈皇女					①	②	③	④	⑤	⑥	⑦	⑧	⑨	⑩	⑪	⑫	⑬	⑭	⑮	⑯	⑰	⑱	⑲	⑳	—	—	？
膳嘴鳥皇子							①	②	③	④	⑤	⑥	⑦	⑧	⑨	⑩	⑪	⑫	⑬	⑭	⑮	⑯	⑰	⑱	⑲	—	？
推古天皇									①	②	③	④	⑤	⑥	⑦	⑧	⑨	⑩	⑪	⑫	⑬	⑭	⑮	⑯	⑰	—	75
椀子皇子										①	②	③	④	⑤	⑥	⑦	⑧	⑨	⑩	⑪	⑫	⑬	⑭	⑮	⑯	—	？
大宅皇女												①	②	③	④	⑤	⑥	⑦	⑧	⑨	⑩	⑪	⑫	⑬	⑭	—	？
石上部皇子													①	②	③	④	⑤	⑥	⑦	⑧	⑨	⑩	⑪	⑫	⑬	—	？
山背皇子															①	②	③	④	⑤	⑥	⑦	⑧	⑨	⑩	⑪	—	？
大伴皇女																	①	②	③	④	⑤	⑥	⑦	⑧	⑨	—	？
櫻井皇子																			①	②	③	④	⑤	⑥	⑦	—	？
肩野皇女																					①	②	③	④	⑤	—	？
橘本稚皇子																							①	②	③	—	？
舎人皇女																									①	—	34
茨城皇子					①	②	③	④	⑤	⑥	⑦	⑧	⑨	⑩	⑪	⑫	⑬	⑭	⑮	⑯	⑰	⑱	⑲	⑳	—	—	？
葛城皇子							①	②	③	④	⑤	⑥	⑦	⑧	⑨	⑩	⑪	⑫	⑬	⑭	⑮	⑯	⑰	⑱	⑲	—	
穴穂部皇女										①	②	③	④	⑤	⑥	⑦	⑧	⑨	⑩	⑪	⑫	⑬	⑭	⑮	⑯	—	67
穴穂部皇子										①	②	③	④	⑤	⑥	⑦	⑧	⑨	⑩	⑪	⑫	⑬	⑭	⑮	⑯	—	33
崇峻天皇												①	②	③	④	⑤	⑥	⑦	⑧	⑨	⑩	⑪	⑫	⑬	⑭	—	36

崇峻天皇は蘇我稲目の娘、小姉君が生んだ５人の末子で、父欽明天皇の第１２子とあります。小姉君の第３子、穴穂部皇女は聖徳太子の母です。年齢の知れる聖徳太子の生年を母２０歳のときとしました。

さらに、敏達天皇です。推古天皇はこの敏達天皇の皇后です。前皇后が亡くなったために皇后になれました。よって、夫より若いはずです。さらに敏達天皇の長男、押坂彦人大兄皇子とその年齢の知れた息子、舒明天皇との年齢バランスなどから、年齢を設定しました。一番近い、愚管抄一説の３７歳説を採用しました。

欽明天皇は子供の数が多いわりに后妃が少ないため、見当がつきやすいのです。通説では６３歳、継体大王即位３年目に生まれました。しかし、本書の予測では、継体大王が大和磐余宮に入った翌年５２７継体２１年に生まれたと思われるのです。継体大王にとって、欽明は継体大王の最晩年の子であったことになります。

欽明天皇と蘇我氏

欽明天皇は子供が２５人と多いわりに、后妃は6人しかいません。しかも初期３人の姫は継体大王の息子宣化天皇の娘で、他２人が蘇我氏の娘です。他に１人大和の春日氏の娘がいるだけです。

実質には３人にすぎません。広姫（ひろひめ）、堅塩媛（きたしひめ）、小姉媛（こあね）です。この三人で夫の即位後３２年間のうちほとんどを生み分けたのです。

この若い欽明天皇の環境は初め、兄、宣化天皇の３人の姫たちに取り囲まれた中で育ちました。それが、宣化天皇が亡くなると、群臣らの媛を自ら選ぶようになったようです。特に蘇我氏の二人の娘は特別です。全２５人の子供のうち、蘇我の媛二人で１８人を生みました。蘇我の堅塩媛は一人で１３人をもうけています。継体大王が考えた息子、欽明天皇への子孫繁栄婚姻包囲網は脆くも崩れ去る結果になったと言えます。

蘇我氏の巨大な権力の基礎は特に、この堅塩媛（きたしひめ）によって築かれたと考えています。しかし、彼女自身は何の自覚もなかったでしょう。史実として、夫欽明天皇に寄り添い、崩御されるまで、１３人の子供を生み育てたという実績が残るだけです。そのうち用明と推古が天皇になります。数の多さもさることながら、彼女のすごさはブレのないその正確な子供の人数と名前を後世に残したことです。現在まで伝えたことこそが彼女の功績といえます。そこに彼女の強い意志を感じるのです。自分が生んだすべての子供たちへの強い愛情を考えさせられるのです。

堅塩媛の娘、推古天皇でさえ、子供が、7人（日本書紀）だか8人（古事記）だかはっきりしません。名前も諸説あり一定していません。この時代にあって、13人の子供たちが生き残り、成人できたものは多くはなかったと思います。母として哀しい記憶も多かったことでしょう。

この堅塩媛の名前はあだ名です。妹が小姉君ですから本来は大姉君といった通称があったはずです。なぜなら、この堅塩媛は日本書紀独特の蘇我氏への徹底した蔑称の一つと考えられるからです。日本書紀は堅塩媛の名前をわざわざ、「きたし」と読むよう注釈を入れています。

堅鹽、此云、岐施志。　　　「堅塩、これをキタシと言う」

彼女の名前「きたし」は、後に天智天皇の最初の夫人のおぞましい記憶に由来するものだと紹介されています。死者を連想させた塩を嫌ったからというのです。岩波版には「カタシとキタシとの音通は、カタナシ（醜）、キタシ（穢）などの例がある」とあります。

結局、彼女の産み育てるというこの当たり前に見える大変な作業が、大きな権力を産んだのです。この権力はすさまじく、彼女が亡くなると、当時大和最大級の大きな墓が作られました。そして、先に崩御された夫、欽明天皇の墓のなかから夫の遺体を自分の墓へ移送させることにまで発展していくのです。むろん、それは彼女の意思ではないでしょう。台頭した蘇我家の実力を見せつけた一大行事だったといえます。彼女を慕った多くの子供達や孫の精一杯の供養だったともいえるものです。

見瀬丸山古墳の考古学上の解釈について

現在の見瀬丸山古墳を欽明天皇と堅塩媛の合葬陵だとした、森浩一氏の長年の主張に賛同するものが多いようです。私もいろいろな専門家の意見を拝見し、これに賛同します。一般的にこれは欽明天皇の陵墓であって堅塩媛が追葬されたと言われるものです。しかし、本来、この見瀬丸山古墳は堅塩媛の墓であり、欽明天皇の石棺が後から追葬されたと考えたいのです。

○日本書紀の３つの記述、桧隈坂合陵、桧隈大陵、桧隈陵は別々の墓を指すのではなく一つの墓の意味である。
○見瀬丸山古墳は欽明天皇崩御時のものではなく、羨道（横穴式古墳の棺までの横穴）まで含め比較的新しい。
○安置された二つの石棺は奥が新しく、石室の手前の方が古く大きい。

この墓は本来、堅塩媛の墓なのです。だから、墓の中の彼女の新しい棺は一番奥にあるのです。そして、そのまえに、彼女の棺より大きなりっぱな欽明天皇の古い棺が後から移送さ置かれているのです。別に謎などではないと思います。しかも、並んで置かれていません。これは計画的に初めから二つの棺を収めるようにこの古墳が設計され作られたものでないことを示すものです。

最初、彼女のために造られた古墳だったものが、後に欽明天皇の大きな棺の移送が決定され、大改修が実行されたと考えたほうがこの見瀬丸山古墳の現状説明に矛盾がないのではないでしょうか。

日本書紀の記述上は
５７１欽明３２年　九月、葬于、桧隈坂合陵。
６２０推古２０年　二月辛亥朔庚午、改葬皇太夫人堅臨媛、於桧隈大陵。
６２８推古２８年冬十月、以砂礫葺、桧隈陵上。則域外積土成山。

欽明天皇が崩御されたとき堅塩媛はまだ存命だったはずです。なのに「合陵」とあるのは後の表現だからです。現在言われている梅山古墳などに一度埋葬されました。その後、堅塩媛が亡くなります。皇后ではありませんでしたが、推古２０年正月に堅塩媛のりっぱな墓が完成し、その祝いがあったようです。正月から「蘇我氏」の繁栄を称えています。

このとき皇太夫人となった堅塩媛は出来た巨大な墓、桧隈大陵に埋葬されたのでしょう。さらに、推古２８年になって欽明天皇の遺体がこの堅塩媛大陵に移されたのだと思います。官僚が集められ改めて祈っているのです。合葬されたことでこの堅塩媛の墓は、天皇陵としてふさわしい「砂礫を葺き」敷きつめられ、さらに盛り土され、天皇の合陵墓として昇格したのです。そのための更なる大改葬だったはずです。

これは本書だけの意見ではありません。

「ただ、最近森（浩一）さんは、これは欽明陵だと言っていながら、実は堅塩媛だと言っておられるんですね。〜堅塩媛陵説を補足するわけではありませんが、あの前方後円墳に羨道があそこに向くというのはたいへん異常なことです。あまり例のないことですね。逆に前方部を無視してしまえば、あれは全く飛鳥の古墳なんですね。堅塩媛陵というのが案外捨てきれない意見かもしれません」（猪熊兼勝「見瀬丸山古墳と天皇陵」雄山閣より）

堅塩媛自身に何の科もありませんが、後世の人々は、欽明天皇陵に拝礼すると、必然的にこの堅塩媛も拝むことになるのです。まるで蘇我氏に強要されている気がしていたことでしょう。堅塩と陰口を言いたくなるところです。

意味のない比較かもしれませんが、天武天皇は１０人の后妃で１７人の子供を得ました。豪族間との広い付き合いが垣間見える気がします。継体大王も同様です。これに比較すると、欽明天皇は地味で真面目な性格のように見えます。狭い宮廷環境の中での生活が中心であったことがわかります。

【蘇我の娘たちの子供たち】

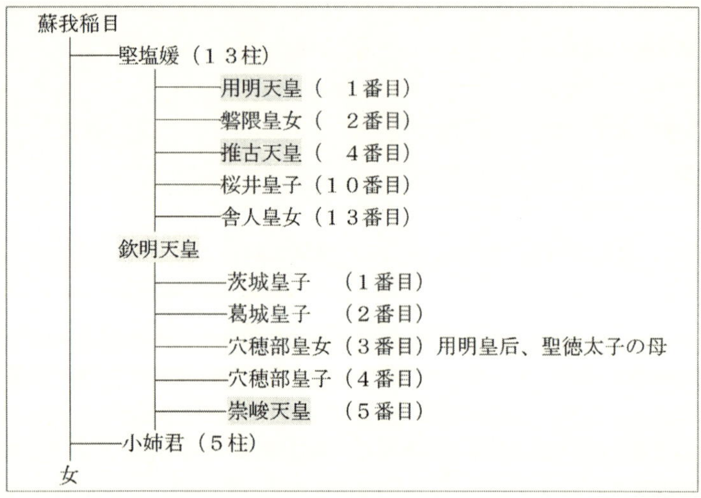

◇宣化天皇と安閑天皇兄弟の年齢

【宣化(せんか)天皇の年齢】

古事記	日本紀	扶桑記	愚管抄	一代記	仁寿鏡	正統記	紹運録
―	７３	７２	７３	７３	７３	７３	７２

５０２雄略１９年生　～　５３９宣化４年崩　３８歳　本書

年齢根拠

主流は７３歳説です。日本書紀が７３歳とあるからで当然といえます。古事記は沈黙しています。扶桑略記と本朝後胤紹運録は７２歳としています。

【扶桑略記　宣化天皇】

> 「年六十九即位。明年丙辰、為元年。
> ～四年己未二月十日。天皇春秋七十二崩。」

これでは翌年丙辰(へいしん)宣化１年は７０歳で、４年後の崩御時は７３歳のはずです。７２歳は単なる計算違いのようです。本朝後胤紹運録の７２歳は、この扶桑略記の記述に従い、干支を誤記として正しただけのように見えます。

如是院年代記は７０歳とありますが、兄安閑天皇の年齢と混同しているようです。もしくは、如是院年代記はよく年齢を丸めています。他にも推古天皇７５歳を７０歳、仁賢天皇５１歳を６０歳になど見られます。「七十三」の三が落ちたのかもしれません。どの書物も日本書紀の７３歳に基づいていると考えられます。

本書では、最初に述べたとおり、宣化天皇の年齢を３８歳と仮定しています。繰り返すならば、古事記の記述、継体大王は５２７年に４３歳であったとしています。宣化天皇は継体大王１８歳のときの子ですから、この５２７年には２６歳であり、５３９宣化４年崩御の時３８歳となります。

皇后　橘皇女（たちばな）

橘仲皇女（たちばななか）ともありますが、ここでは橘皇女で統一します。

継体大王は橘皇女の姉、第３女の手白香皇女を娶り、後の欽明天皇を生ませています。橘皇女はこの妹で第５女になります。夫、宣化天皇の陵に孺子（わくご）と共に合葬されたとあるので、宣化崩御同年に亡くなったと仮定しても大きな狂いはないはずです。

【宣化天皇の年齢構成図】

５００	２	２	２	２	２	２	３	３	３	３	３	３	３	３	３	３	４	４	４	４	４	４	４	４	４	４	年
	４	５	６	７	８	９	０	１	２	３	４	５	６	７	８	９	０	１	２	３	４	５	６	７	８	９	齢
欽明天皇				①	②	③	④	⑤	⑥	⑦	⑧	⑨	⑩	⑪	⑫	⑬	⑭	⑮	⑯	⑰	⑱	⑲	⑳	—	—	—	45
宣化天皇	—	—	—	—	—	—	29	—	—	—	—	—	35	—	—	38											
橘皇女	⑫	⑬	⑭	⑮	⑯	⑰	⑱	⑲	⑳	—	—	—	24	—	—	27											
石姫							①	②	③	④	⑤	⑥	⑦	⑧	⑨	⑩	⑪	⑫	⑬	⑭	⑮	⑯	⑰	⑱	⑲	⑳	—
敏達天皇																										①	36
小石姫									①	②	③	④	⑤	⑥	⑦	⑧	⑨	⑩	⑪	⑫	⑬	⑭	⑮	⑯	⑰	⑱	—
倉稚綾姫											①	②	③	④	⑤	⑥	⑦	⑧	⑨	⑩	⑪	⑫	⑬	⑭	⑮	⑯	—
上殖葉皇子													①	②	③	④	⑤	⑥	⑦	⑧	⑨	⑩	⑪	⑫	⑬	⑭	—
				継体在位年——→									←宣化→				←欽明在位年										

全部で子は４人、この石姫（いしひめ）皇女、小石姫（こいしひめ）皇女、倉稚綾姫（くらのわかやひめ）皇女、上殖葉（かみつうえは）皇子です。上の３人の娘はすべて後に欽明天皇に嫁がせています。継体、宣化親子による旧天皇一族と一線を引いた継体王朝の結びつき強化政策の一環と思われます。

するとその母となる橘皇女は１８歳で石姫を出産後、夫、宣化天皇が崩御される１０年間の間に４人の子を生んだことになります。たぶん、孺子とはその後に生まれた子供でしょうから、橘皇女は産後すぐ、この孺子と共に亡くなられたのではないでしょうか。上記表のとおり２７歳です。

【宣化天皇の周辺系譜】

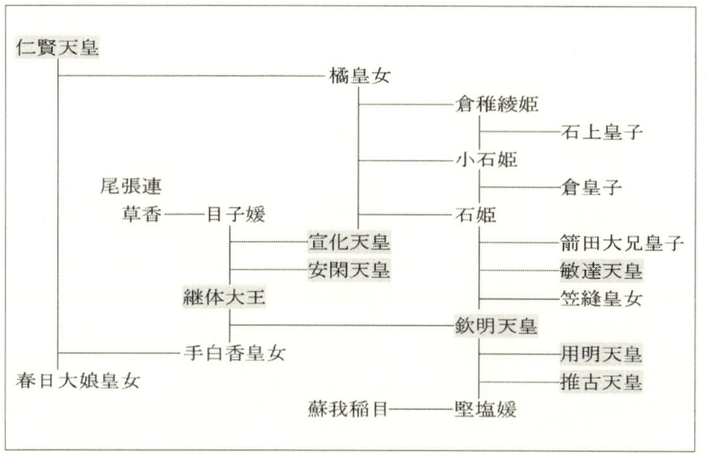

子の石姫は姉の子、欽明天皇に嫁ぎ、３人の子を生みました。これらは第二子の敏達天皇を２０歳で生んだと仮定して積み上げたものです。敏達天皇即位時、皇太后の称号を受けていますから、少なくとも４３歳までは生きていたことになります。

もう一人の妃として大河内稚子媛を娶ります。子は宣化紀、欽明紀、古事記で内容が一致しません。ようするに、宣化天皇の男子は2人いました。上殖葉皇子と火焔皇子です。丹比公、為奈公、椎田君の祖先となります。

大河内稚子媛は河内の出身です。子供の名前からも難波地方が浮かびあがります。丹比は南丹比郡河内村（羽曳野市西部）、椎田は摂津国川辺郡の椎堂、為奈も摂津国川辺郡為奈郷（尼崎市）といいます。

物部、大伴など大和の古い氏族と違い、継体大王に通じる重要な氏族である息長氏、為奈氏、丹比氏、椎田氏など、はっきり区別しておく必要があるようです。阿倍氏も新しい氏族だと黒岩重吾氏はいいます。この宣化天皇の子供たちは、その後の天皇を支える重要な存在になっていくことになります。

【安閑天皇の年齢】

古事記	日本紀	扶桑記	愚管抄	一代記	仁寿鏡	正統記	紹運録
―	７０	７０	７０	欠	７０	７０	７０

５０１雄略１８年生　～　５３５安閑２年崩　３５歳　本書

安閑天皇は継体大王の長子と言えます。日本書紀の記述から継体天皇１７歳のときの子と思われます。母は目子媛（色部）で尾張連草香の娘と言われます。宣化天皇の１歳年上の兄です。

年齢根拠

安閑天皇の崩御年は古事記も日本書紀も同じです。すなわち、５３５安閑２年です。そして３５歳と定めました。別に日本書紀の記述７０歳の半分とする春秋二倍説を採用したわけではありません。

すべて日本書紀に掲載された、安閑、宣化兄弟が１歳差であることに準拠したものです。５３９年に３８歳で崩御された弟宣化天皇です。よって、兄安閑が崩御されたとき、宣化は３４歳でその一つ年上ですから、３５歳となるのです。

皇后には仁賢天皇と和珥臣日爪の娘糠君娘の間に生まれた春日山田皇女（山田赤見皇女）が選ばれました。

安閑天皇崩御の際、皇后とともに異母妹の神前皇女が合葬されたと日本書紀にあります。ところが、皇后は欽明即位時に生きていた記述があります。延喜式諸陵寮にも安閑の古市高屋丘陵とは別に皇后の古市高屋墓があります。同じ陵域内に墓が造られたということでしょうか。

妃は３人います。許勢男人大臣の娘紗手媛、その妹香香有媛、物部木蓮子大連の娘宅媛です。子供はありません。

婚姻関係

独立心に富む性格のようです。その理由の一つ、婚姻関係でも父、弟とは異なる仁賢天皇の娘を娶ります。

父、継体大王と２人の息子は仁賢天皇の娘３人を娶っています。その中で、父、継体大王と息子、弟の宣化天皇それぞれは、春日大娘皇女が生んだ２人の娘、３女の手白香皇女と５女の橘皇女を娶ります。この春日大娘皇女は雄略天皇の娘です。

しかし、安閑天皇は兄として用意されていたかもしれない４女樟氷(くすひ)皇女を娶りませんでした。安閑天皇は和珥臣日爪(ひつめ)の娘と仁賢天皇の間に生まれた娘を娶ります。安閑が自分の意志で春日山田皇女を選んだようにも見えます。

春日山田皇女の哀歌

安閑天皇が選んだ春日山田皇女はすぐれた女性のようです。

後に、欽明天皇が即位するとき、この春日山田皇后を若い自分の代わりに政務代行してもらうよう推挙していますが、彼女はこれをきっぱり断っています。それほどの女性なのです。たぶん継体大王とこの二人の息子に嫁ぐことになった仁賢天皇の娘たちですが、この春日山田皇女は安閑皇后になるに相応しい年齢に達していたと思います。

彼女の歌が残っています。日本書紀が記録した二人の愛の歌ははっきり、支配する側と支配される側という立場で考えた方が相応しい歌です。安閑天皇が女性を征服した愛の歌なのに対し、春日山田皇女の返歌は、朝帰る夫を偲(しの)ぶ歌に見えますが、「悲歌とも捉えられる挽歌」だと、岩波版日本書紀も注釈を入れています。以下、読み下し文です。原文詩歌は当て字なので省略します。

【安閑天皇紀　継体７年９月】

八島国　妻枕きかねて
春日の　春日の国に　麗し女を　有りと聞きて宜し女を
有りと聞きて　真木さく　檜の板戸を　押し開き　我入り坐し
脚取り　端取して　枕取り　端取して
妹が手を　我に纏かしめ我が手をば　妹に纏かしめ
真柝葛　たたき交はり

「他の八州国では妻を娶りかねていた。
大和国春日にきて美しい女が居ると聞いた。
立派な桧の板戸を押し開き、我は入る。
女の足の衣の端をとり、頭の衣の端をとった。
妻の手を自分の体に巻きつかせ、自分の手を妻の体に巻きつかせ、
蔦のように交じり合って熟睡した。
そのつかの間に、鶏の鳴くのが聞こえ、野雉が鳴き立て出した。
可愛いともまだ言わぬ間に夜が明けてしまった。愛しい我が妻よ」

【春日山田皇女の返歌】

隠国の　泊瀬の川ゆ　流れ来る　竹の　い組竹節竹
本邊をば　琴に作り　末邊をば　笛に作り　吹き鳴す
御諸が上に　登り立ち　我が見せば
つのさはふ　磐余の池の　水下ふ　魚も　上に出て嘆く
やすみしし　我が大君の　帯ばせる　細紋の御帯の　結び垂れ

「初瀬川を流れ来る、い組み合う節竹を使って、
根元の太い方で琴を作り、先の細い方で笛を作り、吹き鳴らしましょう。

御諸(みむろ)山に登り渡しを眺めると、
磐余(いわれ)の池の魚も水面に顔出して悲しんでいます。
わが大君が締めておいでの細模様の御帯を結び垂(た)れて、
誰(たれ)もが顔に出して、悲しんでいるのです」

女は決して喜んでいません。安閑との朝の別れを惜しむ歌に見えながら、この歌はもっと深い別の悲しみを秘めているように見えます。

婚姻関係は継体大王のこの二人の息子を比較すると特徴がよく見えてきます。弟の宣化天皇は、父の意向に沿う形で、父が選んだ手白香皇女の妹を娶りました。また、もう一人の妃、大河内稚子媛(おおちかわちのわくご)は摂津国河辺郡付近、今の尼崎といいますから、父と同じ畿外から娶っていました。父の意向に沿った選択といえます。

それに比較して、安閑天皇はまるで違います。和珥氏、物部氏、許勢氏、すべて畿内大和の旧豪族から娘を娶りました。彼が各氏族に娘たちを要求したのか、各氏族が率先して娘たちを納めたのかわかりませんが、安閑の后妃は皆、大和の旧天皇を含む、大和豪族たちの娘です。

仲が悪い兄弟

安閑天皇と宣化天皇は共に目子媛が生んだ兄弟です。

日本書紀は天皇の人となりを端的に記しています。むろん美辞麗句を除いた、他に見えぬここだけの独特の表現に注目します。この二人の讃を比較します。

【安閑天皇即位前紀】

是天皇為人、	この天皇の人となり、
墻宇凝峻、	墻宇（うつわもの）、凝峻（いつく）しくして、
不可得窺。	窺（うかが）うこと得べからず。
桓桓寛大、	桓桓（たけく）寛大にして、
有人君之量。	人君の量（はかりこと）、有（ま）します。

「(安閑) 天皇の人となりは、幼少のときから器量すぐれ、はかることができないほどであった。武威にすぐれ寛大で、人君としてふさわしい人柄であった」

【宣化天皇即位前紀】

是天皇為人、	この天皇の人となり、
器宇清通、	器宇（うつわもの）、清く通りて、
神襟朗邁。	神襟（みこころ）、朗（あきらかに）邁（す）ぎたまへり。
不以才地、	才地（かど）を以て、
矜人爲王。	人に矜（おご）りて王（おほきみおもへり）したまはず、
君子所服。	君子（うまひとのこ）の服（したが）ふ所なり。

「(宣化) 天皇の人柄は清らかで、心がすっきりとしていらっしゃった。才能や地位などで人にほこり、王者らしい顔をされることなく、君子らしい人であった」

訳は宇治谷孟氏の訳です。どちらの記事も、中国の史書などの美文を引用しているといいます。どちらの天皇もそのすばらしさを誉めちぎっています。しかし、この兄弟の様子は明らかに違います。

兄の安閑天皇は「桓桓」とは「武々しく」となります。長男として、継体大王以上に武将として相応しい人物だったようです。「寛大」ですから上から目線の親分肌で、しかし、人の器量を見抜く才能豊かな男です。たぶん、気色を表に表す性格で父に対してもはっきりもの申す人物だったように見えます。

弟の宣化天皇は、清く襟元を正し、宮廷人らしい美男子で、王者のように人を見下さない偉ぶらない男です。たぶん、父の意見に耳を傾け、人に対していばらない温和しそうな外見を持つ天皇となります。

1歳違いの兄弟ですが、決して仲がよいわけではありません。秦大津父（はだのおおつち）が夢に見た二匹のオオカミの話を聞いた継体大王の様子からもわかります。

【欽明天皇即位前紀】

臣向伊勢、商價來還、	臣、伊勢に向りて、商価し来還るとき、
山逢二狼相闘汗血。	山に二狼の相闘ひて、血汗たるに逢う。
乃下馬洗漱口手、祈請曰、	乃ち下馬し口手を洗い漱ぎ、祈請みて、
汝是貴神、而樂麁行。	汝は是貴き神にして、虚行を楽む。
儻逢獵士、見禽尤速。	もし猟士に逢はば、とられむこと尤速。
乃抑止相闘、拭洗血毛、	乃ち相闘を抑止めて、血毛を拭洗ひて、
遂遣放之、倶令全命。	遂にゆるして、倶に命いけてきと申す。
天皇曰、必此報也。	天皇曰はく、「必ず此の報ならむ。」

「臣（わたくし）が伊勢に出向き、商いから帰る途中、
山中で二匹の狼が血まみれで相闘っているのに出会いました。
そこで馬からおりて、手と口を洗い清めいいました。
『あなた方は恐れ多い神であるのに、荒々しい行いを好まれます。
もし猟師に出会えば、たちまち捕らわれてしまうでしょう』
争いを止めさせ、血にぬれた毛を拭き洗い、
逃がし命を助けてやりました。
（これを聞いた継体）天皇は『きっとこれが報いだろう』と言われた。」

継体大王は常日頃から、息子達の激しい兄弟喧嘩に心を痛めていたのです。何の報(むく)いだというのでしょう。これまでに多くの血を流してきたからなのでしょうか、旧天皇家、一つの国家を滅ぼした報いなのか、多くの人たちを力で征服した報いだったのでしょうか。

結局、この相剋、壮絶な兄弟喧嘩は、継体大王の死後、双方が次々殺されることを暗示させる表記になっているのです。

金橋神社（安閑天皇勾金橋宮付近）橿原市曲川

継体大王の年齢

【継体大王の年齢】

古事記	日本紀	扶桑記	愚管抄	一代記	仁寿鏡	正統記	紹運録
43	82	82	82	欠	82	80	82

485雄略2年生　～　534継体28年崩　50歳　本書

◇継体大王の崩御年

日本書紀によると82歳とあります。とても信じられません。これが何方もわかっていながら先送りして議論を展開するため、いつの間にかこの82歳説を漠然と肯定する結果になる文献を多く見かけてきました。

しかし、なぜ日本書紀は継体大王の年齢を82歳と具体的に提示して見せたのでしょう。不詳とすれば済む話なのに、あえて記載した何か大きな理由があったはずです。

一方、古事記には43歳とあります。重要文献としてその信頼は昔から高いものです。その文章は簡潔で本居宣長をはじめ、現在でも日本書紀以上に信をおく学者が多くおられます。にもかかわらず、採用されないのは、婚姻関係や継体大王の行動からは若すぎる感があるためなのでしょうか。

【古事記　継体天皇】

天皇御年。肆拾参歳。　【丁未年四月九日崩也。】

「継体大王は４３歳、【５２７年４月９日に崩御された。】」

丁未（ていび）年は５２７年ですが日本書紀に照らせば継体２１年ということになります。もっとも、２行目の「丁未年四月九日崩也」の記述は古事記の写本により、本文で書かれたり、なかったりしているようです。よって、現在の活字にされた注釈本はおおよそ分注扱いにして小文字で書かれ、挿入文のようにみえます。本書ではこれを本文として尊重しました。なぜ、丁未年としたのでしょう。

日本書紀は古事記のこの表記を無視していません。日本書紀は古事記が崩御年を「丁未」年としたものを、これは「丁未」を２月７日という日付であると訂正してみせたのです。

丁未年は重要な年です。磐余宮に入った翌年にあたり、本書の計算では次期、欽明天皇が降誕した年に当たります。

最近の研究の一つに古事記側も日本書紀と同じ在位２５年説に基づき、「丁未」年を計算していたというものがあります。

「『古事記』が記す雄略の崩年干支己巳（きし）（４８９）と継体の崩年干支丁未（ていび）（５２７）の期間を当年称元法で求めると足かけ３９年になる。この間に、顕宗（けんぞう）の８年と武烈（ぶれつ）の８年、さらに継体の治世年数がおさまっているはずであるから、継体の治世年数は次の式で求められる。

３９－（８－１）－（８－１）＝２５

『古事記』崩年干支の作者は、継体の治世年数を２５年と考えていたのである」（高城修三著『紀年を解読する』ミネルヴァ書房　注：原文の漢数字はアラビア数字に置き換えました）

本書ではむしろ「３９年」の方に注目していました。高城氏は気づいていないようですが、単純に４３歳＋３９年間＝８２歳、だからです。なぜ、古事記の継体崩御年齢４３歳に古事記の雄略から継体までの崩御年３９年間を加えると、日本書紀の８２歳になるのでしょう。このことは重要です。２５年という継体治世について日本書紀と古事記は同じことを言っていました。残念ながら、高城氏は少し強引に８２歳説を春秋二倍説で説明しています。本来は次のように考えるべきです。

４３歳＋（８－１）年＋（８－１）年＋２５年＝８２歳

日本書紀の異様な継体大王の長寿は、古事記の正しい年齢に清寧から継体の間の在位年を加えたものだということです。つまり、雄略天皇以降に継体大王が割って入ったということです。「しかし、この一致には問題がある」のです。

先走るのは止めましょう。まず、継体大王の崩御年を確定させるのが先です。これまで、日本書紀と古事記の天皇の在位年記述は最後の記述では一致していました。それがこの継体大王まで遡ると、ここで４年もずれてしまったのです。これ以降、日本書紀と古事記の表記はどんどん離れていきます。

一方、日本書紀は次のように記し、日本書紀制作の舞台裏まで見せています。現在まで学会を含む多くの人々を困惑させた問題の文章です。

【日本書紀　継体天皇】

廿五年春二月、天皇病甚。
丁未、天皇崩于、磐余玉穂宮。
時年八十二。
冬十二月、丙申朔庚子、葬于藍野陵。
【或本云、天皇廿八年、歳次甲寅崩。
而此云、廿五年歳次辛亥崩者、取百濟本記爲文。
其文云、大歳辛亥三月、軍進至于安羅、營乞乇城。
是月、高麗弑其王安。
又聞、日本天皇及太子皇子、倶崩薨。
由此而言、辛亥之歳、當廿五年矣。
後勘校者、知之也。】　　　　【　】は原文註

「二十五年の春二月に、天皇、病甚し。
丁未に、天皇、磐余玉穂宮に崩りましぬ。
時に八十二。
冬十二月の丙申朔庚子に、藍野陵に葬りまつる。
【或本に云はく、天皇、二十八年、歳次甲寅に崩りましぬといふ。
而るを此に二十五年、歳次辛亥に崩りましぬと云へるは、百済本記を取りて文を爲れるなり。
其の文に云へらく、大歳辛亥三月、軍進みて安羅に至りて、乞乇城を営る。是の月に、高麗、其の王安を弑す。
又聞く、日本の天皇及び太子・皇子、倶に崩薨りましぬといへり。
此に由りて言へば、辛亥の歳は二十五年に当たる。
後に勘校へむ者、知らむ。】」【】は挿入原入

上記の原文は大変重要な文章です。読めば読むほど、矛盾が渦を巻いて見えてくるのです。例えば、宇治谷孟氏は次のように訳されました。

「二十五年春二月、天皇は病が重くなった。七日、天皇は磐余の玉穂宮で崩御された。時に八十二歳であった。
冬十二月五日、藍野陵（摂津国三島郡藍野）に葬った。
——ある本によると、天皇は二十八年に崩御としている。それをここに二十五年崩御としたのは、百済本記によって記事を書いたのである。その文に言うのに、『二十五年三月、進軍して安羅に至り、乞乇城を造った。この月高麗はその王、安を弑した。また聞くところによると、日本の天皇および皇太子・皇子皆死んでしまった』と。これによって言うと辛亥の年二十五年に当たる。後世、調べ考える人が明らかにするだろう。
（注）百済本記　百済記・百済新撰と共に三逸史の一つ。書紀の史料として重要なもので、整然たる編年体で月次、日次、干支まで明記されている。」

本書は次のように解釈しました。

「継体２５年春２月、天皇の病が深刻となった。

７日、天皇、磐余玉穂宮で崩御された。時に８２歳。

冬１２月５日、藍野陵に葬られた。

日本では、古来より継体大王は甲寅の年、継体２８年に崩じられた説があった。しかるに、百済本記の文により辛亥の年、継体２５年に崩じたと言う者がいる。

その百済本記には『大歳辛亥３月、軍進みて安羅に至り、乞乇城に営す。是月、高麗が王安を弑す。』

又『日本の天皇及び太子・皇子ともに崩薨(かむさり)ぬ。』と。

この百済本記に沿って言えば、辛亥の歳は継体２５年に当たる。

しかし、そのような事実は日本紀には見当たらない。

後世に調べる人によって明らかにされるだろう。」

注：下線は本書の推定挿入句。

さらに解釈を推し進めてみます。

日本では古来より甲寅の年５３４継体２８年に継体大王が崩御されたとも言われていました。しかし、日本書紀では辛亥の年５３１継体２５年２月７日に崩御されたとしました。これは朝鮮の「百済本記」の記述に従ったものです。なぜなら、日本の記事が載っており、この時、天皇、太子、皇子がともに死んだとあるからです。権威ある「百済本記」の記述を無視することはできません。また、古事記も次期安閑天皇崩御年は５３５年としており、在位２年間であるから５３４年を安閑１年としました。このことから、日本書紀では古来、継体２８年の在位期間を百済本記の文を採用し、２５年間に縮めたことで、次の天皇、安閑との間に２年間の奇妙な空位期間が生じたのです。

しかし、２８年に継体大王が崩じたとすると、翌年には安閑天皇が相次いで崩じられたことになります。まるで、このことを隠すかのように百済本記の記述を逆に利用し、百済の２５年説を採用したように見えます。

また、古事記も同様です。継体大王の崩御年を丁未(ていび)５２７年に崩御されたとして、日本書紀のいう辛亥(しんがい)５３１継体２５年からさらに４年引き離していたのです。しかも、日本書紀はご丁寧にも古事記がいう丁未とは干支年ではなく丁未日（５日）だと訂正してみせたのです。

日本書紀は天皇、太子、皇子がともに死んだことが海外文献にあると認めています。このことに日本書紀自身は立ち入って説明していません。むしろ、日本書紀の記述からは悲惨な出来事はこの通りなかったと言外に言っているのです。

これらの記述は、まるで日本書紀の編纂担当者間で意見が分かれ、統一できなかったかのように見えます。それなりに、正直な執筆態度だと認めます。しかし、天皇、太子、皇子がともに死んだという事実を記述しながら、これをはっきり否定しないのはどうした訳でしょう。ここに日本書紀そのものが抱える大きな問題があったように思えます。継体大王の崩御年は２５年か２８年かという検証結果の白熱した論議に見えながら、天皇、太子、皇子がともに死んだというショッキングな記述を隠すために、問題をさらに複雑にしていったように見えるのです。

◇三国史記と三国遺事の年号のずれ

なぜ、ここまで２５年にこだわったのでしょう。まるで海外文献を盲従する現代の指向が昔から続いているかのようです。日本古来より伝わる継体２８年崩御説でもよかったのではないでしょうか。

日本書紀が参考としたとする「百済本記」は現存しません。しかし、現在に伝わる旧朝鮮史の「三国史記」と「三国遺事」は「百済本記」を引き継ぐものといわれます。これを調べると、日本の継体大王の頃の記述からも「三国史記」と「三国遺事」との間に同様の３年差の矛盾があると言う論文があります。一概に２８年在位説を否定できないのです。

三品彰英「継体紀の諸問題」『日本書紀研究２』塙書房によると、笠井倭人氏の論を次のように紹介しています。

「継体の崩年については現『継体紀』と『或本』とに３年の差が見られるが、一方百済聖明王の即位年次も『百済本記』と『遺事王暦』治世年数によるものとの間にも同じく３年の差がある。すなわち『或本』は『遺事』のそれと相照応する彼我の王暦であり、換言すれば『書紀』編者の捨てた『或本』の皇代暦は、かならずしも孤立無援ではないのである。（中略）継体甲寅崩御は新羅法興王２１年甲寅にあたり、また遺事治世年数王暦の聖明王８年甲寅でもある。ところが一方『百済本記』の聖明王８年は辛亥（５３１）で３年のズレが見られ、いわば継体崩年の３年繰上げは、『百済本記』の百済聖明王暦の３年繰上げに同行したものにほかならない。いいかえれば継体崩年についての両説は聖明王８年にあたるという点では一致するが、この聖明王８年なるものが百済側の年表では甲寅と辛亥の両伝ができていたのである。」

当時の日本書紀の編纂者たちもこの朝鮮に存在する年代矛盾に気がついており、これを利用したのではないでしょうか。故意に継体大王と安閑天皇の崩御年を離したのです。真実は継体大王、安閑天皇と次々に崩御されたからです。

日本書紀自身が認めているように、継体大王は安閑天皇に直接平和的に「生前譲位」してから亡くなられたと記しているのに、継体大王が辛亥５３１年に崩御されたとする海外文献を採用したために、文章に矛盾した空位２年が存在してしまっているのが継体紀の現状です。

日本古来の２８年在位説で通し、別に海外文献に２５歳説があると別記しておけばよかったのです。なぜ、「百済本記」に書かれたからと、「百済本記」のせいにして、こんな矛盾した表現を残したままにしたのでしょう。何か別にもっと大きな理由があったはずです。

宣化天皇陵に治定される鳥屋ミサンザイ古墳（橿原市鳥屋）

◇継体と安閑天皇の間に横たわる２年間の空位

本来、日本書紀は「越年称元法」で在位期間を厳格に表現しています。これは、ある年に天皇が崩御されると、次期天皇がこの年中に引き継ぎ即位されますが､即位元年はその翌年から在位期間を勘定するものです。ちなみに古事記は「当年称元法」です。前期天皇が年崩御され、その年中に次期天皇が即位するとその年が在位１年目となります。１年ダブル計算になります。

安閑天皇の在位期間は日本書紀によれば、５３４安閑１年〜５３５安閑２年の２年間とあります。

【日本書紀に載る二説】

西暦	日本書紀　本文	日本書紀　一説
５３１	継体２５年　継体大王崩御	継体２５年
５３２	空位	継体２６年
５３３	空位	継体２７年
５３４	安閑　１年	継体２８年　継体大王崩御
５３５	安閑　２年　安閑天皇崩御	安閑　１年　安閑天皇崩御

継体大王と安閑天皇との間には２年間の空白があり、これはこれで別の大問題ですが、日本書紀の文章からは、明らかに当年中に天皇位が切り替わりました。

安閑天皇は日本初めての生前譲位された天皇と辞典などにも紹介されています。通常、この頃の天皇位は終身制です。継体２５年２月７日、継体大王は安閑天皇に譲位して即日、崩御されました。学説上、生前譲位はこの安閑天皇が日本で初めての天皇とあります。

継体大王は病死したとあります。その直前の話です。すぐに浮かぶイメージとしては、床に伏す天皇が長男の手をとり、天皇位を譲り、まもなく息を引き取られたというものです。

【安閑天皇即位前紀】

廿五年春二月、辛丑朔丁未、	廿五年の春二月、辛丑の朔丁未に、
男大迹天皇、立大兄爲天皇。	男大迹天皇、大兄を立て天皇とした。
即日、男大迹天皇崩。	即日に、男大迹天皇は崩りましぬ。

「継体２５年春２月７日
継体大王は安閑天皇を即位させられた。
その日に天皇は崩御された」

この表現には違和感を覚えます。日本書紀の表記は５３２安閑１年から４年間となるのが正しいはずです。５３１継体２５年に継体大王は安閑に譲位してから崩御されたとあるからです。しかし実際には、安閑１年は甲寅５３４年だったのです。その間２年間が空位となります。原文には何の説明もありません。即位しながら空位とは変な書き方です。

一方、日本書紀一説では甲寅５３４年は継体２８年でもあります。すると、翌年安閑１年は同時に安閑天皇崩御の年になるのです。

日本書紀の文章では、継体大王は安閑天皇に譲位して崩御されました。それなら、自ら紹介している日本書紀一説の方が矛盾はありません。継体大王は継体２８年甲寅に安閑天皇に皇位を譲り亡くなったのです。その翌年には安閑天皇は崩御されます。これは、古事記の記事とも一致する確定的な崩御年です。そして、すぐに宣化天皇が即位するのです。

ところで、なぜ、日本書紀は安閑天皇の在位年を１年ではなく、２年としたのでしょう。言い換えると、なぜ在位２年間にこだわるのでしょう。実は継体大王と安閑天皇が次々崩御されたのと同時にもう一人重要な人物が亡くなられた可能性があったのです。

◇継体、安閑、宣化の親子と仁賢天皇の娘三姫との婚姻時期

この天皇親子の婚姻関係には大きな特徴があります。継体大王は手白香皇女を娶り皇后としました。手白香皇女は仁賢天皇の娘です。息子の宣化天皇は橘皇女を娶り皇后としました。この橘皇女も仁賢天皇の娘です。宣化の兄、安閑天皇は春日山田皇女を娶り皇后としました。この春日山田皇女も仁賢天皇の娘です。つまり、継体大王と二人の息子は仁賢天皇の３人の娘を娶ったことになります。

継体皇后となった手白香皇女は後の欽明天皇を生みました。本書の予測では継体２１年、大和玉穂宮に入った翌年のことです。

宣化皇后となった橘皇女はこの手白香皇女の同母妹です。つまり、継体大王と宣化は親子ですが、手白香皇女と橘皇女は実の姉妹です。仁賢天皇の３女と５女とあります。さらに興味深いことに、この姉妹が生んだそれぞれの子供がまた結ばれているのです。手白香皇后が生んだ欽明天皇に、橘皇后生んだ石姫が結ばれ、後の敏達天皇など３人の子供に恵まれました。しかも、欽明天皇にとっては即位して間もない若い頃にできた子供達で、生涯にできた２０名の子のなかでも最初の子供達です。

【継体大王親子と仁賢天皇の娘たちとの婚姻関係】

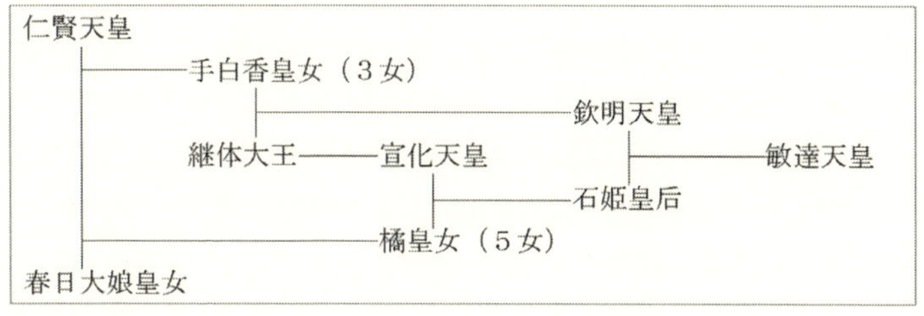

これをどう解釈すればいいのでしょう。一般的解釈では「入り婿的立場で王位を継承する」（水谷千秋「謎の大王継体大王」）となります。これが日本書紀を読んでまず理解できる素直な解釈でしょう。

たしかに、天皇家の娘を自分の皇后として、嫁に迎えることはよくあることです。しかし、姉妹の娘らを兄弟で迎えるならわかりますが、親子の男たちと若い姉妹の娘たちとが結ばれたのです。力関係は旧天皇一族より継体大王の方が上に見えます。

しかも同母姉妹ですからこの姉妹にはそれほど年差があったとも思えません。継体大王は息子の嫁とそうは変わらぬうら若い姉妹の姉と婚姻関係を結んだのです。それは父継体大王に欽明天皇が生まれ、続けて息子宣化天皇に石姫が生まれ、後にこの二人がさらに結ばれ、敏達天皇ら３人の子を生んだことでわかります。欽明天皇と石姫皇后の年齢がそう変わらないはずのです。ということは、二人の母、手白香皇女と橘皇女がほぼ同時にこの子らを生んだという想像が可能です。さらには継体大王と息子の宣化天皇は同時に仁賢天皇の娘たちと婚姻関係を結んだとも考えられるのです。

【日本書紀　継体天皇】

廿年秋九月丁酉朔己酉、遷都磐余玉穂【一本云七年也】

「継体２０年に磐余玉穂宮に遷られた。一説に継体７年という。」

一方、この継体７年は一説に安閑が春日山田皇女を迎えたと書かれています。安閑天皇の項で記したように、皇女が悲歌を歌ったときのことです。つまり、安閑が春日媛を訪ねた年は磐余宮に遷都した年だったともいえます。実際には磐余宮遷都は継体２０年で、これは譲れないものです。上の記述は逆説的ですが、安閑が春日媛と結ばれたのは継体７年ではなく、磐余宮に入った継体２０年とも考えられるのです。

大和磐余宮遷都によって、この時、継体大王と息子の宣化天皇の婚姻関係が結ばれ、同時に安閑天皇も、自分で別にこの春日媛を選んでいたと思います。

想像を広げると、継体大王と二人の息子のみならず、多くの武人にとっても大和磐余宮を征服した瞬間であったと思うのです。継体大王らは各地を転戦し、ついに大和磐余の地にたどり着いたと考えられます。

つまり、継体大王の息子たちは自分の年齢に相応しい年相応の娘を得たとしても、継体大王自身は年の離れたその中でも年長の手白香姫を得たはずです。これはもう対等の力関係の結びつきとはとても思えません。力あるものが若い娘を手に入れたに等しいものです。仁賢天皇の古い大和天皇系より、この継体大王の方がはるかに実力があったということです。

日本書紀によると血筋が途絶えた大和王朝を復活させるため、５世の孫に当たる継体大王が選ばれ、迎え入れられました。しかし、継体大王ははじめ疑い、すぐには大和に入らず、葛葉（くずは）の宮で即位します。大阪府交野郡樟葉辺りといいます。さらに、山背筒城（やましろのつづき）、弟国の山城国弟国（やましろのくにおとくに）に転々と遷都を繰り返した後、最後に５２６継体２０年大和に入ります。磐余（いわれ）玉穂宮（たまほのみや）（奈良県桜井市）です。崩御される８年前のことでした。

そして、この大和磐余玉穂宮に入った翌年に生まれたのが欽明天皇だったのです。

【継体大王が大和磐余玉穂宮に入京した瞬間】

５００年	０８	０９	１０	１１	１２	１３	１４	１５	１６	１７	１８	１９	２０	２１	２２	２３	２４	２５	２６	２７	２８	２９	３０	３１	３２	年齢
継体大王							30										40		42							50
宣化天皇	⑦	⑧	⑨	⑩	⑪	⑫	⑬	⑭	⑮	⑯	⑰	⑱	⑲	⑳					25							38
欽明天皇																				①	②	③	④	⑤	⑥	45
手白香姫		①	②	③	④	⑤	⑥	⑦	⑧	⑨	⑩	⑪	⑫	⑬	⑭	⑮	⑯	⑰	⑱	⑲	⑳					？
樟氷皇女				①	②	③	④	⑤	⑥	⑦	⑧	⑨	⑩	⑪	⑫	⑬	⑭	⑮	⑯	⑰	⑱	⑲	⑳			？
橘皇女						①	②	③	④	⑤	⑥	⑦	⑧	⑨	⑩	⑪	⑫	⑬	⑭	⑮	⑯	⑰	⑱	⑲	⑳	27
石姫皇女																							①	②	③	？

網掛数字＝大和磐余玉穂宮に入京した年

皇后姉妹たちの年齢関係

５２７継体２１年欽明天皇誕生の年を手白香皇女が欽明天皇を１９歳で生んだとしました。１９歳の理由は次項で述べます。その手白香皇女は仁賢天皇と春日大娘皇女の間に生まれた第三女です。そして同母妹の橘皇女は第５女ですから、４つ違いとしています。後に、この橘皇女が生んだ石姫は夫となった欽明天皇の最初の子を生みます。箭田珠勝大兄（やたのたまかつのおおえ）皇子です。継体の息子、欽明天皇と宣化の娘、石姫はそれほど年齢に差はなかったはずです。最初の子供、箭田珠勝大兄皇子が生まれたのは欽明天皇２１歳と石姫１８歳のときと思われます。

想像を広げれば、１女の高橋大娘皇女、２女の朝嬬皇女はもう夫がいたのかもしれません。よって、３女の１８歳手白香皇女が選ばれたのです。宣化天皇は大和磐余玉穂宮に入ったのは２６歳のときです。父の要望に従い、同じ仁賢天皇の５女、橘皇女を娶りました。４女の樟氷皇女ではありません。この４女は安閑のために用意されたとも考えられます。娶らせようとしたけれど、女性側が命がけで拒んだ、もしくはまだ若いので同じ仁賢天皇の娘ですが、異腹の娘を自ら見つけたのだと思われます。

◇継体大王は新しい王朝か

古代王国の末路にはこんな話は腐るほどあります。中国、朝鮮は元より、欧州でも同様です。都は蹂躙され、略奪、暴行により、一つの国が滅ぶ歴史です。

しかし、この継体大王は少し違っていました。王家の娘たちを手に入れますが、弄び抵抗しないものまで殺していません。むしろ、婚姻関係を結び、たぶん息子や部下たちにもこれを奨励し、自らも手本を示したのです。そして兵士の略奪暴行を禁じたはずです。

こうした同化政策も世界の歴史に多く見られる、征服した国を掌握する政策手法の一つです。これが世界の常識であり、世界に類のない平和的継承を続けた古代天皇という日本の常識の方がおかしいということになります。その翌年、九州で磐井の乱が勃発します。新王朝成立に関係ない偶発的な乱とも思えません。

継体大王は新しい王朝です。応神天皇５世かどうかなど問題ではありません。たとえば古代中国三国志、漢王朝の末裔と自ら主張した劉備。仲間からは漢王朝景帝の子孫と崇められ、敵からは嘘つき、騙り屋と罵られました。その真偽は正史三国志も答えを出していません。それでいいのです。蜀という一国ができたという事実だけは正しいのですから。

この継体王朝は新しい王朝としての大和王朝に対する武力征圧、征服であったとする考え方は、林辰三郎氏を初めとして星の数ほどにあります。

継体大王は天皇か

継体大王は大和の地に５２６継体２０年に入りました。実はこのとき継体一族と婚姻関係の結んだ仁賢天皇の娘達の末弟、武烈天皇はまだ１１歳で生きていたはずです。

海外の例を挙げるときりがないのですが、よくある例として武力制圧した張本人の大王は旧大王を簡単には殺さずに生かしています。実権は自らが保持しながら、リモートコントロールして、旧政権を誘導します。その後、息子たち２、３代目に至ってはじめて旧大王は廃されます。

例えば、三国志の魏国があります。魏の曹操は後漢の丞相として実質的に後漢王朝を支配しましたが、皇帝の献帝を葬りはしませんでした。曹操自身は献帝から「魏王」の称号を受けたのを最後に亡くなりました。真の皇帝位は息子の曹丕の時代になって、この形式的な皇帝、献帝に禅譲を迫り、旧漢王朝を引き継いだのです。

次の王朝、晋国も同様です。後漢王朝の後、魏国が他の二国呉、蜀を滅ぼします。その立役者は晋の祖となる、当時魏国の武将、司馬仲達こと高祖懿。すでに魏の大権を掌握していましたが、魏の皇位を簒奪してはならぬと息子に遺言したと言われています。しかし、孫の司馬炎によって魏はこれも禅譲によって滅ぼされたのです。

継体大王も前天皇の息子、武烈を殺さなかったと思います。そして、武烈天皇は継体大王の傀儡として誕生しました。この治世８年間。継体大王自身は皇位継承しなかったのではないかと思います。

大和磐余宮に入ったのが継体２０年です。翌年、息子欽明が生まれたのです。そして、武烈天皇がその８年後、１８歳で崩御されまた。継体２７年のことです。その翌年、継体大王が崩御され、さらに翌年、息子、安閑天皇が後を追うように崩御されました。

これをどう考えればいいのでしょう。

あくまで、一つの推測ですが、このとき、父が病に倒れたと聞いた長男の安閑は父の為、無力の武烈天皇に禅譲を迫り、廃位させます。しかし、継体大王は喜ぶどころか、天皇位を拒んだと思われます。こうした失意のなかで、継体大王は崩御されました。しかたなく、安閑が天皇として即位します。こうすれば、安閑天皇の治世は２年として矛盾はなくなるのです。安閑天皇は継体大王からではなく武烈天皇から継承したのです。

【武烈崩御時の年代関係】

西暦	日本書紀		本書予測		
５３１	継体２５年	継体大王崩御	武烈	６年	
５３２		空位	武烈	７年	
５３３		空位	武烈	８年	武烈天皇崩御
５３４	安閑　１年	安閑天皇崩御	安閑	１年	安閑天皇即位年
５３５	安閑　２年	安閑天皇崩御	安閑	２年	安閑天皇崩御

姫丸稲荷神社（仁賢天皇　石上広高宮伝承地）天理市石上

◇続日本紀に載る「継体」の意味

【続日本紀　霊亀元年九月二日】

昔者、	昔者、
揖譲之君、	揖譲の君、
旁求歴試、	広く求めて歴く試み、
干戈之主、	干戈の主、
継体承基、	体を継ぎて基を承け、
貽厥後昆、	厥の後昆に貽して、
克隆鼎祚。	克く鼎祚を隆りにしき。

「昔、中国では、
徳のある人を天下に広く求め、つぎつぎとためして、位を譲った人、
あるいは武力によって天下をとった人も、
位を継ぎ基をうけその地位を子孫にのこし、王朝を興隆させている。」
(宇治谷孟　訳）下線は本書

続日本紀は日本書紀に引き継ぎ書かれた勅撰史書です。よくあることですが、訳文には注意が必要です。宇治谷孟氏でさえ、踏み込みすぎて、原文にない言葉を挿入しているのです。ここでは、天智天皇の孫、元明天皇の娘氷高内親王に譲位した際に語った言葉です。装飾が多く、中国美文としての引用が多いのは、日本書紀の頃からの習慣といえます。「昔、中国では」と日本のことでないような文章になっていますが、ここは日本を指すと思います。確かに、中国古典「易経」や「文選」などの語が引用されているとされるものですが、あくまで続日本紀執筆担当者の美文引用であり、元明天皇は日本の過去をふり返り、我が娘に教え諭した

ものです。

ここの意味は、昔から、優秀な人材に譲位した人もあり、また武力により天下を取った人もあり、天子の位を代々子孫に伝えてきた、ということでしょう。天皇自ら、日本は平和な皇位継承を繰り返した国ではないと言っているのです。

特に「干戈之主、継体承基」の意味は重要で「継体」の文字が使われています。岩波版続日本紀の補注に「干戈之主」は「殷の湯王が桀を放ち、周の武王が紂を伐ったように、武力によって国を得る王のこと」、「継体承基」は「天子の位を継承する」こととあります。

継体大王は曾祖父の名の上宮記逸文にある意富々等王「大＝オホ」を「小＝ヲ」にした実名に見えます。これは武烈天皇と雄略天皇と同じに比較されます。山尾幸久氏によると、オホド王とは製鉄王という意味もあるらしい。やはり、武力を有する一族と言えそうです。

関裕二氏も「継体大王の謎」で吉村武彦氏の言葉「継体という諡号には、武力による天下取りという観念がつきまとっていた」と引用されています。関裕二氏は「北陸の田舎貴族をわざわざ都に連れてきて即位させた理由」のほうに興味を示されました。本書では、ここは吉村武彦氏が述べたように、継体大王が自力で旧大和を武力制圧したと考えました。

継体大王と大和王朝

◇武烈天皇は継体、宣化両皇后より若い弟

本書の継体大王の年齢結論は次のとおりです。日本書紀に欠かれた不可解な文章を本書では次のように解釈、整理しました。

1．継体大王は甲寅５３４継体２８年に崩御された。これは日本書紀に記載された一説で、日本古来の伝承と思われる。
百済本記にあるとした辛亥５３１継体２５年ではない。日本書紀はこれを採用したが、以下の理由により５３４継体２８年の崩御年から回避した。古事記の丁未５２７年も同じ理由による。
2．継体大王の崩御時の年齢は、古事記の記述、丁未５２７年４３歳から求めた。崩御年ではなく、経過年と解釈する。よって甲寅５３４継体２８年崩御、時に５０歳となる。
3．継体皇后（手白香皇女）、宣化皇后（橘皇女）と同母弟に当たる武烈天皇は継体大王が磐余玉穂宮に入った５２６年、婚礼と即位式が同時に行われたと考える。武烈天皇は５２６武烈１年即位、５３３武烈８年崩御。１８歳説は扶桑略記、愚管抄などに基づく。
4．安閑天皇は継体大王との年齢相対値から３５歳とした。継体大王１７歳時の降誕となる。５３４安閑１年即位、５３５安閑２年に崩御された。崩御年が日本書紀と古事記の記述で一致している。
5．５３３年に武烈、５３４年に継体が崩御、さらに、翌５３５年に続けて安閑天皇が崩御された。安閑天皇在位は２年間であるため、継体ではなく武烈天皇から直接禅譲されたと考えた。その結果、５３１継体

２５年と５３４安閑１年の間に横たわる２年の空位期間はなくなり解消される。

6．宣化天皇は安閑の１歳年下の弟。継体大王１８歳のときに生まれた子として、５３６宣化１年即位、５３９宣化４年３８歳崩御となる。

7．結果的に百済本記がいう「日本の天皇および皇太子・皇子皆死んでしまった」という記述は正しい。日本書紀も古事記をこの事実を隠蔽するために、それぞれ継体大王の崩御年を回避させた。実際には癸丑５３３年、甲寅５３４年、乙卯５３５年と次々に、武烈天皇、継体大王、安閑天皇が崩御された。

8．継体大王は天皇にならなかったと結論づける。

幸いなことに、古代朝鮮の文献でもこの頃の記述が辛亥５３１年とするものと甲寅５３４年とする２つに分かれて存在していました。現在でも、三国史記と三国遺事の間で３年のずれが見て取れます。そこで日本書紀の編纂者たちは、これを知りながら逆利用し、あえて２８年を退け２５年とした百済本記の文献を採用し、崩御年を隠したと考えられます。日本の伝承を捨て、継体崩御年を２８年から５３１年継体２５年に繰り上げ連続天皇崩御を回避してみせたのです。

古事記は古事記で別のやり方により、甲寅５３４年崩御を回避し、さらに日本書紀の記述を４年繰り上げ、丁未５２７年に崩御としていました。これは、大和に入り磐余玉穂宮を定めた翌年にあたり、後の欽明天皇が生まれた年です。時に４３歳。

その回避理由の一つは、百済本記にある「日本の天皇及び太子・皇子、倶に崩薨りましぬ」という暗い過去を消し去るためでした。武烈天皇、継体大王、安閑天皇がほぼ同時に崩御されていたからです。

安閑天皇の崩御年は８３５年です。継体大王の翌年、しかし安閑２年に亡くなられたとあります。つまり、継体２８年＝安閑１年の重複することになります。しかし、継体大王ではなく、この前年に崩御された武烈天皇から禅譲されたと考えれば安閑天皇の在位期間は２年となり日本書紀の記述とおりになるのです。日本書紀の記述ミス、計算違いではなかったのです。

日本書紀の天皇の在位順は仁賢→武烈→継体→安閑→宣化→欽明です。５０歳を正当化するには、もう継体在位年を序列から外すしかないことになります。天皇の在位順は仁賢→武烈→安閑→宣化→欽明となります。

そして、２年間の空白の理由は継体の死と武烈天皇の死の誤差であり、越年承元法の誤記などではなく、その原因は安閑が継体ではなく武烈から天皇位を引き継いだからです。

さらにその結果、日本書紀に記された継体大王の記録は武烈天皇崩御からではなく雄略天皇崩御からと修正されます。
つまり清寧（せいねい）＋顕宗（けんぞう）＋仁賢（にんけん）＋武烈（ぶれつ）の期間（５年＋３年＋１１年＋８年）と継体大王の在位期間（２８年－１年）が一致するのです。

【継体大王を天皇序列から外した場合の年齢関係】

５００ 年	0 5	0 6	0 7	0 8	0 9	1 0	1 1	1 2	1 3	1 4	1 5	1 6	1 7	～ ～	2 4	2 5	2 6	2 7	2 8	2 9	3 0	3 1	3 2	3 3	3 4	3 5	年 齢
顕宗天皇			31					36		38																	38
仁賢天皇			33					38			41			～		51											51
高橋皇女		①	②	③	④	⑤	⑥	⑦	⑧	⑨	⑩	⑪	⑫	～	⑲	⑳											？
手白香皇女					①	②	③	④	⑤	⑥	⑦	⑧	⑨	～	⑯	⑰	⑱	⑲	⑳								？
橘皇女									①	②	③	④	⑤	～	⑫	⑬	⑭	⑮	⑯	⑰	⑱	⑲	⑳				？
武烈天皇												①	②	～	⑨	⑩	⑪	⑫	⑬	⑭	⑮	⑯	⑰	⑱			18
継体大王										30				～	40										50		50
安閑天皇	⑤	⑥	⑦	⑧	⑨	⑩	⑪	⑫	⑬	⑭	⑮	⑯	⑰	～							30					35	35
宣化天皇	④	⑤	⑥	⑦	⑧	⑨	⑩	⑪	⑫	⑬	⑭	⑮	⑯	～								30					38
雄略在位→清寧５年→顕宗３←仁賢１１→←武烈在位８年→安閑←																											
←継体大王在位期間２８年→																											

５２６継体２０年４２歳の継体大王は大和の磐余玉穂宮に入りました。この前年に仁賢天皇が崩御されています。磐余玉穂宮に入った継体大王は仁賢天皇の３人の娘を手に入れています。この時、武烈は１１歳でしかありません。また、同時にこの時が武烈天皇即位年となるのです。そして、在位８年間、武烈天皇は５３３年に１８歳で崩御されました。安閑天皇は父継体から譲位されたのではありません。直接、武烈天皇の皇位を迫り奪ったとも考えられます。

病床にあった継体に対し、奪った天皇位を継体大王に渡そうとしたのかもしれません。しかし、継体大王は拒んだことでしょう。継体大王の目論見では、帝位は後に直接、末息子の欽明に嗣がせ、成人するまで安閑、宣化を摂政として補佐させようとしていた気配があります。結局、安閑が天皇となります。そして継体大王の嘆きは死を引き寄せたのです。

日本書紀にある継体大王が安閑に位を譲り、即日死ぬとはおかしな表現です。父から位を生前に譲り受けたとわざわざ書いたのです。これはきわめて異例な表現です。

つまり、継体紀と武烈紀は同時期の出来事だったと考えられるのです。皇位は→仁賢→武烈→安閑→宣化→欽明→と引き継がれました。そこに継体の名はありません。力有る継体大王が別に並立していたのです。これはある意味とんでもないことであり、それぞれ個々の天皇とこの継体大王が並立する可能性の有無を詳細に比較検討する必要に迫られました。

どこまでも、日本書紀は古事記の正しい年齢記述を意識していたことになる譲れない年齢だったことになります。つまり、この時期の年齢の引き延ばしは、継体大王に絡んだすべての人間の年齢が故意に引き延ばされていると考えられうるのです。継体大王、安閑天皇、宣化天皇だけに限らないのです。

◇年代比較―４回に亘る行宮のタイミング

繰り返しますが、継体在位期間２８年は、清寧５年間＋顕宗３年間＋仁賢１１年間＋武烈８年間＋安閑２年＝２７年と安閑と重複する１年の合計２８年と等しいことに気がつきました。つまり、継体大王は武烈天皇から皇位を引き継いだのではなく、すでに雄略天皇崩御のときから、琵琶湖以北を統括した継体大王として立ち上がっていたと考えられます。

むろん、力のない清寧天皇が擁立された時代であり、各地でこのような群雄割拠が次々に起こっていたはずです。

ここでは、継体大王の２８年間と清寧から武烈まで４代を一瞥します。すると継体大王の４つの行宮（あんぐう）に移り住んだ時期と４人の天皇の崩御即位時期とが驚くほどに一致していました。

５０７継体　1年　交野樟葉宮　＝清寧１年　清寧天皇即位年
５１１継体　5年　山背筒城宮　＝清寧５年　清寧天皇崩御、顕宗即位
５１８継体１２年　山背弟国宮　＝仁賢４年　的臣ら罪有、皆獄に下り死
５２６継体２０年　大和玉穂宮　＝武烈１年　武烈天皇即位年
５３４継体２８年　継体大王崩御＝安閑１年　安閑天皇即位

1．５０７継体１年２月交野樟葉宮（くずはのみや）で継体大王が即位したといわれる年は清寧１年にあたり、雄略天皇が崩御された翌年に当たります。清寧天皇は内外からその外見からも信用がなかったようで、大和首脳陣は、この頃から後継者問題で頭を悩ませており、日々弱体してゆく大和を憂い、周囲の有力な豪族との友好条約を次々結んでいったようです。海外の例では、弱体化した国を支える外交手段として、有力な豪族には官位や称号を贈り、最後には「王位」の称号使用までを許しています。継体大王もそんな有力豪族の一人だったのかもしれません。時に継体

大王２３歳です。時代は下りますが武田信玄が父を駿河に追い出し家督を継いだのが２１歳、織田信長が父を失い家督を継ぎ、立ち上がるのは１８歳のときでした。決して早くはないのです。

2．５１１継体５年継体大王は山背筒城宮に進出します。この年は清寧５年で清寧天皇が崩御された年と一致しています。いわゆる旧大和王朝が滅びた年といえます。継体大王は迎えられると喜んだのかもしれません。しかし、その翌年、皇位を継承したのは、吉備から見つけ出された履中天皇の孫と称する兄弟で１月に顕宗天皇として大和で即位しました。かなりごたごたしたようで、はじめ飯豊皇女が空席の皇位を代行したとも言われる年でもあります。

3．５１８継体１２年継体大王は山背弟国に移っています。位置的にそれまでの筒城宮からさらに後退したようなところです。この年は仁賢４年にあたりますが、日本書紀はこのとき「的臣蚊嶋、穂瓮君は罪を犯し獄に下りみな死んだ」という不吉な記事を載せています。ここでも大きな戦いがあったようです。この４年前に顕宗天皇は崩御されており、兄が仁賢天皇として政務に就かれていました。

4．５２６継体２０年は大和玉穂宮に、継体大王が念願の大和入りを果たします。仁賢天皇の石上広高宮は継体軍が南下した通り道（天理市）にありました。この前年に仁賢天皇が崩御されたのです。武烈天皇が傀儡として擁立されました。また、旧大和の大氏族、平群一族が滅んだ年でもあります。ここでも大きな戦争があったようです。この時は、武烈天皇の姉たち、仁賢天皇の娘３人が同時に継体大王と二人の息子に嫁いだ年でもあります。翌年、後の欽明天皇が生まれます。このことは武烈天皇が継体大王に定められた形ばかりの天皇であることがわかるのです。この大和玉穂宮は武烈天皇の列城宮と隣接した山の中にあります。継体大王が武烈天皇を取り込み、支配下に置いている状況が地図上からも見えてきます。

【継体４宮　葛葉宮～玉穂宮へ】　→【玉穂宮周辺伝承地拡大図】

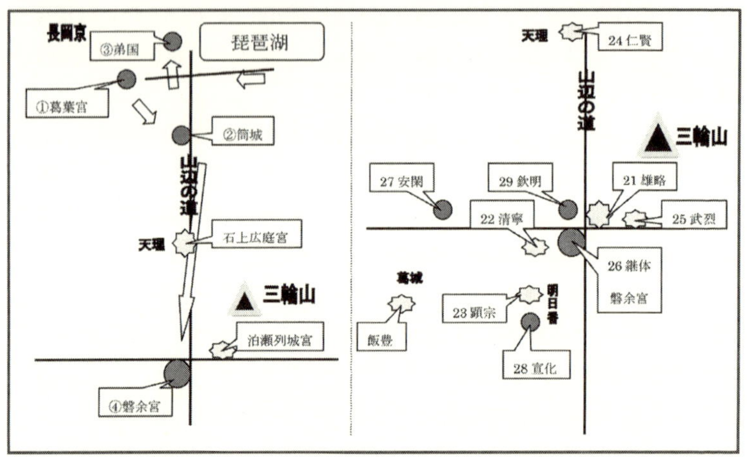

これを日本書紀は、武烈太子が憎んだ平群臣鮪（しび）を臣下の大伴金村が平群真鳥臣（まとりのおみ）鮪親子ともども誅殺したと描かれています。しかし、大伴金村は継体大王側の内通者であり、このことは継体大王が大和の大氏族平群一族などを討ち滅ぼし、大和に入ったと考えることができるのです。

5．５３４継体２８年に継体大王は崩御されました。しかし、日本書紀は頑なにこの年を５３４安閑１年、安閑天皇即位元年とダブらせたのです。越年承元法を採用した日本書紀のルールに従えば、継体大王から皇位を引き継いだので、翌５３５年が安閑１年であるはずです。これは、安閑が継体ではなく、前年の５３４武烈８年に崩御された武烈天皇から皇位を継承したということです。だから翌年が５３４安閑１年です。

6．雄略天皇が崩御されて、清寧天皇から始まる度重なる天皇家の血筋を探し始める日本書紀の記述に疑問を呈する意見や在位記録の希薄性から清寧、顕宗、仁賢、武烈の４天皇の存在そのものを疑う説などがあります。継体大王は天皇の序列に組み入れられ、その結果、４天皇の在位年が相対的にずれてしまったのです。

7．ふり返れば、継体大王は２３歳、５０７継体１年に武力蜂起し大王を自称した年だったのかもしれません。大和側の血筋を探し出すという言葉は言い訳のように聞こえます。雄略天皇が崩御され、大和王朝の弱体化が表面化していたからです。

継体大王の時代は、雄略天皇が崩御された翌年から、清寧、顕宗、仁賢、武烈、安閑、宣化と短期間政権が続いた不安定な時代だったことがわかります。出自も直系でない人物が続々と大和を支配します。

本書では時間軸を２７年も縮め、歴史を歪めたのに、逆に今まで未解決だった説明が容易になり、この時代が鮮明に蘇ってきたのです。

ところで、樟葉宮（くずはのみや）は宇治川、筒城宮（つづきのみや）は木津川、弟国宮（おとくにのみや）は桂川と河川を戦略的に使ったとする学説があります。継体大王は河川の治水にも知識深い持ち主だったと思われます。また、南北に延びる山辺道（やまべのみち）はまさに継体大王の通った王道でもあったと想像できます。

◇各史書との年齢比較

【古典史料】

500	0	0	0	1	1	1	1	1	1	1	1	1	1	2	2	2	2	2	2	2	2	2	2	3	3	3	3	年
	7	8	9	0	1	2	3	4	5	6	7	8	9	0	1	2	3	4	5	6	7	8	9	0	1	2	3	齢
武烈⑱																												18
継体	58				62							69								77			80		82			82
安閑	42				46							53								61					66			70
宣化	41				45							52								60					65			73
欽明			①	②	③	④	⑤	⑥	⑦	⑧	⑨	⑩	⑪	⑫	⑬	⑭	⑮	⑯	⑰	⑱	⑲	⑳			23			63

【修正現代説】

武烈⑱																												18
継体	30				34							41								49					54			54
安閑	⑭	⑮	⑯	⑰	⑱	⑲	⑳					25					30			33					38			42
宣化	⑬	⑭	⑮	⑯	⑰	⑱	⑲	⑳				24						30		32					37			45
欽明			①	②	③	④	⑤	⑥	⑦	⑧	⑨	⑩	⑪	⑫	⑬	⑭	⑮	⑯	⑰	⑱	⑲	⑳			23			63

【本書】

武烈										①	②	③	④	⑤	⑥	⑦	⑧	⑨	⑩	⑪	⑫	⑬	⑭	⑮	⑯	⑰	⑱	18
継体	23				27							34							40	42								50
安閑	⑦	⑧	⑨	⑩	⑪	⑫	⑬	⑭	⑮	⑯	⑰	⑱	⑲	⑳						26				30				35
宣化	⑥	⑦	⑧	⑨	⑩	⑪	⑫	⑬	⑭	⑮	⑯	⑰	⑱	⑲	⑳					25					30			38
欽明																					①	②	③	④	⑤	⑥	⑦	45
	葛葉宮				筒城宮							弟国宮								玉穂宮								

代表される３つの例と本書の仮説を比較したものです。

縦の網掛は継体大王が葛葉(くずは)宮、筒城(つつき)宮、弟国(おとくに)宮、磐余玉穂(いわれたまほ)宮に入ったそれぞれの年を示します。

一人も存在を否定したりせず、人物を架空に生み出すこともしないで、ひたすら日本書紀の記述を信じ、各天皇の年齢を調査していく中で、継体大王が天皇ではなかったという推論に至りました。しかも、各宮遷都(せんと)

の意味が鮮やかに描き出されました。何度も自分が間違っているのではないかと検討を繰り返しました。

なぜ日本書紀は８２歳としたのでしょう。伝承があったのでしょうか。当時、春秋二倍暦という倍する年号の数え方があったためなのでしょうか。当時史実を積み上げ分析された学問追求の果ての研究成果だったのでしょうか。あるいはこれはあってはならないことですが、何かを隠蔽するために偽証し、創作された年齢だったのでしょうか。

上記の「古典史料」は日本書紀や鎌倉、室町の頃までの有力説を採用しています。また「修正現代説」は高城修三氏の継体大王５４歳説を採用したものです。その周辺は諸説あるため、後の部分はすべて本書の推定です。高城修三氏のいう５４歳とは春秋二倍説により継体大王の高年齢を説明しています。宝年も安閑４２歳、宣化４５歳と無難なものになり、欽明天皇の年齢関係も在位３２年の他４１年説を加味しても不自然さはありません。しかし、武烈天皇の姉たちの年齢は適正かもしれませんが、息子の宣化天皇は8歳年上の橘皇女を娶ったことになります。政略と割り切るべきなのでしょうか。極論ですが、入り婿として継体大王は血縁のしがらみがありません。何歳でもよくなります。本書はあくまで日本書紀の８２歳を捨て、古事記の４３歳にこだわり続けました。

その結果、やはり武烈天皇の年齢を引き下げることで姉たちが生き生きとしてきたのです。どうしても、継体大王と武烈天皇は並立していたという結論になります。本書の欠点は、そのものずばりです。これからの検証作業は膨大です。武烈の前、仁賢、顕宗、清寧、強いては仁賢の祖父の履中にまでに及ぶからです。

日本書紀の記述をここで２７年も縮めてしまったのです。ただ救いもあります。これをさかのぼる応神天皇は１２０年も事実から乖離しているという定説があるからです。ここではまず単に、こうした実年代の乖離が継体大王の天皇序列へ挿入されたことによって始まったのだという仮説に留めます。

これが正しいとすれば、日本書紀編纂者たちの意図がみえてきます。彼らはどうしても継体大王を天皇にしたかったのだと思います。なぜなら、彼らの現天皇はこの継体大王の血を引き継ぐものだからです。同時に継体大王は武烈天皇と同時期の大王ではなく、連続した大和朝廷の一人として組み込んでしてしまうことで、百済本記に書かれた日本の皇族達が次々死んだというスキャンダラスな出来事を隠蔽（いんぺい）できると考えたのかも知れません。

安曇陵墓（継体父の彦主人王墳墓伝承地）滋賀県高島市

継体大王の周辺

◇后妃と子女ー継体大王の周囲の年齢

継体大王そのものはどんな人生を歩んできたのでしょう。これは后妃と皇子を一瞥（いちべつ）するとその軌跡がおぼろげながら見えてきます。唐突な結論展開に至る前にもう一度冷静に継体大王を見つめ直します。妻子を一覧にすると次のようになります。妻は1后8妃、子供は9男12女になります。

妻子　（順番は日本書紀の紹介記事の順）

位	名前	后妃の父	子供
后	手白香皇女	仁賢天皇	欽明天皇
妃	目子媛（色部）	尾張連草香	勾大兄皇子（安閑天皇）
			桧隈高田皇子（宣化天皇）
妃	稚子媛	三尾角折君	大郎皇子
			出雲皇女
妃	広媛（黒比賣）	坂田大俣王	神前皇女
			茨田皇女
			馬來田皇女
妃	麻績娘子	息長眞手王	荳角皇女（伊勢大神祠）
妃	関媛	茨田連小望	茨田大娘皇女
			白坂活日姫皇女
			小野稚郎皇女（長石姫）
妃	倭媛	三尾君堅楲	大娘子皇女

		椀子皇子（三国公の祖先）
		耳皇子
		赤姫皇女
妃　荑媛	和珥臣河内	稚綾姫皇女
		圓娘皇女
		厚皇子
妃　広媛	根王	兎皇子（酒人公の祖先）
		中皇子（坂田公の祖先）

手白香皇女

仁賢天皇の皇女です。母、春日大娘皇女（雄略天皇の娘）の第３女です。継体大王が大和の磐余玉穂宮に入ったとき、皇后となり後の欽明天皇を出産します。欽明天皇の年齢から継体大王の最晩年の子と考えました。完全な政略結婚といえる典型的なものです。

目子媛（色部）

後の安閑天皇と宣化天皇を生みました。日本書紀の記述に従い継体大王１７歳、１８歳のときの子としました。日本書紀は身分順の記載です。当初、目子媛は他の近江中心氏族の妃と比較して低い身分だったと思われますが、後の天皇を生んだ母ですから、日本書紀の記述順位は皇后を除く８人の妃の筆頭に位置させています。

継体大王は北陸、近江を中心とした行動範囲を持ちます。その中にあって日本書紀は尾張連草香の娘、古事記は尾張連の祖、凡連の妹と記したことは特徴的です。

天武１３年、尾張宿禰姓を賜っています。壬申の乱の功臣としても尾張馬身や尾張大隈の名などが見られます。壬申の乱では天武天皇が尾張を経由したことから、天武天皇の出自に関係する地域とも言われています。また、凡海と凡の関係は直接にはないと思われるものの気になるところです。

戦国時代に近江の茶人、今井宗久がいますが、その中の色部氏は越後の武将で上杉謙信にも仕えているなど北陸で活躍した氏族です。父の出身は尾張であっても活躍の舞台は北陸であったと思うのです。無縁とも思えません。

稚子媛

三尾角折君の妹　三尾君の祖（古事記）。大郎皇子と出雲皇女の二人を生みました。継体大王にとって相続上の第一子がこの大郎皇子でしょう。古事記では后妃紹介記事の筆頭に掲げています。父の故郷近江高島の三尾の部族の長の娘です。安閑、宣化と同じか少し後に生まれましたが、当時はこの大郎皇子のほうが身分は上です。名前からも当初から継承候補者であったはずです。豪族の祖として名を残していないので早死にしたと思います。上の二人が天皇になったことで、記載順が入れ替わったのです。

倭媛

もう一人、三尾の出身者で三尾君堅槭の娘がいます。妃順でいえば6番目で遅い方です。「倭」という名からも、大和に入った継体大王が故郷の娘をわざわざ呼んだか、訪ねて来たのでしょう。４人も子供を生んでいます。一概に子供の数イコール愛情の大きさにはなりませんが、かなりの寵愛ぶりです。ずっと側に置いたようです。子は生まれた順に、大娘子、椀子、耳、赤姫です。上の二人の子には氏族を束ねる名が付けられました。

特に椀子皇子は、古事記では三国公の祖先　丸高王とし、新撰姓氏録では三国真人を継体大王椀子王の後とし、越前の出身とあります。この皇子は三尾の出身者でありながら越前の地にあって継体大王の母方の三国氏を束ねていくことになるのです。緻密な血縁による組織造りを感じます。

広媛（黒比賣）

坂田大俣王の娘です。古事記は黒比売と言っています。坂田の出身ですから、今の米原近辺で現在も息長の地名が残る勢力地域です。子は３人で神前皇女、茨田皇女、馬來田皇女、といいます。神前皇女は義兄の安閑天皇陵に合葬された謎を秘めた女性です。相当近しい間柄といえそうです。他の二人の名前はどうやら地名のようです。この地に進出した頃生まれたのでしょう。坂田大俣王の政治力の大きさを想像させます。

麻績娘子

息長眞手王の娘です。子の名を荳角皇女と、しかも「娑佐礙」と読むよう我々に指定しています。彼女は伊勢斎王として神に仕えるよう指名されたのです。あるいは父親が進んで引き受けたのかもしれませんが、この頃の斎王になることは大変な名誉なことです。一般市民がなれるものではありません。例えば天武天皇の斎王は大伯皇女ですが、彼女は正当な天皇家の血を引き継ぐ長女です。そんな斎王にこの息長氏の娘が選ばれたことになるのです。

関媛

茨田連小望　の娘又は妹とあります。子には茨田大娘皇女、白坂活日姫皇女、小野稚郎皇女がいます。古事記にはこの娘の記録はありません。連姓ですから、本来は継体氏族ではなく旧天皇を守る周辺氏族だったはずです。ただ茨田は河内国茨田郡、現在の門真市門真付近を指し、中央とは関わりが低いと思われ、むしろ坂田大俣王の娘広媛が茨田皇女という名の皇女を生んでいることから、何らかの婚姻的結びつきが継体大王との間にあったことが考えられます。茨田神社は弟国にあったといいますから、ここ弟国宮に継体軍が移ったときからの関わりかもしれません。

荑媛

和珥臣河内の娘です。子は３人で稚綾姫皇女、圓 娘 皇女、厚皇子です。古事記には阿倍氏の娘とあり相違しています。いずれにしろ河内の和珥氏ですから、海人族でしょう。阿倍氏も黒岩重吾氏によれば、継体大王について大きくなった氏族であり、後年、北方蝦夷を日本海側から鎮圧する阿倍一族として紹介されています。大いにあり得る話です。

広媛

最後に根王の娘とあります。　坂田大俣王の娘の同名です。だからでしょうか、この娘も古事記にはのっていません。日本書紀編纂途中で見つかり追加されたような記述です。根連金身という人物が、天武１年６月に大津京にいた大津皇子と一緒に天武天皇に合流し壬申の乱に参加していますから、本来は大津宮に居て大津皇子に侍従していた氏族のようです。子は兎皇子、酒人公の祖先、中皇子、坂田公の祖先とあります。これは二人が近い将来、兎皇子が酒人公の家に、又、中皇子が坂田公の家に入ったことになります。根公は新撰姓氏録によれば和泉地区の氏族です。そこで気がつくのは、継体大王の祖父に当たる意富富杼 王 は忍坂大中姫と兄妹でありその妹衣通郎女は和泉に住んだと言われています。その広い血縁を利用した継体大王の行動範囲には驚かされます。

まとめ

一人一人見ていくと、継体大王に娘を納めた父親たちは相当の実力者であったことがわかります。

血のつながりの中心は古くから続く、息長氏（米原、坂田）でしょう。名誉ある斎王を輩出したことからもわかります。同時に継体大王の父系三尾氏（高島）や母系（三国）などとのつながりは計り知れない深さと歴史の長さがあり、決してどの一つが出自として絞り込む必要はないように思えます。

しかも、それぞれの氏族が琵琶湖を中心に、堅い血縁関係を縦横無尽に取り交わしていたのです。というより、継体大王の指示で氏族たちの流動性を図っていたのかもしれません。

継体大王の子供たちは皇子９人、皇女１２人です。しかし、安閑と宣化を除き、男子のほとんどが晩年の子供です。歴史的経緯結果は別にして、継体大王がいかに安閑、宣化に望みを託していたかがわかります。

以下に日本書紀の記述順に継体大王の皇子の名前を並べてみました。番号は生まれた順と本書が想定するものです。例のごとく、日本書紀による皇子の記載順は身分順です。しかし、同格の妃が生んだ皇子は年齢順のはずです。大郎皇子とは長男と考えられます。椀子(まろこ)皇子も名前から系統正しい皇子とわかります。しかし年齢は安閑、宣化より年下です。だから、安閑、宣化の二人は当初は身分的に低いレベルに位置していたと思います。

継体大王の皇子　（行順は日本書紀記載順、数字は生まれた予測順）

９．欽明天皇
１．勾大兄皇子　　後に安閑天皇
２．桧隈高田皇子　後に宣化天皇
３．大郎(おおいらつこ)皇子
４．椀子(まろこ)皇子　　三國公の祖先
５．耳皇子
６．厚(あつ)皇子
７．兔(うさぎ)皇子　　酒人公の祖先
８．中皇子　　坂田公の祖先

継体大王はこの男子全員を各氏族の長にしています。祖先名を残さなかった、大郎、耳、厚３人の皇子はたぶん早世したと思います。

【継体皇子誕生順】（横軸は同母）

安閑天皇＞宣化天皇
大郎皇子＞出雲皇女
大娘女皇女＞椀子皇子＞耳皇子＞赤姫皇女
神前皇女＞茨田皇女＞馬來田皇女
荳角皇女
茨田大娘皇女＞代坂活日姫皇女＞小野稚郎皇女
稚綾姫皇女＞圓娘皇女＞厚皇子
兔皇子＞中皇子
欽明天皇

米原と高島は琵琶湖の対岸に位置します。双方は晴れていれば見えます。夜、対岸の明かりが美しい。

哀しい伝承が残っています。いつものように夜、愛する男の元へ湖を漕ぎ渡り通う女。明かりを頼りに対岸に通う恋人。ところが、ある夜、男は目印の明かりを消してしまい、その結果、女の消息も消えてしまうというものです。こうした淡い恋の伝承が男女の名前は違うけれど、琵琶湖の各地に残っているといいます。

これは一つの話が別名で広がったのではなく、同様な事件が琵琶湖の各地にあったのだと思います。これは、幾多の場所、対岸に通う船が昼となく夜となく盛んに交流していた証拠です。この時代、歩いて対岸を回り込むより舟で渡る方が、はるかに便利だったと思います。琵琶湖全体が大きな氏族連合を結成していたと考えていいのではないでしょうか。さらには越、若狭の海、さらに大海を渡り大陸に通じる大動脈があったはずです。

◇大臣（おおおみ）と大連（おおむらじ）、そして磐井の乱

旧大和国が滅びようとするなか、これを憂い、大和を離れ有力な地方豪族との調停に奮闘する３人の強者がいました。日本書紀では彼らを、絶えんとする天皇の血縁者を探し求めるものとして表現しています。

しかし、見方を変えれば、敵への密告者、裏切り者、スタンドプレイヤーといわれてしまいます。これまた、どの時代でも同じですが、急激な変化のある時代、その功労者は短命であるという事実です。

その名は許勢男人（こせのおひと）、物部麁鹿火（もののべのあらかい）、大伴金村（おおとものかねむら）の大和氏族３人です。

許勢男人　大臣　　５２９継体２３年９月薨去
物部麁鹿火大連　　５３６宣化　１年７月薨去
大伴金村　大連　　５４０欽明　１年９月病と称し二度と出仕せず。

継体大王を支持してきた３人ですが、新たな欽明天皇の時代まで誰も生き残ることができなかったのです。これも歴史の常なのかもしれません。理由はいろいろあるのでしょうが、結局、継体大王を引き入れた３人は人知れず粛正されたのです。トカゲの尻尾切りのように、個人的なこの３人が亡くなることにより、大和は新しい時代を迎えます。この３人は決して一枚岩ではありません。お互いを意識し常に牽制し合い、結局、ともに滅んだのです。

許勢男人（こせのおびと）　巨勢（こせ）、雀部（さざきべ）、軽部（かるべ）ともいう。

許勢氏は奈良県御所市高取町の巨勢寺跡を中心とした氏族です。市尾墓山古墳が彼のものと言われる所以です。他の二人が大連（おおむらじ）なのに対して、大臣（おおおみ）となります。つまり、天皇の側近として常駐する物部と大伴の軍事力を有する氏族に対し、大和に住んでいた有力地元氏族といえます。

武内宿禰後裔氏族の一つですが、この男人の活躍ではじめて有力氏族に連なったようです。つまり、雄略天皇の即位直前に、大伴大連室屋、

物部大連目、平群大臣真鳥の３人が位につきましたが、この継体大王の頃から許勢男人が同じ武内宿禰後裔氏族の平群大臣真鳥に代わり、大臣職を任命されたのです。この平群氏は継体大王と大伴金村等が旧大和王朝の内紛を収めた際、実質的に滅ぼされたと考えられます。

皇位継承問題の処理に最初から関わり、継体大王を推薦し、逆に大王よりもとのごとく大臣を任せられたとあります。他の二人も同じですが、継体即位前に武烈天皇の代に大連、大臣になり、継体大王に再度任命されたように描かれています。武烈天皇は継体大王に擁立された天皇です。磐余玉穂宮入りを果たした継体２０年前後に、正式に武烈天皇の名において継体大王が大連、大臣に任じたのだと考えてみました。

許勢男人は大和に入京してきた継体大王の息子、安閑に対し、二人の娘姉妹を納めています。継体２１年６月筑紫国造磐井の乱に際しては、大伴金村と物部麁鹿火を鎮定将軍として推薦します。継体２２年１２月までに乱は終息しましたが、同時に、朝鮮に送った軍の状況のほうは芳しくありません。同僚の物部麁鹿火が大和を離れていた間の継体２３年９月に許勢男人は薨じられました。ところが、大臣職は同族の許勢氏ではなく、蘇我氏に移ります。何かあったと考えるべきでしょう。安閑天皇即位時に名はなく、宣化天皇即位時には大臣職をはっきり蘇我稲目に命じています。

これを疑う説があります。後に７５１天平勝宝３年２月雀部(さざきべ)朝臣真人(まひと)の奏上にこの許勢男人の名の由来が続日本紀に載っています。そのなかで、男人が継体と安閑との御代に仕えたとあるからです。だから、許勢男人は５３５安閑２年までは生きていたというものです。

この説は近年、許勢と安閑のつながりから、安閑天皇がまだ生きており欽明天皇との二朝並立論を立証する材料にされています。本書では安閑の在位は１年間にすぎません。安閑１年目にはまだ継体大王は健在でした。この翌年には安閑天皇は崩御されるのです。やはり、日本書紀の記述のとおり継体２３年に薨じたと思います。心情的にいえば、娘二人を安閑天皇に納めたこの許勢男人は継体、安閑二代に仕えたといっていいのです。しかし、安閑天皇時に許勢大臣の名はもうありません。継体大王の下だけに活躍できた大臣だったのです。

物部麁鹿火（もののべのあらかい）

物部氏の歴史は長いものです。大連として実質的に権勢を振るうのはこの頃からです。日本書紀では、武烈天皇と争った平群臣鮪（へぐりのおみしび）の妻となった影媛の父親をこの麁鹿火（あらかい）としています。平群臣鮪を殺したのは大伴金村です。経緯はどうであれ、物部麁鹿火にとって娘を悲しませた大伴金村と親しいとは言い難いところです。

一方、継体大王の息子、安閑天皇に妃として納めたのは、物部木蓮子（いたび）大連ですが、旧事紀から仁賢朝の大連といわれています。仁賢天皇時の物部木蓮子（いたび）大連が３代（仁賢１１年＋武烈８年＋継体２５年＝４４年間）も後の安閑天皇に娘を立てているのです。あきらかに時間が引き延ばされています。しかも木蓮子（いたび）大連を引き継いだのが、安閑１年に物部大連尾輿（おこし）です。後の物部守屋の父となる人です。この時期、物部氏は大連が二人いたように見えます。というより、麁鹿火（あらかい）が一人浮き上がってしまっているのです。大連職ははっきり、武烈、継体、安閑、宣化で麁鹿火と明記されているのに、物部木蓮子（いたび）、尾輿（おこし）、守屋としっかり親子関係として大連職が引き継がれていきます。ここでも、継体と武烈の二重性を感じさせます。物部麁鹿火はあくまで継体大王対策担当者なのです。

次の物部麁鹿火の証言があります。継体２１年８月、磐井の乱勃発に対し、この三人の大連を呼んで、誰を将として派遣したらいいかとのご下問に対し、大伴金村が物部麁鹿火の右に出るものはいないとして、決定されました。８月、正式に、継体大王は、麁鹿火に磐井を撃つように命じます。これに対し、物部麁鹿火は次のように答えました。

【日本書紀　継体２１年】

物部麁鹿火大連、再拜言、	物部麁鹿火大連、再拝して曰く、
嗟、夫磐井西戎之奸猾。	「ああ、それ磐井は西の戎の奸猾なり。
負川阻而不庭。	川の阻しきことをたのみて庭らず。
憑山峻而稱亂。	山の峻きによりて、乱れをあぐ。
敗徳反道。	徳を敗りて道に反く。
侮嫚自賢。	侮りおごりて、自ら賢しとおもへり。
在昔道臣、	昔、道臣が在り、
爰及室屋、	ここに室屋にいたるまでに、
助帝而罰。	帝を助りて罰つ。
拯民塗炭、	民の苦しきを救うこと、
彼此一時。	彼も此も一時なり。
唯天所贊、	唯、天の賛くる所は、
臣恆所重。	臣が常に重みする所なり。
能不恭伐。	よく恭み伐たざらむや。」とまうす。

「物部麁鹿火大連は再拝し、『磐井は西の果てのずるい奸です。山河の険阻なのをたのみとして、恭順を忘れ、乱を起こしたものです。道徳に背き、驕慢でうぬぼれています。私の家系は、祖先から今日まで、帝のために戦いました。人民を苦しみから救うことは、昔もいまも変わりませぬ。ただ、天の助けを得ることは、私が常に重んずるところです。よく慎んで討ちましょう』といった。」（宇治谷孟訳）

まるで詩歌のような四文字の美文で、中国「芸文類聚」の引用であることが指摘されているところです。ただ､学者たちはこの発見に固執して、この内容の重大さを軽視しているようです。

ここで、宇治谷孟氏は「私の家系は、祖先から今日まで、帝のために戦いました」と訳されておりますが、正しくは「昔、（神武天皇に仕えた大伴の祖）道臣が在り、大伴室屋に至るまで、帝を助け、罪を罰した」となるはずで、一見、物部麁鹿火が嫌っているはずの大伴金村の祖先を称えたように見える変な文章になっているのです。かつて、継体６年に大伴金村が独断で任那国４県の割譲を約束する際、その勅を伝える使として物部麁鹿火が指名されましたが、妻の強い諫めに従い、仮病を装うまでして使者を断っているのです。

しかし、大伴室屋がまだ大連として健在であるならば、この意味はまるで違う、皮肉を秘めた言葉となります。

「(あの大伴大連金村などではなく)、太古の道臣から大伴大連室屋(むろや)まで続く大連の重責を、この物部麁鹿火こそが引き継ぎ、代わりに西征してまいります」と、大連職は自分こそ相応しいと自画自賛したのです。

安閑天皇に対し、許勢男人大臣と物部木蓮子大連が娘を納ています。本来の主要メンバーは物部麁鹿火、許勢男人、大友金村の３人の大臣だったはずです。微妙なズレが見えはじめていました。

磐井の乱

磐井(いわい)の乱は継体２０年大和磐余玉穂宮(いわれたまほ)に継体大王が入った翌年に九州の筑紫君(つくしのきみ)磐井が、新羅(しらぎ)と内通して起こした反乱とされ、継体政権は物部麁鹿火(あらかい)を派遣し、一年半をかけ、これを鎮圧しました。国家形成過程における地方勢力との軍事的衝突として最大かつ最後のものであり、重要な意義をもつと言われています。継体２１年６月筑紫磐井の乱の鎮定する将軍には物部大連麁鹿火が任命されました。継体２２年１１月には鎮圧されます。遠い九州の行程を考えると意外とあっけなく片付けられます。

水谷千秋氏は「謎の大王　継体天皇」のなかで、日本書紀、古事記、風土記、考古学資料を用いて「磐井が先に兵を動かしたのではなく、戦いを仕掛けたのは大和政権の軍である」と強調されました。この結果は本書の結論と一致し、この説を支持するものです。

１．潤色の多い日本書紀に比べ、事件を簡潔に伝える古事記によれば、「磐井、天皇の命に従わず、無礼多し」ゆえに軍を派遣して磐井を殺したとある。大和政権打倒や王位奪取を図って挙兵したわけではない。

2．筑後国風土記によると、官軍の攻撃が突然であったために勝てそうにないとの判断から豊前まで退却したという所伝があることは、最初に攻撃をしかけたのが官軍であって、磐井のほうから大和政権に戦いを挑んだものではないことを物語っている。

3．戦闘が行われた筑紫の御井（みい）郡は岩戸山（いわとやま）古墳のすぐそばにあり、磐井の本拠がそばにあったことがわかる。つまり、磐井はほぼ同じ場所から動いていないことを意味する。磐井の行動範囲は狭く、計画性に乏しく、朝廷軍に対しあくまで受け身と受け取れる。

4．朝鮮史料「三国史記」「三国遺事」の中に、磐井の乱に関わる記事や内通の事実はない。ましてや近江毛野臣率いる六万人の軍の渡海を遮ったという記事もない。

その結果、「磐井の乱とは、磐井を盟主とする北部・中部九州勢力が独自の首長連合を形成しようとしたことに対する大和政権の反応なのであって、言い換えれば地方勢力の自立化の動きを大和政権が武力で制圧したものということができる」

本書でも、本人の気持ちとは裏腹に物部麁鹿火が中央から遠ざけられた構図が浮かび上がりました。磐井の乱は大和政権にとっては麁鹿火を追い落とす絶好の機会だったことになります。鎮圧しても、物部麁鹿火は、大和に帰還できません。なぜなら、継体大王から、九州全体を、すべておまえに任せると任命されているからです。

【日本書紀　継体２１年】

天皇親操斧鉞、授大連曰	天皇、自ら斧鉞を取りて、大連に授けて曰く、
長門以東朕制之。	「長門より東の方をば朕制らむ。
筑紫以西汝制之。	筑紫より西をば汝制れ。
専行賞罰。	専、賞罰を行へ。
勿煩頻奏	頻に奏すことに勿煩ひそ」とのたまふ。

天皇は将軍の印綬を大連に授けて、
「長門より東の方は自分が治めよう。
筑紫より西はお前が統治し、
賞罰も思いのままに行え。
一々に報告することはない」といわれた。（宇治谷孟訳）

これが全国を統治する天皇の御言葉なのでしょうか。これでは、天下統一を目指す大豪族が、有力家臣に命じた言葉に見えます。

物部麁鹿火（あらかい）はどこで亡くなったのでしょう。５３６宣化１年７月薨去とあります。たぶん、継体大王の崩御（５３４継体２８年）の報に接し、急いで単身九州の地から戻ったのかもしれません。しかし、大和にはすでに物部大連尾輿（おこし）がいるのです。麁鹿火の居場所はありませんでした。翌年（５３５年）１２月には安閑天皇が相次いで崩御、さらに翌年５３６宣化１年すぐこの物部麁鹿火が薨去したのです。

最後に残ったのは大友金村だけでした。

大伴金村（おおとものかねむら）

大伴氏も古い氏族です。大伴室屋は神武天皇に仕えた道臣命（みちのおみのみこと）の７世孫です。この大伴金村は大伴室屋（むろや）大連の孫、大伴談（かたり）連の子と言われます。

祖父の大伴室屋は允恭１１年３月の詔により妃に衣通郎姫（そとおしのいらつめ）を妃とするよう尽力したことがはじめて日本書紀に描かれ、武烈３年１１月に水派邑（みまたのむら）の造営の詔を請けたのが最後の記述となります。伴氏系図に大伴室屋連は「大連、長命之人也」と註しています。確かに、允恭天皇在位４２年中、この１１年を２０歳としても、その後、安閑３年、雄略２３年、清寧５年、顕宗３年、仁賢１１年、武烈８年中３年の詔の年に薨じられたので、９９歳にもなります。たぶん、允恭天皇在位期間が長すぎます。これは允恭天皇のところで細説します。

大伴金村が活躍するなか、大伴室屋は同じ時期まだ生き続けていました。金村は武烈天皇即位前にすでに大連となっており、室屋も武烈３年には現役の大連なのです。ここでも、大伴氏は同時に大連が二人いたと推測できるのです。やはり、継体と武烈がここでも並立しているからこその現象といえそうです。　大伴金村の年齢も問題です。父の大伴談（かたり）連は雄略９年、大将軍紀小弓（きのおゆみ）宿禰らと共に新羅で戦い、戦死しています。最短でこの雄略９年に生まれたとしても、引退した年欽明１年には７６歳にもなるのです。

雄略残１５年＋清寧５年＋顕宗３年＋仁賢１１年＋武烈８年＋継体２５年＋空位２年＋安閑２年＋宣化４年＋欽明１年＝７６歳

やはり、ここでも継体２５年は外すべきでしょう。

許勢大臣男人は継体２３年に亡くなりますが、大臣職には、宣化１年新たに蘇我稲目がなっています。安閑１年物部大連麁鹿火も亡くなり、その頃までには大伴金村大連の独壇場のはずでした。

ところが、ここに物部大連尾輿（おこし）と蘇我（そが）大臣稲目（いなめ）が立ちふさがります。この大伴金村追い落としに際し、後の蘇我氏の繁栄を知る我々は蘇我稲目も関与した記事や小説をよく目にします。この時蘇我稲目３５歳です。表舞台には現れません。追い落としに加わったのは何故か許勢臣稲持（いなもち）でした。欽明１年、任那（みまな）割譲の件で政治的に追い詰められた金村は恐れ、二度と出仕しなかったといいます。なぜ、恐れたのでしょう。殺されると思ったのでしょう。かつて、誰かを誘い殺したように、今度は自分と恐れたのでしょうか。

欽明天皇はこの忠臣に人の噂を気にすることなくゆっくり休養するよ

う、ねぎらったとありますが、稲目（いなめ）や尾輿（おこし）らはこの配慮を逆手にとり、政治的に抹殺してしまったのです。金村は最後まで参内せず、自分が持つ大連職を引き継げず薨去しました。大伴氏の大連職はここで途絶えたのです。

蘇我氏と宣化天皇の関わりは予想外に大きなものでした。宣化天皇は檜隈高田（ひのくまたかだ）皇子といわれ檜隈廬入野（ひのくまいおりの）宮に住み、身狭桃花鳥坂上（むさのつきさかのえ）陵に葬られました。その位置関係はその後の蘇我一族の繁栄そのものです。はじめは蘇我氏の方が先に宣化天皇に取り入ったのかもしれません。

三國神社（主祭神の一人継体天皇）福井県坂井市

検証—継体大王の位置

継体大王は武烈、仁賢、顕宗、清寧の４天皇とほぼ同時に台頭した大王の一人です。これが本書の帰着点の一つです。そのままでは継体大王や周囲の人々の年齢矛盾が正せません。本当にそうなのでしょうか。自説に矛盾はないのだろうか。その証明がこの章からの検証です。

この４天皇は架空の人物とする説があります。力強さがなく存在感に乏しく、外交や対外的に見ても希薄で危ういものです。しかし、安易な存在否定には同意できません。逆に継体大王の方を序列から外れ、４天皇と同時に生きたと考えました。並立していたとする説は４天皇すべてではありませんが古くからありました。ところが、２７年のずれは継体大王ではなく、この４天皇において起こるのです。

次々起こる天皇血筋消滅の危機

古来、多くの学者は武烈天皇の死後、後継者争いが起こったと述べていました。しかし、武烈天皇の崩御によって、血筋が途絶えたわけではなく、雄略天皇の後、清寧天皇に引き継がれた頃からすでに、大和王朝の土台は崩れかけていました。各地の豪族の力が増大していきます。日本書紀の記述に沿えば、吉備から顕宗、仁賢兄弟の発見、星川皇子の謀反、平群臣の専断、飯豊皇女の称制などです。ここに継体大王の記録が追加されます。さらに丹波の倭彦王の擁立計画、近江の継体王の擁立、そして最後に筑紫君磐井の乱などです。

また、内乱も続発しています。特に平群氏の専断に際しては、大伴金村が武烈天皇の軍を借りて滅ぼしたとありますが、継体大王が絡んでいたことは間違いないようです。平群氏をほとんど滅ぼすことで大和磐余宮に入京することができたとも考えられます。たぶん、その他の各地の部族反乱の一つ一つ継体大王が関係し鎮圧していったようにも見えてきます。最後に大和磐余宮に入京するときには、周りの氏族はすべて、継体大王になびいていたのではないでしょうか。平群真鳥が仁賢８年に殺された際、四方の海に呪いをかけたが、継体大王の郷里、敦賀の海だけは呪いを忘れたとあります。なぜ敦賀なのでしょう。案外、平群氏は継体大王と親しく、他の大和氏族に告発され、内乱として処理されたのかもしれません。黒岩重吾の深い研究成果とその洞察力により、平群一族を継体大王が滅ぼすとした筋書きは異にしますが、本書と結論を同じくするものです。

朝鮮半島の出来事の正確な引用

日本に関係ないような、朝鮮の事象が「百済本記」を丸写ししたように事細かに記されているのも、この頃の日本書紀の特徴です。

日本書紀は５０２武烈４年、武寧(ぶねい)王が立つとあり、三国史記も５０１年東城(とうじょう)が薨じ、武寧王が立つとあります。さらに武寧王は５２３継体１７年に薨じたとあり、三国史記でも５２３武寧２３年に薨じたとあります。また、その一世代前、４７９雄略２３年に東城王即位、三国史記も４７９年を東城１年としています。この傾向は雄略天皇まで遡ります。

非常に精度の高い年号表示が日本書紀の内容と関係なく、正確に挿入されていきます。しかし、雄略以前に入ると、突然、海外の動向の年号が、日本書紀の記述と乖離しだすのです。結局応神天皇の朝鮮半島史の記述は１２０年のずれとなり、時間差を感じることができます。

本書では継体大王を旧天皇たちとダブらせましたから、日本書紀とは２７年のずれが生じてしまいました。この時点では朝鮮半島の記述が日本書紀の年号に完全に一致しているのです。だから本書の説は間違いなのでしょうか。当て推量と言われるかもしれませんが、グループ編纂されたとされる日本書紀の雄略天皇以降の編纂グループは朝鮮半島の記述を出来上がった日本書紀に後から時を刻むように埋め込むことで、正当性を主張したかったのかもしれません。正確に朝鮮半島の歴史を添付すればするほど、日本書紀を故意に正当化しているように見えてくるのです。

十二柱神社（武烈天皇泊瀬列城宮伝承地）奈良県桜井市出雲

◇武烈天皇の最後

大和王朝としては、事実上、顕宗、仁賢兄弟天皇で終焉を迎えました。仁賢の息子武烈は生き延びましたが、継体大王に征服された傀儡政権として、擁立させられた名目上の天皇にすぎません。実権はなかったと考えられます。

武烈天皇が即位してから崩御までの８年間、列城宮が彼の住居でした。現在まで正確な場所はわかっていませんが、、奈良県桜井市出雲にある十二柱神社が、武烈天皇社の泊瀬列城宮伝承地として有力な候補地となっています。

これに対し、継体大王の大和磐余玉穂宮は奈良県桜井市池之内といいます。ここも正確な位置はまだわかっていません。奈良盆地全体としては南東の端ですが、当時の中心地であり、各街道が交わる交通の要所です。そこをさらに東の山の斜面、この間５～６ｋｍぐらいの位置が武烈天皇の列城宮です。初瀬街道の一本道です。武烈天皇の列城宮は継体大王の磐余玉穂宮のすぐそばにあるのです。こんなところへ武烈天皇は押し込められたのです。

そういえば、後に同族に弑逆されたという蘇我馬子の傀儡、崇峻天皇も、この大和磐余の南の山中に倉梯宮を築かされました。どちらも幽閉されていた形です。

人となり

【武烈天皇即位前紀】

長好刑理。法令分明。	長じて裁きや処罰を好まれ、法令に詳しい。
日晏坐朝、幽枉必達。	日暮まで政務し、無実の罪は必ず見抜いた。
斷獄得情。又、	訴えを処断するのが、うまかった。また、
頻造諸惡。不脩一善。	頻繁に悪事をなし一善もなしえなかった。
凡諸酷刑、無不親覽。	凡そ極刑を好み、見ないことはなかった。
國内居人、咸皆震怖。	国内の人は皆、震え恐れた。

武烈天皇は決して愚かな人ではなかったことがわかります。

精神病理学的にどうこういえる立場にありませんが、刑罰に詳しい人はサディスト系の人が結びつきやすのではないでしょうか。映画に示される暴力団のボスや支配力ある人物は意外とマゾ的嗜好者として描かれます。逆に、強い精神的な外的圧力を受けている人が武烈天皇のような性行に走るような気がします。

「酒池肉林（しゅちにくりん）」とは古代中国殷（いん）王朝の最後、紂（ちゅう）王の行動を批判した言葉です。武烈天皇も同じとして単純に嫌い、日本ではこのようなことはなかった、これは中国古典籍の引用作文だとか、くさい物にふたをするように日本書紀の記述は誇張があり誤りだなど、いろいろな解釈があります。

本書では、日本書紀の記述の通り、武烈天皇はこうした、ひどい行為をした人物と考えています。ただし、もう少し真正面から見つめ直そうと思いました。

滅びの心理

一つの国が滅びるとき、その王やそこに住む人々の行動にはある共通点があります。武烈天皇の奇行は決して特別なことだとは思いません。

例えば、日本では、戦国時代の豊臣秀次がいます。豊臣秀吉の甥の秀次は関白職を秀吉から譲られますが、秀吉に新たな子、秀頼が生まれると手のひらを返すようにその実権を奪われてしまいます。この頃より、酒色に溺れ、女狂いになり、側近を刀で斬りつけるなど奇行が目立ったといいます。最後には子供５人、正室、側室、侍女ら本人を合わせて４０人が処刑されました。(以下、下線は武烈天皇にもあったと考えます)

よほど意志の強いものでないかぎり、名ばかりとはいえ権力を持ちながら、いつ崩れるともしれぬ砂上の楼閣に住む人の末路にはこんな例が多いのです。

古今東西の歴史のなかで一国の滅亡の表情はつくづくよく似ているように思えます。ここで朝鮮の三国史記のなかから、新羅(しらぎ)滅亡の状況を一の例として掲げたいと思います。

歴史は繰り返すといいますが、決して同じものはひとつとしてありません。しかし、何かわかりませんが共通する底辺の人間性がそこに横たわっているのです。

ご承知のごとく、古代日本の隣国では百済(くだら)、高句麗(こうくり)、新羅(しらぎ)が覇権を争っていましたが、６７６年日本では天武５年の頃、朝鮮は新羅国により統一が果たされました。

その後２５０年頃、この新羅の繁栄が徐々に衰え、各地で軍閥が乱立し、国王を自称し始めます。その中でも力に勝る、北部の新興勢力、高麗(こうらい)の太祖によって、新羅が滅亡したという歴史です。

９２４年第５５代景哀王(けいあいおう)が新羅王に即位しました。すでに国は疲弊していたようです。兵隊や農民が次第に少なくなって、国家が日々に衰えていきました。

こんなとき、「後百済王(ごくだらおう)」と自称する甄萱(けんけん)が王都に迫って来たため、新羅国王は自力ではとても対抗できないと、北部の実力者、この高麗の太祖に救援を求めます。しかし、間に合いませんでした。

ところで、その間この新羅王は快楽におぼれ、宮廷の重臣とともに、近くの飽石邸というところで酒を飲み遊んでおり、甄萱の襲来を知らなかったといいます。王都門外では決死の戦いが繰り広げられていたはずなのです。

周囲の寵臣らが現状を国王に知らせなかった例は多数あり、そんな王自信にも悲惨なことを聞きたがらないという性行はよく見られます。また、信じられないことには、周囲の官僚たちも、いざとなれば国王自身を敵国に差し出しさえすれば、自分たちは助かるぐらいの安易な妄想を抱いているようなのです。

でも現実は、王都の門は内通者などにより内側から開かれます。

以下、三国史記の引用です。

「王は王妃とともに後宮に逃げ込み、王の一族や公卿・大夫・士・女子たちは四方に散り散りに走り逃れた。賊軍のために捕らえられたものは、身分の上下もなく、すべてみな驚き冷や汗をかいて地に伏せ、奴隷になりたいと乞うたが殺害を免れなかった。甄萱は兵を放って公私の財貨をすっかり掠めとらせた。自らも宮殿に入り、左右の近臣に命じて王を探索させた。王は妃や妾数人とともに後宮にいたが軍中に引き出された。そこで甄萱は王に自殺を強要し、王妃を強淫。彼の部下たちに王の妃や妾を勝手にさせた。そして、王の一族のものを立て、仮に国政を行わせた。これが敬順(けいじゅん)王である」

新羅最後の王、敬順王は文聖(ぶんせい)王の後裔とありますから直系ではありません。それも在位9年にして滅亡しました。この頃までには、高麗の太祖に周囲の郡県のほとんどすべてが降っていました。甄萱(けんけん)もいつしか逃げ出しています。

三国史記の編者、金富軾(きんふしき)は最後にこう締めくくります。

「敬順王が高麗の太祖に帰順したのは、やむおえないこととはいえ、また、よいことであったといえよう。もし、力戦し、死守して高麗軍と戦い、気力がくじけ、勢力がなくなるならば、必ずその王族は皆殺しにされ、その被害は、罪もない国民にまでおよんだことだろう。新羅は高麗の太祖の命令を受けるまでもなく、王宮の食庫を開き、郡県の戸籍を奉じて高麗に帰順した。このことは高麗の朝廷にたいしては大きな功績であり、国民に対しては、はなはだ大きな徳を施した」

(『三国史記1』金富軾著　井秀雄訳注　東洋文庫（平凡社）より)

最後の935年12月の記述によれば、高麗の太祖は新羅王を正承公とし、位を太子の上におき、俸禄を給し、旧侍従の貴族や将軍はみな登用したといいます。そして、高麗の太祖側からの要求により新羅王室との婚姻が成立したのです。

これは、海外の記録のほんの一例ですが、古代日本にはこんな残酷な例は一つもない国だったと主張するほうが、どうかしていると思います。この武烈天皇、その父仁賢天皇と継体大王との間に繰り広げられた事象と同じであったと想像できます。

誤解をまねきやすいのですが、シナリオにまとめると次のとおりです。

大和朝廷の血筋が途絶えると、他国から直系ではなくとも、後裔のものをいろいろ探し出します。これは、血筋の刷新とともに、その氏族の政治経済力の支援を期待してのことです。

それでも力は衰えるばかりで国の疲弊は収まらず、各地で軍閥が乱立し、国王を自称し始める始末です。その一つが近江、越一帯を支配する継体一族でした。

大和国内では内乱まで勃発し、自力ではとても対抗できないと、とうとう北部の実力者、この継体大王に救援を求めます。なりふりかまわない行動といえます。

この頃までには、継体大王に周囲の郡県のほとんどすべてが降っていました。とうとう、継体大王らは強大な軍事力を背景に、大和入りを果たします。木野祐氏をはじめ多くの方々の意見のとおり、継体２０年にしてやっと、大和王朝の交代があったのです。継体側からの要求により旧大和王朝との婚姻を成立させます。旧天皇の３皇女に対し、継体大王と２人の息子はほぼ同時の婚姻だったはずです。

さらに、３皇女の弟を立て、仮に国政を行わせました。これが武烈天皇です。同時に旧侍従の貴族や連、臣などの豪族はみな登用されました。

しかし、武烈天皇は年を重ねるに従い、酒色に溺れ、女に狂い、側近を刀で斬りつけるなど奇行が目立つようになります。とうとう、安閑はこれを廃し、その皇位を病床の父に与えようとしますが、それがかなわず、自ら天皇となったのです。

大王のまま継体が崩御、その翌年、安閑天皇が崩御、次々と亡くなられたのです。そればかりか、継体と旧王朝との結び付けに奮闘した、3人の大連、大臣までも同時に亡くなり、政治生命を絶たれたりしているのです。

そして、もう一人の息子、宣化天皇も短命で亡くなりました。彼らがどう亡くなったか、日本書紀は一言も書いていません。いくらでも想像は可能ですが、そこまで立ち入ることはできません。

これを引き継いだのか欽明天皇でした。継体の血を半分、大和旧朝廷の血を半分もつ天皇です。両陣営にとって、彼は平和を生み出す希望の星だったはずです。欽明天皇はその期待に十分に応え、天才的なバランス感覚の持ち主として活躍していきます。

◇仁賢天皇と顕宗天皇兄弟の年齢

【仁賢天皇の年齢】

古事記	日本紀	扶桑記	愚管抄	一代記	仁寿鏡	正統記	紹運録
—	—	５０	５０	５１	５１	５０	５０

４７５允恭５年生　～　５２５仁賢１１年崩　５１歳　本書

父は履中天皇の長子、市辺押磐皇子です。母は荑媛といい葛城蟻臣の娘です。３男２女を生みました。なお、葛城蟻臣は葦田宿禰の子で葛城襲津彦の孫となる、葛城一族の直系といえます。

子供達は上から順に居夏姫、億計王（仁賢天皇)、弘計王（顕宗天皇)、飯豊女王、そして橘王でした。

年齢設定

仁賢天皇は前顕宗天皇の同母兄です。

年齢設定は、古事記に記述された弟、顕宗天皇の年齢を参考にしました。同時に生きていたはずの継体大王の年齢を古事記から参考にしている以上、これを無視できませんでした。古事記は弟、顕宗天皇が３８歳だと言っています。仁賢天皇の年齢は記述されていません。

一方、一般史書によると、この仁賢天皇は５０歳または５１歳とあります。顕宗天皇が３８歳で崩御され、その後を継いだ仁賢天皇の在位が日本書紀の記述のとおり１１年間だとすると、１，２歳の差がある兄弟となります。２歳差の５１歳説を採用します。

この兄弟の名を億計、弘計と呼ばれました。この非常に似通った発音から、二人が双子の可能性もあります。ここではわざと２歳差として、融通性を持たせました。狡い手法ともいえますがご容赦ください。なぜ、双子といえるかというと大碓、小碓という双子の実例があるからです。

言わずと知れた小碓は日本武尊のことで、はっきり双子の兄弟だと記述されているのです。

仁賢兄弟は幼少時、父市辺押磐皇子が雄略天皇に殺されました。雄略即位の前年です。すると、この時、顕宗、仁賢は７歳と９歳となり、日本書紀、古事記など雄略天皇からの逃亡記事に矛盾しません。

また、仁賢兄弟は当然、逃げ回る境遇だったはずですから、晩婚といえ、最初の子供を雄略崩御の時のやっと３０歳で得ることができたことにも納得できます。

仁賢天皇の子供達

この仁賢天皇は父の敵、雄略天皇の娘を娶り７人の子を得ています。皇后の春日大娘皇女です。子は上から順に高橋大娘皇女、朝嬬皇女、手白香皇女（後に継体大王皇后）、樟氷皇女、橘皇女（後に宣化天皇皇后）、武烈天皇、眞稚皇女です。別に妃として和珥臣日爪の娘で糠君娘です。子は春日山田皇女で後に安閑天皇の皇后となる女性です。

この二人の后妃はどちらも和邇氏の娘です。崩御された石上広庭宮があったとされる天理市姫丸稲荷神社は川を挟んだ隣に大きな和邇下神社があります。和邇氏と深いつながりがあったことがわかります。

この兄弟が播磨で発見されたのは雄略天皇が亡くなられてから２年後の清寧２年のことです。逆にいえば、武烈天皇が１８歳以上ということはありえないわけです。もしそうなら、この７人の子供達は逃亡中に関わらず、雄略天皇の存命中にその娘と結ばれていたことになり、日本書紀自身の記述と矛盾することになるからです。(P.96 年齢関係図参照)

古事記は仁賢天皇について、后妃と皇子たちを紹介しているだけです。行動記録、業績は一切書かれていません。

仁賢４年「皆、獄に下りて死ぬ」の記事について

【日本書紀　仁賢紀】

> 四年夏五月、的臣蚊嶋・穂瓮君【瓮、此云倍。】有罪、皆下獄死。

仁賢「４年夏５月、的臣鹿嶋と穂瓮君は、罪を犯し獄に下されみな死んだ」（宇治谷孟訳）

仁賢４年５月、仁賢天皇４４歳のとき、的臣ら獄に下り皆死んだというのです。本書の推定では、この時は２７年繰り下がり、５１８継体１２年のときです。この３月に山背弟国に継体大王は宮を移します。１２年前大和に近づいていた筒城宮を退き、弟国に撤退した様に見えます。その、２ヶ月後の５月に的臣らを仁賢天皇は罰し殺したのです。的臣とは誰かわかりませんが、的＝敵であるなら捕虜の惨殺であり、味方なら、慰労すべき立場の仁賢天皇が裏切り者として的臣らの責任を追求し、死を言い渡したものと判断しました。いずれにしろ悲惨な出来事があったはずです。

的臣は新撰姓氏録によれば、「**的臣。石川朝臣同祖。彦太忍信命三世孫、葛城襲津彦命之後也**」とあります。日本古代氏族事典によれば、「的氏は武内宿禰の子襲津彦出身の地と信じられていた葛城地方と関係の深い地域に栄えた豪族なので、とくに襲津彦を祖と称するようになる。〜軍事をもって朝廷に仕えることを特色とした氏族」とあります。

応神１６年８月、的戸田宿禰を伴って平群木菟宿禰が加羅に渡っています。平群氏は武内宿禰の子、木菟宿禰の祖先になります。的氏は滅ぼされた平群氏と同族だったのです。

日本書紀は仁賢天皇崩御の直後、朝廷を私した平群大臣真鳥らを大伴大連金村が滅ぼしたとしています。実は本書の調査では、衰退していた朝廷自身が、平群一族を滅ぼすなどできなかったと考えました。

この内乱の実態は、大伴金村を介して、近江の一大勢力の継体大王に依頼し、目的を遂げたものです。さらにその勢いに乗じて、継体大王は大和磐余に入京したのです。仁賢天皇はこの頃から平群氏の身勝手な横暴を嫌い、その枝葉の的臣を罰したのではないかと思います。

なお、もう一人、穂瓮君(ほへのきみ)の消息は資料がなく、残念ながらわかりません。

その７年後、仁賢天皇は１１年に５１歳で崩御されました。本書の推定ではその翌年、武烈１年は継体２０年に当たり、この年、継体大王らは大和磐余宮に遷都、目的の大和入城を果たしたのです。

もう少し、具体的に詳細に憶測を交えて書き出すと次のようになります。

継体大王は弟国宮(おとくにのみや)（長岡京市）を出発、筒城宮(つづきのみや)（京田辺市）を通り、山辺の道をまっすぐに南下、大和磐余地区の途上にあった仁賢天皇の石上広高宮(いそのかみのひろたかのみや)（天理市）を通過しました。仁賢天皇はその１１年8月8日にここで崩御されました。そして、最後、大和磐余玉穂に入京を果たします。たぶん、継体大王軍の圧倒的な戦力による、無血開城といえるものだったと推測します。仁賢天皇は自殺か殺されたかは不明です。しかし、すぐ１０月には仁賢天皇は埴生坂本陵(はにゅうさかもと)に葬られています。そして１２月、１１歳になる武烈天皇が継体大王の傀儡として、泊瀬列城を設け、即位させられます。長谷寺の南という山の中です。

翌年早々に、継体大王は武烈天皇の姉、手白香(たしらか)皇女を正式に皇后として迎えます。同時に、息子の安閑が春日(かすが)皇女を、宣化が橘(たちばな)皇女を皇后にしています。そして、その年９月に大和玉穂宮が完成し、盛大な祝宴が執り行われたことでしょう。この時、安閑天皇の妃になった春日皇女は夫の恋歌に対し挽歌ともいえる哀しい返歌を返しています。それは、一説には継体７年のことだとも言われています。実はこの翌年、春日皇女は床に伏して泣き続けていたとあります。当説に従えば、叔父の顕宗天皇が八釣宮(やつりのみや)で崩御されたのがこの顕宗３年に当たります。

宮殿の乱立

【日本書紀】

仁賢紀
元年正月辛巳朔乙酉、皇太子、於石上廣高宮、即天皇位。
【或本云、億計天皇之宮、有二所焉。一宮於川村、二宮於縮見高野。其殿柱至今未朽。】

顕宗紀
乃召公卿百僚於近飛鳥八釣宮、即天皇位。百官陪位者、皆忻忻焉。
【或本云、弘計天皇之宮、有二所焉。一宮於少郊、二宮於池野。又或本云、宮於甕栗。】

仁賢天皇

「元年1月5日、皇太子は、石上広高宮（いそのかみのひろたかのみや）に即位された。
(挿入原文) 或本に仁賢天皇の宮は2カ所あるとある。一宮は川村、二宮は、縮見高野（しじみのたかの）。その殿柱は未だ朽ちない。」

恨みがましい表現ですが、金のかかった立派なものだったのでしょう。

顕宗天皇

「そこで公卿百官を、近つ飛鳥の八釣宮（やつりのみや）に召されて即位された。お仕えする百官はみな喜んだ。(挿入原文) 或本に顕宗天皇の宮は2カ所あるという。一宮は小野、二宮は池野。またある本には甕栗宮（みかくりのみや）とある。」

甕栗宮（みかくりのみや）は元清寧天皇の宮のことです。

播磨国風土記　美嚢（みなぎ）の郡　志深（しじみ）の里の項

「於奚（おけ）、袁奚（をけ）の天皇たちは～この後になってふたたび還り下って宮をこの土地に造っておいでになった。だから高野の宮・少野の宮・川村の宮・池野の宮がある」(吉野裕訳)

播磨風土記にも同様な記述があることから、短期政権下でありながら、実際に６，７カ所と多くの宮殿を建てたようです。日本書紀の編纂者も調査に苦慮していた様子です。

これら挿入原文の４カ所の宮は播磨にあります。即位後もかつての逃亡先播磨に執着があったことがわかります。案外ここが二人の早くからの本拠地で、群雄割拠した軍閥の一勢力の拠点であったかもしれません。履中天皇の孫といいながら、結局は、播磨を中心とした有力豪族を頼みとした一勢力にすぎなかったようです。

このように派手な生活が垣間見えます。宮殿の乱立といい、その他にも「曲水(きょくすい)の宴(えん)」といわれた贅沢な宴会が度々行われたようで、日本書紀には３回も記述されています。曲水の宴は、後に天武天皇の孫、文武天皇の安定した時代の贅沢な遊びとして再現されています。現在に残るこの風流な遊びは、小舟の模型を蛇行したせせらぎの流れに浮かべ、自分の場所にたどり着くまでに歌を歌い、かなわなければ酒を飲み干すという慎ましいものです。本来、船は大きく実際に天皇らがこれに乗り、壮大な風景のなかで酒盛りに興じる膨大なセットが造られたと想像します。

残念ですが、仁賢天皇は何もしない王でした。天皇位を弟顕宗に譲り、顕宗死してなお、皇位を拒み続けていました。子等には優しい父親だったようですが、「よきに計らえ」タイプの王であり、聡明ゆえに、猜疑心も強く、大和の中心氏族の一つ平群氏まで憎んでいたようです。最後に、継体大王に都を征圧されました。

継体大王は滅び行く国王の娘を自らのものにしたいと考えたはずです。単なる欲としてではなく簒奪者にとって前王朝の姫を娶るのは、衆人に認められる最良の方法だからです。その姫が子を生めば、彼の新王国の正当性は盤石なものとなるのです。

中国の例では、征服されることで陵辱されることを嫌い、自ら自分の娘、長平公主(ちょうへいこうしゅ)を殺そうとした明(みん)王朝最後の崇禎(すうてい)帝などもいます。妹を殺した後で、姉は殺し損ね、誤って片腕を切り落としてしまったとあります。日本書紀は仁賢天皇の最後にこう虚しく締めくくります。

【日本書紀　仁賢天皇】

> 八年冬十月、百姓言、是時、國中無事、吏稱其官。
> 海内歸仁、民安其業。
> 是歳、五穀登衍、蠶麥善收。遠近清平、戸口滋殖焉。
> 十一年秋八月庚戌朔丁巳、天皇崩于正寢。

「仁賢８年１０月、人民は『このとき国中は何事もなく、役人はみなその役にふさわしく、天下は仁に帰し、民はその業に安んじている』といった。この年、五穀豊穣、蚕や麦は良い出来で、都鄙（とひ）とも平穏、戸口はますます繁栄した。１１年８月８日、天皇は正殿で崩御された。」（宇治谷孟訳）

しかし、次頁の武烈前紀には、仁賢天皇の時代をこうふりかえります。「１１年８月、仁賢天皇が崩御された。大臣の平群真鳥臣が、もっぱら国政をほしいままにして、日本の王になろうと欲した。表向きは太子のため宮を造ることにして、完成すると自分から住みこんだ。ことごとにおごり高ぶって、全く臣下としての節度をわきまえなかった。」（同訳）

視点を変えた記事ですが、あきらかに、二つの記事は矛盾しています。

一見、何もしない仁賢天皇の治世は平和に見えます。現代でも何もしないほうが万事無事に収まるとうそぶく政治家を見かけます。何もしなければ確実に矛盾が広がり衰退していく国々の歴史をこの方は知らないようです。武烈の父の代からすでに、朝廷の崩壊は始まっていたのです。

【顕宗天皇の年齢】

古事記	日本紀	扶桑記	愚管抄	一代記	仁寿鏡	正統記	紹運録
３８	―	４８	４８	４８	４８	４８	３８

４７７允恭７年生　～　５１４顕宗３年崩　３８歳　本書

顕宗天皇は仁賢天皇の同母弟です。皇后は難波小野王で、允恭天皇の曽孫、磐城王の孫、丘稚子王の娘といわれます。子はいません。

年齢設定

まず、古事記が３８歳としました。ただ、在位期間が８年とあります。前記、清寧天皇の在位期間、即位、崩御年は書かれていません。そこで、日本書紀は在位期間について顕宗天皇を３年、清寧天皇を５年と分け合計を８年として解決させたとも考えられます。

ところが、平安後期になると４８歳とする説が登場しています。４８歳とすると、弟の顕宗天皇が年上になってしまいます。単純に兄の年齢を５０歳、弟の年齢を４８歳と２歳差に書いたようさえ見えてくるのです。この４８歳説の始まりは扶桑略記辺りでしょうか。「卅八」を「卌八」と写し間違いを犯したとも考えられます。水鏡は扶桑略記を底本としているといわれますが、珍しくこの４８歳説を採用せず、３８歳にしています。

逆に、扶桑略記をよく引用している愚管抄は４８歳と扶桑略記の記述をそのまま転記したようです。崩御３年前の即位年は３６歳と書いているからです。

扶桑略記の影響がいかに大きいかがわかります。その後の史書、一代要記、皇代記、仁寿鏡、神皇正統記、興福寺、如是院などの各史書がそのまま４８歳説を採用しています。

室町時代になって、本朝後胤紹運録がこれらを修正し、古事記、日本書紀を合わせた形で３８歳と戻したのです。生年まで「允恭３９年」と記し念をいれたものです。以上から本書も古事記の記述とおり３８歳とします。

実は、古事記の詳細な神世の時代からの記録物語は事実上、この顕宗天皇で終わっています。この後の天皇たちは、その出自と系図を示すだけで、最後の記述、推古天皇まで続くのです。

なぜ、兄は皇太子でありながら、この弟に皇位を譲ったのか。

日本書紀において、弟が兄を差し置いて、皇位に就くという記述はここ以外にはありません。もちろん、譲り合う歴史は何度もありました。兄を殺して皇位に就いた弟はいたかもしれません。

この兄弟は性格が異なっていたようですが、人もうらやむほど仲のよい二人でした。二人の長い逃亡生活が強い結びつきを生んだのかもしれません。播磨風土記には、一人の女性を二人で譲り合い、この女性を老婆にしてしまった逸話さえ残っています。

【顕宗天皇即位前記】

天皇久居邊裔、	天皇、久しく辺裔に居しまして、
悉知百姓憂苦。	悉に百姓の憂へ苦ぶることを知りめせり。
恒見枉屈	恒に枉げ屈かれたるを見ては、
若納四體溝隍。	四體を溝隍に納るるが若くおもほす。
布徳施惠、政令流行。	徳を布き恵を施して、政令流き行はる。
恤貧養孀、天下親附。	貧を恤み孀を養して、天下親び附く。

「天皇は長らく辺境の地においでになって、万民の憂え苦しみをすべてよく知っておられた。虐げられたものを見ると、自分の体を溝に投げ入れられるように感じられた。徳を布き恵みを施して、政令をよく行われた。貧しきを恵み、寡婦を養い、人民は親しみなついた。」（宇治谷孟訳）

このように、日本書紀はこの顕宗天皇を絶賛しています。

一方、兄、仁賢天皇は、

【仁賢天皇即位前紀】

幼而聰穎、才敏多識、 壯而仁惠、謙恕温慈。	幼くして聡明、敏才多識、 壮年にして恵まし、へりくだり穏やか。

二人の違いは、感情豊かな弟と理性的で頭脳明晰な兄といったところでしょうか。

顕宗天皇と仁賢天皇の皇位継承問題

1．経緯

顕宗(けんぞう)、仁賢(にんけん)は履中(りちゅう)天皇の孫で市辺押磐(いちべおしわ)皇子の子です。

安康(あんこう)3年に天皇が崩御されました。このとき顕宗は7歳、兄は9歳です。近江国蚊屋野(かやの)で父、市辺押磐(いちべのおしわ)皇子が雄略のために殺されるという事件が起きます。雄略(ゆうりゃく)は安康(あんこう)天皇が生前、市辺押磐皇子を頼みとしていたのを恨み、市辺皇子を殺し、自ら帝位に就いたのです。

そこで、部下たちに付き添われ逃避行が始まりました。丹波国与謝郡(よざのこおり)に避け、さらに播磨(はりま)国縮見(しじみ)山の石屋に逃れ、播磨国明石(あかし)に行き、名前を変えてまでして、その地の豪族屯倉首(みやけのおびと)に仕えたとあります。その間、部下が絶望し自殺しており、逃亡などもあったことでしょう。改めた名前まで書かれています。よほど、広く語り継がれていたのでしょう。

その２０年後、都では雄略２３年８月に雄略天皇が崩御されます。１０月には息子の清寧天皇が即位しました。このとき顕宗は３０歳になっていました。

２年後、豪族たちの宴席で、弟の顕宗が指名により舞い踊り歌うなかで、自分たちが市辺押磐皇子の子、天皇家の血筋であると公表したのです。こうして、億計、弘計皇子が播磨で発見さたとして、翌年、宮中に正式に迎えられ、子のない清寧天皇は兄、仁賢を皇太子と定められたのです。

さらに、2年後、清寧5年1月に天皇が崩御されます。ところが、ここで、皇太子の兄、仁賢が皇位に就かず、これを弟の顕宗に譲ると辞退します。1年あまりの譲り合いが続き、結果的に、弟、顕宗が即位したというものです。

2．状況

この逸話は日本書紀の清寧、顕宗、仁賢の項で3度も繰り返し語られ、古事記や風土記にも載る有名な事件だったようです。

その周辺状況から解析します。

まず、疑問に思うことは、明石という田舎でこうした身分の者が、天上の雄略天皇の崩御を知っていたということです。明石は後の源氏物語でも描かれているように、光源氏が政戦に敗れ一時身を引いた寒々とした土地です。

決して、この二人は牛馬のごとく農奴の身分ではなかったということです。忠実な部下もおり、20年の歳月が経れば、片田舎において周囲の人々はこの高貴な人たちを無視できなかったと思います。すでに秘密ではないのです。本書の年齢研究では、仁賢が雄略天皇の娘を娶り、子が生まれるのは雄略崩御の年からです。

播磨国側の密かな野望が見えてきます。なにしろ、切り札としての錦の御旗、天皇の孫をいただいていたのです。これを利用しない手はありません。

この頃の畿内大和は尋常ではありませんでした。雄略天皇が崩御され、すぐに星川皇子の乱が勃発します。これは故雄略の妃吉備姫が息子を天皇にしたいための乱です。吉備姫の母国、吉備国が大船団を率いて、大和に迫ったとあります。あわやキューバ危機といえる状況下でもあったのです。

本書は、この時期に継体大王が立ち上がったと考えています。とすれば同時期、丹波国に仲哀天皇の子孫もいたはずで、大和国は軍隊を派遣し逃げられたりしているのです。各地で国々が蜂起する群雄割拠の時代に入ったといえます。

また、宮廷内部もおかしい。飯豊(いいとよ)皇女が見知らぬ男と交合したと平然と語ります。顕宗、仁賢兄弟が天皇位を譲り合うこの間に飯豊皇女が忍(おし)海(ぬみ)の角刺(つのさし)宮で政(まつりごと)を代行するという事態が起きています。すんなり皇太子になれたのも、叔母といわれる飯豊皇女のお膳立てがあったからでしょう。古事記は顕宗、仁賢が発見されたとき、迎えたのは清寧ではなくこの飯豊皇女としています。その後なぜか、都合よく１１月に飯豊皇女が忍海角刺宮廷で崩御され、顕宗天皇が翌年１月に皇位に就くのです。

日本書紀と違い、古事記では、歌垣の場において一女性を顕宗皇子と平群臣鮪(しび)が争い、結果、鮪を暗殺してしまう事件が起きます。天皇家の思い人を平然と奪う鮪といい、奪われたと怒り鮪をすぐに殺す顕宗皇子、どちらも尋常ではありません。こうした状況下で、兄である皇太子が皇位を引き継がず、弟に皇位を譲ったのです。

３．実情

明石で貧困生活に甘んじていた頃、弟、顕宗は言っています。履中天皇の孫である自分たちの身分を明らかにすべきだ。今の自分たちは「苦しんで人に仕え、牛馬の世話をしている。名を明らかにして、殺される方がましだ。」

しかし、本音は、セレブで豪奢な生活を満喫したいと夢を見ていたのではないでしょうか。

しかし、兄、仁賢はもっと冷静だったようです。「自分から暴露して殺されるのと、身分を隠して災厄を免れるのと、どちらがよいか。命あってのものだね、今の生活もそれほどひどいものではない」と言っていたのです。天皇や皇太子になっても、大和朝廷は腐りきっている。

渦中に飛び込むなど愚の骨頂だ。今の生活でいいではないか。

しかし、播磨国周囲の人達にとって、このまま埋もれてしまうのは困ります。この二人には金がかかっているからです。大和の頂点に上ってほしい。そして、この貧しい播磨国を救済してほしい。

雄略天皇が崩御され、周囲から煽てられ急かされ、とうとう弟の顕宗は自分たちは天皇の孫であると宣言してしまいます。

お膳立ては出来ていました。順当に宮中に向かい入れられ、兄が皇太子と立てられました。人望もあったと思います。しかし、いざとなると皇位は弟に譲るのです。弟は驚いたでしょう。なにしろ、そんな責任ある重職に就きたかったわけではありません。優雅に贅沢がしたいだけの弟でしたから当たり前でしょう。

これが、１１ヶ月もの間、譲り合いが続いた本音でしょう。弟が兄を超えて天皇にはなれない、いや、お前こそが皆の前で宣言した本人であり相応しい。兄、仁賢はやはり、落ち目の大和朝廷に未練などなかったのです。本当に命の危険さえ感じていたのだと思います。それにしても、兄弟そろって覚悟が最後まで定まりませんでした。とうとう弟が天皇となりますが、その後、顕宗３年４月には弟が亡くなります。ところが、またこの兄は８ヶ月もの間、またも皇位を引き継がず、ぐずぐず、拒み続けることになるのです。

平群鮪との争いは武烈（日本書紀）か、顕宗（古事記）か？

歌垣（うたがき）は古来、日本の風習のなかでも民衆の楽しみの一つです。
少し強引ですが、現在のカラオケと言ったところでしょうか。自由に歌を披露して見せるのです。すばらしい古代日本の風習だと思います。

その歌垣で、皇子と平群鮪（へぐりのしび）が一女性をめぐって歌で争ったというものです。その結果、皇子は平群鮪を殺してしまいます。このエピソードが日本書紀、古事記のどちらも同様な話として紹介しながら、日本書紀は対象の皇子が武烈だといい、古事記では、顕宗だというのです。

平群氏は武内宿禰後裔氏族の一つです。平群都久宿禰（つくのすくね）を祖としています。武内宿禰の子として、この木菟宿禰（つくのすくね）が仁徳天皇と同年同日に生まれたとあります。古くからの大和氏族と言えます。

大臣職は、成務天皇により、武内宿禰がはじめて就任して以来のものといえます。その後、履中天皇の頃からの葛城円（かつらぎのつぶら）大臣が雄略前に殺され、これ以降、平群氏に引き継がれたものです。その後、許勢、蘇我と引き継がれていきます。

葛城円大臣は武内宿禰の曾孫で、葛城襲津彦の孫、葛城玉田宿禰の子とあります。だから、履中の孫にとって、少しは因縁のある平群氏であったともいえそうです。

時代的には、平群木菟が仁徳、履中で活躍し、雄略天皇に平群真鳥が大臣として抜擢され、その子、鮪（しび）が武烈（日本書紀）、もしくは顕宗（古事記）に殺され、最後に真鳥大臣は仁賢８年に殺されています。

つまり、雄略天皇即位時に抜擢された平群真鳥が２０歳ぐらいとして、息子の鮪がこの頃生まれたとすれば、雄略天皇が２３年の在位とすれば、顕宗天皇の歌垣が鮪、２８歳ぐらいとなり、武烈前夜では４０歳ぐらいになってしまいます。

本書でも武烈天皇は１１歳で即位、１８歳で崩御されたと想定しました。歌垣が武烈天皇のことではなく、ここは顕宗天皇即位前のことと考えるべきでしょう。

【平群臣親子と顕宗天皇の年齢関係】

４００ 年	８ ９ ９ ９ ９ ９ ９ ９ ９ ９ ９ ０ ０ ０ ０ ０ ０ ０ ０ ０ ０ １ １ １ １ １ ９ ０ １ ２ ３ ４ ５ ６ ７ ８ ９ ０ １ ２ ３ ４ ５ ６ ７ ８ ９ ０ １ ２ ３ ４	年 齢
顕宗天皇	⑬⑭⑮⑯⑰⑱⑲⑳――――――――30――――――35――38	
平群真鳥	――――30――――――――――40――――――――――50	―61
平群鮪	⑥⑦⑧⑨⑩⑪⑫⑬⑭⑮⑯⑰⑱⑲⑳――――――28	
	――雄略在位期間――――――23←‐清寧‐→←顕宗←	

するると日本書紀の武烈天皇対平群鮪の歌争いは虚構となります。あえて古事記説を覆したのは、なぜなのでしょう。平群鮪の殺害から、平群大臣真鳥一族滅亡の一連の動向を一つの恋愛事件として封じ込めたかったように思えます。

もう少し、日本書紀と古事記の記述の違いを比較してみます。

【歌垣物語の日本書紀と古事記の記述相違】

	日本書紀	古事記
時期	武烈天皇即位前	顕宗天皇即位前
場所	海柘榴市（つばきち）の歌垣	歌垣（うたがき）
相手	平群臣鮪（しび）	平群臣志毘（しび）
乙女	物部麁鹿火の娘、影媛	宇陀首等の娘、大魚
原因	婚を約した相手はすでに 鮪のものであった。	婚姻を望む相手の手を 先に鮪が取った。
事情	平群真鳥の国政政断 天皇宮を造成し、自ら住む。	家臣は皆、朝は朝廷、 昼は鮪の家に集まる。
行動	その夜、大伴連金村と相談 退路をふさぎ、楢山で殺す。 後日、父、真鳥も殺害する。	翌朝、兄、仁賢と相談 寝込みを襲い殺害する。

どちらの逸話も平群鮪を闇討ちにしています。このことは顕宗も武烈も、平群氏に真正面から対抗できるほどの実力がないことを証明しているのです。

結局、総合的に判断すれば顕宗即位前のことだったと思います。最高権力者の皇子が庶民の歌垣に参加できたのは、一番近い逸話としては、播磨風土記の、まだ身分を明らかにしない頃の話だったからでしょう。

平群臣鮪の殺害理由を、古事記は恋愛事件としたのです。さらに日本書紀は、後年、平群氏の本宗家といえる、平群大臣真鳥までをも殺害した理由として、武烈天皇の逸話として集約して見せたのです。これは、裏で継体大王の武力が介在していたのを隠すためだったからではないでしょうか。政治的な言葉で飾れば、大和の天皇はその権威において豪族近江の継体大王に命じ、平群氏を征圧させた、といえるのです。

五皇(ごおう)神社（継体五代を祀る）越前市文室

◇清寧天皇の年齢

【清寧天皇の年齢】

古事記	日本紀	扶桑記	愚管抄	一代記	仁寿鏡	正統記	紹運録
—		３９	３９＊	４１	６０	３９	４１

４９４雄略１１年生　～　５１１清寧５年崩　１８歳　本書

父は雄略天皇です。この清寧天皇は雄略天皇の第三子とあります。母は葛城韓媛といい、葛城円大臣の娘です。妻子はありません。

ここでは、雄略天皇の子供達の年齢を探ります。雄略天皇の年齢を知りたいためです。

【清寧天皇関連系図】

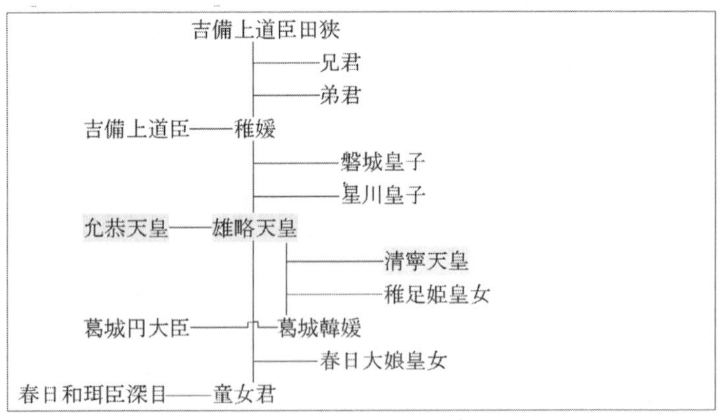

和風諡号を日本書紀では**白髪武廣國押稚日本根子天皇**、古事記では**白髪大倭根子命**といいます。

いわゆる白髪天皇です。生まれながらにして白髪であったといいます。

一般に加齢により、色素が衰え白髪になります。先天性白皮症というメラニン色素欠乏による病、大きなストレスで突然白髪になるという記録もあります。

白髪とは銀髪､又は金髪かもしれません。人種による違い､黒髪､栗色、金髪、そして銀髪。さらに､継体大王の皇后となった、手白香皇女も「たしらが皇女」と読み取れます。実は彼女も雄略天皇の孫になる血筋のものになるのです。大陸の血が混じっているとは考えすぎでしょうか。

父の雄略天皇は、記録からも海外に娘を求めた天皇としても知られています。しかも、清寧天皇の母は韓媛といいます。日本書紀では、韓人とは日本人と現地の女との間に生まれた子を指します。大陸からの膨大な人々の流入は応神、仁徳の時代でしょうか。その凄まじい人口増加はいろいろな問題を起こしていたはずです。

韓媛は葛城円大臣の娘です。葛城氏の祖、襲津彦は大陸に渡った経験者です。大きな人脈を持つ葛城氏のことですから、朝鮮にいたロシア系の娘との間に生まれた子が韓媛として雄略天皇に納められたとも考えられます。もっとも、銀髪は劣勢遺伝だそうなので、黒髪の天皇から銀髪が生まれるのか門外漢の私にはよくわかりません。また､この頃､「韓」という名は舶来イメージを持つ当時流行の名として、名家の子息、子女に珍重されたという記事もありますので、一概に二世の娘と断定もできないのです。

どこまでもこだわると朝廷側にも大陸の血が混じっていたのかもしれません。ただ、日本書紀にはっきり記述されていて、無視するわけにもいかず、無用な加筆をしました。

清寧天皇の実在性について

最近、日本書紀の記述を疑う記事が多いなか、この清寧天皇の存在も風前の灯火といえます。確かに在位期間も短く、何ら政治的行動のない天皇でした。しかし、彼の存在は疑いようがないと思っています。

星川の乱について

清寧天皇が即位する前の話です。雄略天皇が崩御されると息子の星川皇子は母、吉備稚媛の言葉に従い、大蔵を占拠し謀反を起こします。しかし、大伴大連室屋の機転ですぐさま大蔵を囲み、焼き殺します。

これに呼応して稚媛の里、吉備上道臣らは船軍４０艘を率いて、瀬戸内海を上ってきましたが、すでに殺されたとわかり引き返したとあります。あわや大きな戦争になるところだったことがわかります。

単純に見えるこの反乱の根は深く、大和朝廷と吉備国の長い間の相剋があったと思われます。この際、犠牲になったのは、星川皇子、吉備稚媛、吉備上道兄君、城丘前来目らでした。

稚媛の父は吉備上道臣です。吉備窪屋臣とも言われています。いずれにしろ吉備国の者です。稚媛はかつて吉備上道田狭の妻で、二人の間には兄君と弟君の二人の子がありました。日本書紀が語るところでは雄略７年、世にも比いまれな美女、稚媛の噂を聞きつけた雄略天皇が、夫の吉備上道田狭を朝鮮任那に左遷して、稚媛を手に入れたとあります。さらに、雄略天皇は大和にいた吉備上道臣の子の吉備弟君らに新羅討伐を命じます。朝鮮にいた父に説得され、戦乱は避けられましたが、弟君は大和に内通していた妻の樟媛に殺されてしまいます。こうした私怨に象徴されるように、大和から吉備国に対し、無慈悲な要求が数多くあったことがわかります。

年齢設定

母は葛城韓媛です。葛城円大臣の娘となります。「元妃」とありますから、雄略天皇が皇子時代には嫁いでいたと思われますが、最初に生んだこの清寧が雄略の第３子と位置づけられたことから、生まれたのは遅かったようです。

兄は、磐城皇子と同母弟の星川皇子です。この二人は、母が雄略７年に見初められて、宮廷に迎えられたため、翌年雄略８年に磐城皇子が生まれたとしてみました。弟星川皇子を２歳差とし、その翌年に、第３子、清寧が生まれたと仮定できると思います。

４９４雄略１１年に清寧が生まれたことになります。

【雄略天皇の子供達】

４００ 年	９９９９９９９９９９００００００００００１１１１１ ０１２３４５６７８９０１２３４５６７８９０１２３４	年 齢
磐城皇子	①②③④⑤⑥⑦⑧⑨⑩⑪⑫⑬⑭⑮⑯	16
星川皇子	①②③④⑤⑥⑦⑧⑨⑩⑪⑫⑬⑭	14
清寧天皇	①②③④⑤⑥⑦⑧⑨⑩⑪⑫⑬⑭⑮⑯⑰⑱	18
稚足姫皇女	①②③④⑤⑥⑦⑧⑨⑩⑪⑫⑬⑭⑮⑯———	?
	雄略在位→←清　寧→←顕宗	

清寧天皇には后妃はおらず、子もありません。１４歳で即位し１８歳で崩御した若い天皇となります。年は「若干」と日本書紀、古事記に書かれます。「若干」とは、漠然としていますが通常、２０歳以下を指すと言われています。

すると、彼には、強力な補佐役が必要だったわけで、ここに、飯豊皇女が登場しても何の不思議ではありません。また、平群大臣真鳥が専横を極めていたとしても理解できます。

飯豊皇女（いいとよのひめみこ）は天皇か

古事記下巻扉の冒頭に記された、以下の記述が問題にされています。

【古事記】

古事記　下巻
起大雀皇帝、盡豐御食炊屋比賣命、凡十九天皇。

古事記は全体が上中下の３巻で編集されています。この下巻では、仁徳天皇から推古天皇が書かれ、日本書紀の記述と同じで１８天皇です。それが１９天皇とあるため、この飯豊皇女が天皇ではないかとする仮説が定着していたのです。

しかし、上巻、中巻にはこうした記述がなく下巻だけにあるため、「古事記伝」などは後人の加筆としています。「飯豊天皇」とはっきり明記したのは鎌倉時代以降、扶桑略記やその後の本朝後胤紹運録によるものです。確かにこの頃の加筆かもしれません。

飯豊皇女は、日本書紀には清寧３年７月に見知らぬ男と交合（まぐわい）、清寧５年１月１６日に清寧天皇崩御から飯豊皇女が亡くなる１１月まで、政治を見られたとあります。そしてその翌年、1月1日に新たな天皇、顕宗が即位する形にしています。

古事記の書き方は、この顕宗、仁賢の発見が清寧崩御のあとの出来事のような書き方です。清寧２年には天皇は崩御されていたのかもしれません。いずれにしろ、飯豊皇女が、清寧即位の最初から天皇を補佐したことには間違いないと考えるべきでしょう。もっとも、二人は別々に行動していました。一心同体の国政の共同経営ではありません。飯豊皇女の忍海角刺宮（おしぬまつのさし）（葛城市角刺）は清寧天皇の磐余甕栗宮（いわれみかくり）（橿原市東池尻）から遠く離れています。年齢という面から探るとどうなのでしょう。飯豊皇女は４５歳と扶桑略記以降言われています。

清寧天皇の年齢が３９歳や４１歳に対してのものです。実際は清寧天皇１４歳から１８歳のときですから、飯豊皇女が同時に存在したとすべきだと思います。

飯豊皇女の出自

飯豊皇女の候補には２人の皇女がいます。飯豊とはあだ名です。日本書紀は３つの説を紹介しています。顕宗天皇の妹、又は姉、そして叔母です。

【飯豊皇女の系図】

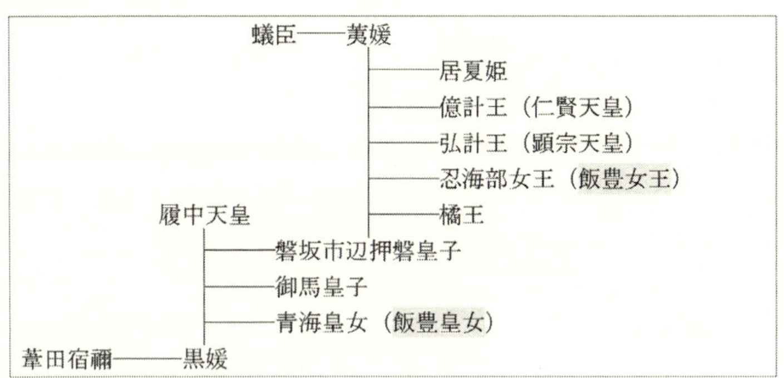

古事記では顕宗天皇の叔母としています。

ふくろう皇女

「飯豊」を新撰字鏡「伊以止与（いいどよ）」と読ませます。皇極４年３月、「休留」を「いいどよ」と訓じ、「ふくろう」のこととあります。

この頃、「いいどよ」とは、陰で男と交わるもの、という隠語があったと思います。「夜鷹」とも訳されるからです。

現在、ふくろうは学問の鳥、ふくろう博士など、図書館に銅像や模型などがよく飾られています。これは西洋からきたふくろうで、古来日本のふくろうではありません。

２人の兄弟には叔母の青海（あおみ）皇女と忍海部（おしぬみべ）女王という正式の名を持つ妹（又は姉）がいました。この２人とも「いいどよ皇女」とあだ名を付けられていたのです。

【日本書紀　清寧３年】

> **夏四月乙酉朔辛卯、以億計王爲皇太子。以弘計王爲皇子。**
> **秋七月、飯豐皇女、於角刺宮、與夫初交。**
> **謂人曰、一知女道。又安可異。終不願交於男。【此曰有夫、未詳也。】**
> **九月壬子朔癸丑、遣臣連、巡省風俗。**　　　（【】は原文注）

「清寧３年夏４月７日、億計王を皇太子、弘計王を皇子とした。
秋７月、飯豊皇女が角刺宮で與夫初交された。
人に語るには、「人並みに女の道を知りました。何ということはありませんが、もう男は交わろうとは思いません。【これに云う夫有りとは未詳である。】９月２日、臣連を遣わして、風紀を取り調べさせた」

たぶん彼女の私生活も淫らだったと想像できます。というより、その頃の宮廷そのものが淫靡な環境にあったと考えるべきなのかもしれません。

日本書紀は「**巡省風俗**」として、宮廷内の取締までおこなっているのです。宇治谷孟氏はこれを「民の風俗を巡察させられた」と訳しておられますが、これは中国文献の借用だから、その借用した文章の前後から、民衆の取り締まりと判断したようです。ここは言葉だけの借用であって余分な解釈は不要です。前文の男と交合した証言に基づく調査だと思います。

卑近な例でも見られ、夫や近親者が高位、例えば社長や部長などになると、周辺の女達の着物が変わり、態度が急に横柄になるのに似ています。天皇になったという説がありますが、日本書紀の手法に賛同し、飯豊皇女を天皇序列から排除しました。大きな口は叩いたのでしょうが、実力はありません。

「清寧５年春正月、白髪天皇が崩御された。この月、皇太子が億計王に天皇位を譲位された。久しく位が定まらなかった。天皇の姉飯豊皇女が忍海角刺宮（おしぬみのつのさしのみや）において臨朝秉政（みかどまつりごと）された。自ら忍海飯豊青尊（おしぬみのいいどよのあおのみこと）と名のった。当世の詞人が歌って曰く、
『倭辺（やまとべ）に、身が欲しものは、忍海（おしぬみ）の、高城（たかき）なる、角刺（つのさし）の宮。』
冬１１月、飯豊青尊は崩御され、葛城埴口丘陵に葬られた。」
「大和で私が見たいのは、忍海にそびえる私の角刺の宮」と胸を反らせて自慢して見せたのです。

継体大王が樟葉宮（くずはのみや）で自ら大王と名乗りを上げたのは、雄略天皇が崩御され、星川皇女が反乱を起こし、幼い清寧天皇が即位したときだったはずです。また、継体大王が筒城宮（つづきのみや）に遷都したとき、清寧天皇が崩御され、飯豊皇女など朝廷内部が混乱していたときで時間軸が一致しているのです。

雄略天皇崩御により、史実に現れた群雄割拠の混乱は次のとおりです。
○吉備国———吉備姫、星川皇子の乱
○播磨国———履中天皇の孫（億計、弘計兄弟）の擁立。
○丹波国———仲哀天皇子孫の擁立
○近江連合——後の継体大王の擁立
○筑紫国———九州磐井の乱（ただし、時代は少しずれる）
○大和国———平群氏など天皇位を狙う。豪族たちの分裂
清寧天皇政権の不安定さ
飯豊皇女の国政参加など、政府内の分裂、腐敗

これらのことが次々と順番に起こったことではなく、ほぼ同時の出来事だったのです。

検証―古代天皇の素顔

紀年に関わる保留事項

本書では紀年に関して、日本書紀の記述を第一に考え、推敲を重ねてきました。しかし、継体大王を天皇序列から外したため、すでに、その前天皇、武烈、仁賢、顕宗、清寧の各天皇の干支年や西暦年号にずれが生じてしまいました。それでも、相対年として天皇の在位期間は日本書紀に基づき変更していません。

２５代武烈天皇以前の５代は単純計算で２７年の差が生じることになりました。日本書紀において雄略崩御年は４７９雄略２３年ですが、本書では５０６雄略２３年となります。古事記とはすでに継体大王で４年のずれ、雄略に至り、合計１０年のずれを生じています。

この章は、継体大王が５世の孫の子となる応神天皇が、ふさわしいかの年齢検証です。

ところが、ここに大きく立ちはだかったのが、紀年の矛盾でした。まず、允恭天皇の在位４２年の壁です。次に仁徳天皇の８７年の壁、そして、応神天皇の４１年。しかし、応神天皇の指針は密かにもっていました。１２０年の史実のずれをそのまま表記した日本書紀の態度でした。

どうして、こうもあからさまに、年代が１２０年ずれていることを告白したのか不思議ですが、これを一つの目標としたことは事実です。

結果的に一人一人の天皇の年齢を追求するなかで、実年代を一つ一つ改訂していく結果となります。原史料を実年代に比定するという大それたことがあっけないほど簡単な作業で完了しました。

基本はあくまで、歴代天皇の一人一人に引き継がれていった年齢探求にあります。それに紀年を合わせただけです。

材料はいろいろありました。古代中国宋書を中心とした倭の五王との整合性、中国、朝鮮の歴史史料、発掘された年代記述の解明、理論的に導き出された春秋二倍暦などです。これは、春秋年として１年を２年間と考える旧習が残っていたと仮定した年齢引き延ばし策です。結局、どれも適合しません。むしろ干支を合わせ６０年の倍数を紀年から差し引くという単純な形だけですべてが合理的に説明できました。

また、そこから導き出された結果も意外なものでした。あれほど、ばらばらで違うと思っていた日本書紀と古事記の年代表記が一致していることがわかったからです。

日本書紀と古事記の内容は天皇の序列といい、もともと類似点が多い書物です。極論ですが内容もほぼ同じです。しかし、今まで実年代の考え方は違う考え方に基づくと思われてきました。しかし、継体大王を天皇序列から外すことで、二つの書物が同じひとつの実年代の考え方に沿って歴代天皇の在位年を定めていたことがわかったのです。

◇系図分析

とにもかくにも、継体大王は応神天皇の五世の孫である彦主人（ひこうし）王の子で、母振媛（ふりひめ）は垂仁（すいにん）天皇の七世の孫とあります。これは年齢研究上、確認しておく必要があります。たとえ作図されたものだとしても、5，7世と表現した以上、年齢での合理性があったはずと考えました。

系図というものは時代時代でねつ造の憂き目を味わってきました。しかし、古代のどの文献や遺物を見ても、正確かどうかは別にして、自分が誰の子で何という祖を持つ末裔かを明確に示すことは重要なのです。これは世界に共通する、自分が生きた証を示したいとする本来人間の根源的な性行なのかも知れません。

継体大王の系譜には、日本書紀、古事記のほかに、「上宮記」があります。上宮記とは本来、聖徳太子の関する書物であったようですが、現存しません。鎌倉時代に書かれた「釈日本紀」などに引用文として垣間見えるものです。その記述用語から日本書紀、古事記より古い歴史をもつ書物であり、日本書紀、古事記にない内容が記載されていることなどから、昔から注目されてきた書物です。

上宮記を引用した「釈日本紀」の編者である卜部兼方（うらべかねかた）は、上宮記の一節を引用した上で、系図を彼なりの解釈で図式して見せています。結果的にはその系図は間違っていると指摘されるものですが、問題点を暗に指摘してくれています。

まず、釋日本紀に載る上宮記の引用を系図化してみます。

上宮記（釋日本紀より）

【父系図】

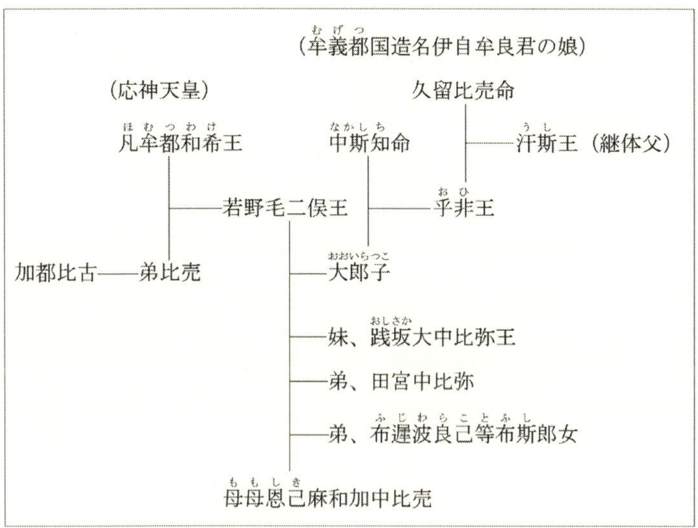

【母系図】

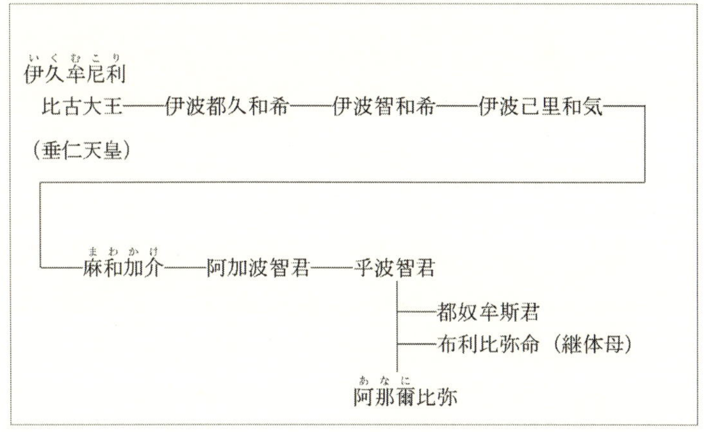

【古事記】

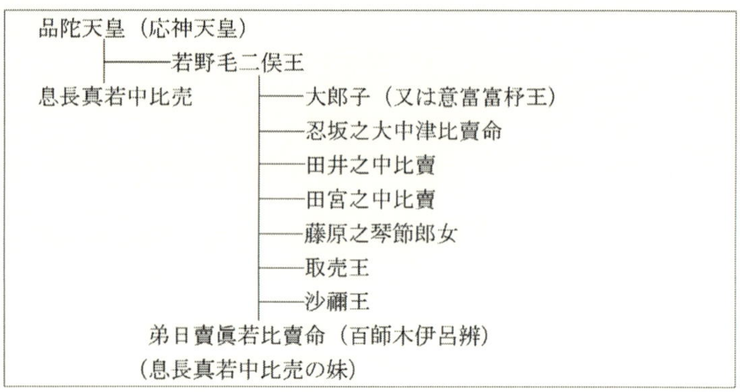
品陀天皇（応神天皇）
若野毛二俣王
息長真若中比売
大郎子（又は意富富杼王）
忍坂之大中津比賣命
田井之中比賣
田宮之中比賣
藤原之琴節郎女
取売王
沙禰王
弟日賣眞若比賣命（百師木伊呂辨）
（息長真若中比売の妹）

【日本書紀】

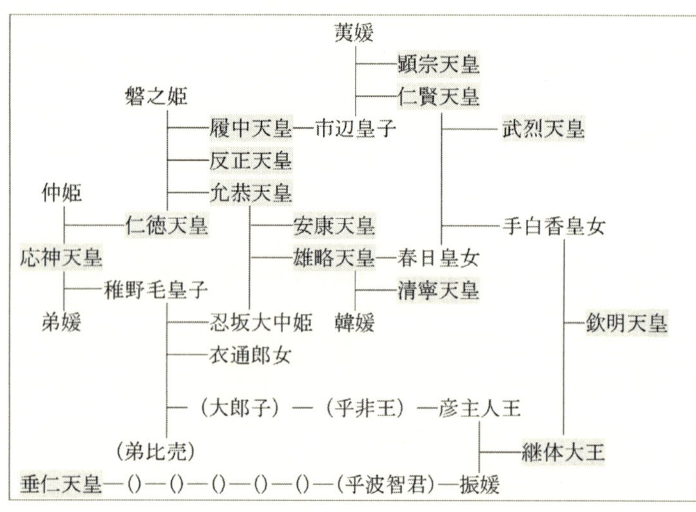
荑媛
顕宗天皇
仁賢天皇
磐之姫
履中天皇
市辺皇子
武烈天皇
反正天皇
允恭天皇
仲姫
仁徳天皇
安康天皇
手白香皇女
応神天皇
雄略天皇
春日皇女
稚野毛皇子
清寧天皇
弟媛
忍坂大中姫
韓媛
欽明天皇
衣通郎女
（大郎子）
（乎非王）
彦主人王
（弟比売）
継体大王
垂仁天皇
（）
（乎波智君）
振媛

上記、日本書紀の記述ですが、() は不明部分を上記の古事記や上宮記に基づき追加加筆したものです。

まとめると、こうなります。

1．継体大王は応神天皇と垂仁天皇を祖に持つ人物といわれます。
不思議なことに、系図に対し神経質なほど厳格な古事記や日本書紀ですが、() で示したように日本書紀や古事記でも微妙にわからない形を故意に残しまとめられています。意外と日本書紀の編者たちも疑問視していたのかもしれません。伝承は伝承として正直に記録したということでしょうか。

2．継体大王の系図は息長氏に近い関係にあったことがわかります。
この息長氏は不思議な氏族です。むかしから大王家に多くの娘たちを納め外戚として権威をもてる立場にありながら、琵琶湖周辺、福井や北陸日本海の地盤から外へでることはありませんでした。蘇我氏、藤原氏などのように外戚として派手な表舞台には顔を一切出しませんでした。

この地味な息長氏とは、天皇の祖先を５世、６世、７世とたぐり寄せると、必ずどこかで結びつく種族なのです。

嫁は嫁ぎ先にくれてやる、とは中世武士階級思想です。日本に古くからある女系をよりどころとする血筋より、男系血筋を優先する種族に見えます。男性血筋優先は武力社会の特色です。

私見もいいところですが、「ド」という濁音を多用する方言ともいえる名称といい、大和朝廷とは異なる種族であると強く感じます。先日行った継体大王の生地、高島市に阿曇川がありました。九州の「阿(あ)曇(づみ)」との関係を連想させ、この名称に驚きましたが、これを「あドがわ」と読ませていることに新鮮に驚きました。

3．応神天皇の皇子、若野毛二俣は息長真若中比売を娶って大郎子、またの名を意富富杼王が生まれています。古事記はこれを三國君、波多君、息長君、酒田酒人君、山道君、筑紫之末多君、布勢君等の祖としています。後年、天武天皇は彼らのほとんどに真人姓を与えています。

【天武紀１３年１０月】

> 是日、守山公、路公、高橋公、三國公、當麻公、茨城公、丹比公、猪名公、坂田公、羽田公、息長公、酒人公、山道公、十三氏賜姓曰眞人。

天武天皇は継体大王の系譜を持つ氏族に最高位の真人姓を与えたことになります。自分と同格の位に引き上げたように見えてきます。

4．上宮記には継体を、「乎富等大公王」と書かれています。「大公王」であり「大王」ではないのです。また、応神天皇は「凡牟都和希王」のことで単に「王」とあり「大王」でありません。しかし、垂仁天皇は「伊久牟尼利比古大王」であり「大王」とあります。なぜ、大事な敬称を区別して記述したのでしょう。このことは、さらに、さかのぼり調べる必要があるようです。

ここから、五世の孫の検証に入ります。

◇雄略天皇と安康天皇兄弟の年齢

【雄略(ゆうりゃく)天皇の年齢】

古事記	日本紀	扶桑記	愚管抄	一代記	仁寿鏡	正統記	紹運録
１２４	(６２)	９３	１０４	９３	１０４	８０	１０４

４６３年履中４年生　～　５０６雄略２３年崩　４４歳　本書

諱(いみな)は大泊瀬幼武(おおはつせのわかたけ)天皇。父は允恭(いんぎょう)天皇、母は忍坂大中姫(おいさかおおなかつひめ)皇后です。生まれた子は９人いました。

子　１．木梨軽皇子　　太子
　　２．名形大娘皇女
　　３．境黒彦皇子
　　４．安康天皇（穴穂天皇）
　　５．軽大娘皇女
　　６．八釣白彦皇子
　　７．雄略天皇（大泊瀬稚武天皇）
　　８．但馬橘大娘皇女
　　９．酒見皇女

年齢設定

日本書紀によれば、はっきりした年齢記述はありませんが、雄略天皇が允恭７年１２月に誕生した逸話が書かれています。すると雄略天皇は、

３６年（允恭残在位）＋３年（安康在位）＋２３年（雄略在位）＝６２歳

となります。なお３６年は允恭天皇の在位４２年から生まれた７年を差し引き、誕生時１歳を足したものです。

本書ではこれを採用しません。允恭天皇の項で詳細に述べますが、允

恭天皇の紀年が長すぎること、雄略誕生秘話が強引に挿入された形跡がある文章であることなど、雄略天皇が即位した頃の年齢を日本書紀自体が若いと記しており、年齢に関わるあらゆる点で、雄略天皇が６２歳のような高齢とは思えないからです。本書でも実際、息子の清寧天皇を調べる過程で雄略天皇の子供たちの年齢が意外と若いことがわかってきました。

本書はこれまで、こうした場合、古事記に記述された年齢を基に年齢を予測してきました。ところが、この雄略天皇に至っては１２４歳としているのはどうしたわけでしょう。

【古事記　雄略天皇】

天皇。御年。壹佰貳拾肆歳。【己巳年八月九日崩也。】

「雄略天皇、御年１２４歳。【４８９年8月9日崩御】。」

崩御年は己巳(きし)年とありますから、西暦４８９年に当たり、日本書紀、己未４７９雄略２３年崩の記述とも異なります。

この１２４歳はちょうど半分が日本書紀の６２歳です。その為か、現在もこの６２歳説は有力です。春秋二倍暦に通じるものですが、できすぎの数字といえます。ここでは１２４歳という、周りの年齢関係とあまりにかけ離れているがゆえに、実際こうした民間伝承があったと考えました。それを日本書紀の編纂者が利用して、半分の６２歳にして、雄略天皇の誕生逸話を挿入したのではないかと思うのです。

また、後で語っていきますが、先代、２３代顕宗、２４代仁賢の親、市辺押磐皇子の父、１７代履中天皇から弟、１９代允恭天皇とその子供が２１代雄略天皇ですから、逆に顕宗側からぐるり巡ると２０歳ぐらいで即位したとしか思えないのです。すると、在位２３年として、４０～４４歳で崩御したと予想できます。

【雄略天皇の系図】

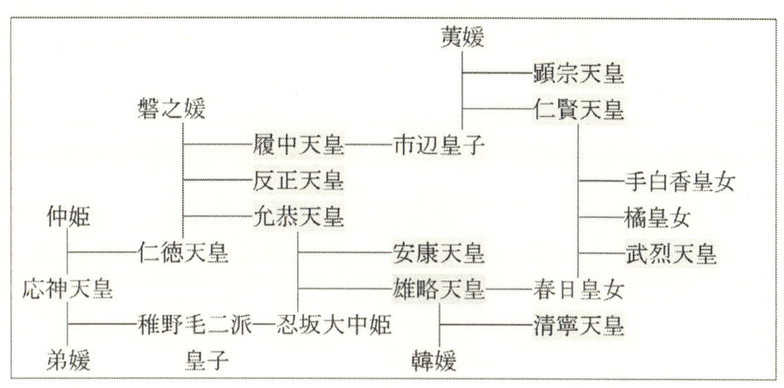

古事記は雄略天皇から以前の天皇の年齢をすべて記しています。雄略天皇がその最後の天皇となり、最後のしわ寄せのせいで、長大な年齢となったようにも見えます。この件はしばらく置くとしても、年齢に関し何らかの下支えがほしいところです。あいにく、いままで参考にしてきたどの史書も５１歳、８０歳、９３歳、１０４歳とばらばらでどれが正しいのかわかりません。

そのうち、古事記の年齢に関わる記事で、笑い話のような逸話を見つけました。あるとき雄略天皇は三輪の川辺で衣服を洗濯する美しい娘に出会います。その娘に後で宮中に迎えようと約束しますが忘れてしまいます。一途な娘は８０年待ちましたが、迎えにこないので、自ら天皇を訪ねるというものです。異常な年齢は雄略の項ではこの二つに限ります。

次田真幸氏の解説では８０年とは漠然と長年という意味で「数学的実

数を示すものでない」とあります。その通りと思いますが、１２４歳－８０歳＝４４歳で、本書の目的の年齢に合致します。ありえない伝承の１２４歳から多数という概念の８０年という歳月を差し引くと４４歳という真実が本当に現れるものなのでしょうか。

１２４歳とした何か別に大きな理由があったと思いますが、ここでは、とりあえずこの４４歳を仮置きして話を進めます。

この４４歳には問題点も多々あります。

雄略天皇の在位期間が２３年ですから、２２歳で若くして即位したことになります。逆に、それでも雄略の子供達の年齢は皆、さらに若いのです。雄略天皇の子作りは２３歳ぐらいから始まる、やや遅いと思われます。

年齢設定的には雄略天皇の年齢をもっと若くしたいくらいです。だからといって、雄略天皇の年齢をこれ以上下げるわけにはいきません。同母兄である前安康天皇と共謀して兄らを殺してしまう所業はそんな子供にはできないと思うからです。

【雄略天皇と皇子の年齢関係】

４００	8	8	8	8	8	8	9	9	9	9	9	9	9	9	9	9	0	0	0	0	0	0	0	0	0	0	1	年
年	4	5	6	7	8	9	0	1	2	3	4	5	6	7	8	9	0	1	2	3	4	5	6	7	8	9	0	齢
雄略天皇	—	23	—	—	—	—	—	—	30	—	—	—	—	—	—	—	—	—	40	—	—	—	44					
春日皇女		①	②	③	④	⑤	⑥	⑦	⑧	⑨	⑩	⑪	⑫	⑬	⑭	⑮	⑯	⑰	⑱	⑲	⑳	—	22	—	—	—	—	？
高橋皇女																							①	②	③	④	⑤	？
磐城皇子								①	②	③	④	⑤	⑥	⑦	⑧	⑨	⑩	⑪	⑫	⑬	⑭	⑮	⑯					
星川皇子										①	②	③	④	⑤	⑥	⑦	⑧	⑨	⑩	⑪	⑫	⑬	⑭					
清寧天皇											①	②	③	④	⑤	⑥	⑦	⑧	⑨	⑩	⑪	⑫	⑬	⑭	⑮	⑯	⑰	⑱
稚足皇女													①	②	③	④	⑤	⑥	⑦	⑧	⑨	⑩	⑪	⑫	⑬	⑭	⑮	？
	←雄略在位期間２３年→																							←清寧→				

后妃とその子供達の年齢も雄略天皇の若い姿がみられます。これを説明し検証していきます。この時代の頃までさかのぼると、ゴシップまがいの記事が多くなります。こうした恋愛事件が、まじめな研究者からみると日本書紀の記述に疑問を呈し、信じられないといわれる要因の一つになるようです。本書ではこれらもすべて伝承の事実として捉えます。なぜなら、伝承記事とはそうしたおもしろおかしく、逆に残酷でおどろおどろしい事件だからこそ、後世まで残りやすい現実の伝承だと思うからです。そこで、登場する女性達のみを描いてみました。

皇后、草香幡梭姫皇女(くさかのはたびひめ)（橘姫）

この皇后には子供の記述がありません。

安康１年雄略の兄、安康天皇の推挙により、仁徳天皇の皇子、大草香(おおくさか)の妹は雄略のもとに嫁ぎました。幡梭姫の幡梭には同名の娘が多いので混乱しますが、九州の娘にこの名がよく使われています。この時期、九州の娘が多く登場するのも特徴的です。大草香皇子の妹であるところから大草香皇女ともいわれています。

ただ、この雄略皇后の年齢が問題です。叔父、草香皇子は自分の妹を「醜い」と言っています。また、古事記は、「今まで外に出さず大切」にしていた、「この時を待っていた」と言い訳しています。婚期をすぎた女性であることがわかります。大草香皇子の２歳差の妹だと、雄略とは１２歳年上となります。これでもいいのですが、気分的におもしろくないので突きつめると、ぎりぎり仁徳天皇が亡くなった年（仁徳天皇の項を参照）の生まれとして、４歳差までに近づけることは可能です。つまり、実際はその間（４歳～１２歳）の年上の皇后をもつ夫、雄略だったと思われます。後に藤原道長の娘の実例に則し、9歳年上としてみました。でも、古事記ではこの皇后の存在は大きく、控えめですが、雄略天皇を支えていたことを示す逸話がそこかしこに残されています。また、雄略天皇もこの皇后の意見を素直に聞いていますから、信頼していたように見えます。

次に妃は三人いました。

童女君と子の春日大娘皇女

春日和珥臣深目の娘、童女君が采女として入内し、生まれた娘が春日大娘皇女（高橋皇女）です。日本書紀によると、交合してすぐに妊娠したため、はじめ雄略天皇は自分の子か疑ったのです。物部目大連の進言で納得し、童女君を采女から妃に格上げしたとあります。

【春日大娘皇女が生んだ子供達】

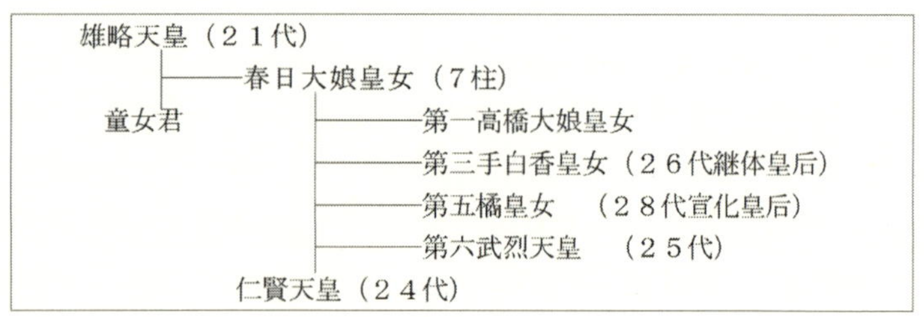

一日に７回もしたというのですから、それを聞いた大連も目を丸くしたことでしょう。雄略天皇の若さを象徴する話です。さらに言えば、すぐに妊娠したとわかるという意味は、突きつめれば、その後相手をしてくれなかったことになりますから、かわいそうな娘です。

このことにより生まれた子は春日大娘皇女と言われました。雄略にとってはじめての子、長女と思われる名前です。後に仁賢天皇に嫁ぎ問題の７人の子を生みました。その中に継体大王皇后、宣化天皇皇后、武烈天皇などがいます。本書の年齢研究によりこの子らの年齢は推定済みです。

童女君が生んだ子の歩き廻る可愛い姿を目撃し、物部目大連に諭されたのです。関係したとき童女君は采女だったといいますから、このとき雄略はすでに即位していたはずです。

具体的にまとめると、雄略天皇即位した年、２２歳で采女、童女君と関係します。２３歳で春日大娘皇女が生まれ、翌年、２歳になる幼い春日大娘皇女の立ち姿を見て、自分の皇女と認めます。采女、童女君を妃としました。

その後、この娘、春日大娘皇女は雄略天皇崩御の頃、２０歳から仁賢天皇の子を出産しています。相手の仁賢天皇は３０歳でした。雄略天皇から逃げ回っていた天皇ですから、これでいいのかもしれません。

吉備稚媛と二人の子、磐城皇子と星川皇子

もう一人は吉備上道臣の娘、稚媛です。子は二人、長子と書かれた磐城皇子、弟の星川稚宮皇子です。

【吉備稚媛が生んだ子供達】

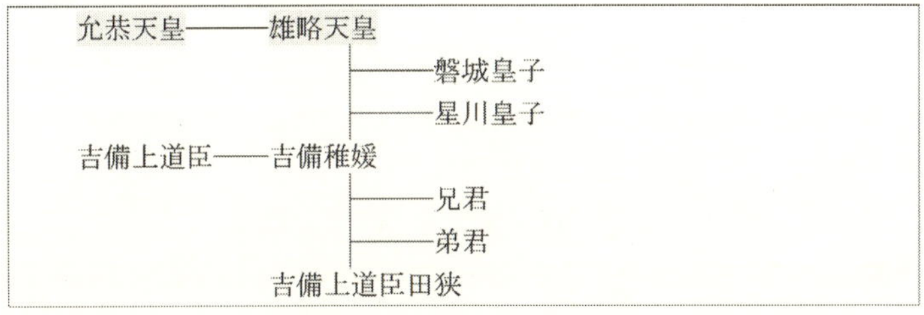

雄略７年に母、吉備稚媛が宮中に入ったとあることから、磐城皇子を雄略８年生まれとし、その弟星川皇子を２歳差としました。この後、雄略２３年崩御の際、星川皇子とその母が乱を起こし焼き殺されました。星川の乱も清寧天皇の項で語りました。年齢面に限って言えば、この吉備稚媛は再婚で、すでに２人を生んでいましたから、雄略天皇と同等もしくは少し上の年齢であったと思います。

ただ、一緒に殺された２人の子は１６歳と１４歳であることになります。母、吉備稚媛の恨みの深さによるものなのか、故郷吉備から吉備稚

媛に対し強い政治的圧力であった為か、想像はいろいろ可能ですが、いずれにしろ哀しい話です。

なお、長男の磐城皇子には殺された記述はありません。でも、以降消息はなく、本書ではこの乱のために時期はずれたもののやはり殺されたと考えています。

この吉備稚媛などの例でもわかりますが、美しいと評判の人妻まで元夫を退け、強引に迎えています。この女性も年上のようです。皇后も年上でした。若い頃は年増好みだったのかもしれません。

韓媛と二人の子、清寧天皇と稚足姫皇女

最後が葛城円大臣の娘、韓媛です。三妃のうち「元妃」とあり皇子時代からの妃と解釈できます。父、円大臣は雄略即位の前年、殺されています。娘の韓媛を雄略天皇に差し上げますと命乞いした記事があります。

葛城氏は、応神天皇以降、特に仁徳天皇では皇后まで輩出し、繁栄した一族ですが、この頃は嫌われていたようです。「大臣」と呼ばれた重職は、この雄略天皇の時には、葛城氏から平群氏に移り、どんどん遠ざけられていきます。

子は二人、清寧天皇と妹の稚足姫皇女（栲幡姫皇女）です。

清寧自身は雄略天皇の第３子とありますから、生まれたのは第２子と思われる星川皇子より遅く、年下で若いと判断できます。１歳下としました。つまり、韓媛は父が殺され雄略の元に引き取られたとき、まだ幼かったと思われます。

その妹、稚足姫皇女は斎王となります。「伊勢大神祠に侍り」とあります。はじめて、伊勢斎宮に入った巫女といわれる女性です。後に天武天皇の娘、大伯皇女も１３歳で斎王になりました。この清寧３年を１３歳としました。兄清寧と２歳差の妹となり年齢矛盾はありません。

この稚足姫皇女こと栲幡娘姫皇女は雄略３年、男に穢され妊娠したと疑われ自殺したと書かれました。後に無実とわかる事件です。年齢検証

的には、まだ生まれていませんのでこれを否定します。実は、安康天皇１年に類似した話があります。これと錯誤したのだと思います。自殺が事実としても、上記のように雄略３年ではなく、清寧年間以降のことです。

その他の女たち

ここから、年頭に書かれる后妃紹介記事には掲載されていない娘たちの記録です。

○百済から来た池津媛(いけつひめ)

日本書紀の戊戌(ぼじゅつ)４５８雄略２年７月の記述です。雄略の宮にいた百済の池津媛は石川楯(たて)と通じたため両人とも殺害されました。３年後、辛丑(しんちゅう)４６１雄略５年池津媛が殺されたと知った百済の蓋鹵(かいろ)王はもう二度と媛を倭には送らないと怒ります。しかし、後には人質として自分の弟を送ったようで、その結果、筑紫で武寧(ぶねい)王が生まれたというものです。

近年、この武寧王の墓が韓国で発見されたことで、日本書紀の記述が正しかったと注目されました。その墓誌には「寧東(ねいとう)大将軍、百済斯麻(しま)王、年六十二歳、癸卯(きぼう)年五月丙戌朔七日壬辰崩到」とありました。日本書紀の中で武寧王は嶋(しま)と呼ばれ、辛丑(しんちゅう)４６１雄略５年に生まれ、壬午(じんご)５０２武烈４年に即位、癸卯(きぼう)５２３継体１７年薨去、と特に生い立ちから細かく記録されており、年号、諡、年齢が一致していたからです。

これにより、日本書紀の記述は年号ともに雄略天皇までは正しいと定説になりました。本書は継体大王からすでにズレはじめたと考えていましたから、これと対立的立場になります。

確かに、日本書紀の「百済新撰」からの引用記事は忠実で価値のあるものでした。しかし、その引用記事、特に朝鮮と日本を結びつける池津媛の記述を細かく見ていくと腑に落ちない誤記が目立つことにすぐ気がつきます。例えば「己巳(きし)年、蓋鹵(がいろ)王立」は間違いで、正しくは乙未４５５年即位です。なぜ、間違ったのでしょう。

しかも百済新撰の記述を続け、「己巳年、天皇は阿禮奴跪を遣わして、身分ある女子を乞わせた。百済慕尼夫人を飾らせて、適稽女郎（池津媛）と呼び、天皇に貢った」としたのです。

たぶん、その当時、池津媛事件は己巳４８９年にあった実際の伝承記事だったのでしょう。日本書紀は２７年繰下げてしまったため、武寧王誕生４６２年の記事とぶつかったのだと思います。そこで、池津媛事件と結びつけようと考えたようです。

日本書紀のストーリーでいけば、４５５年日本に乞われるまま美女を贈ったが４５８年に密通の罪で殺されてしまう。そこで、替わりに弟を送るが妃が途中、４６１年に武烈王を出産したとしたかったのでしょう。

でも実際は違いました。４５５年に蓋鹵王が即位されます。４６２武寧王が生まれました。それとは別次元として、本書が想定した己巳４８９雄略６年に池津媛殺害事件があったのです。池津媛事件があったから、武寧王が日本で生まれるきっかけになったのではありません。そう考えると、この武寧王誕生秘話自体も妙な記事に見えてきます。なぜ、妊娠している自分の妃を弟に同行させたのか。しかも、子が生まれたら二人とも戻せと指示しているのです。つじつまが合いません。

蛇足ですが、池津媛は適稽女郎と呼ばれた百済慕尼夫人を飾らせて、天皇に貢ったとあります。身代わりを「飾る」といいますから、実際に来日した夫人でさえ、偽物だった可能性が高いのです。

○伯父、反正天皇の娘たち

草香皇子の妹が皇后に迎えられる前、兄安康天皇は伯父、反正天皇の娘達を雄略に嫁がせようと躍起になっています。しかし、雄略のことを「恒に暴強」、皆逃げたとあります。

雄略天皇の強烈な個性が見える話としてはおもしろいのですが、なぜ、安康天皇は弟の雄略のためにこうも親身になって嫁探しに奮闘したのでしょう。

○引田部赤猪子(ひきたべのあかいこ)

古事記に載る逸話です。三輪川の辺で衣服を洗う少女と出会い、名を問います（求婚）。少女のそれに答えます（承諾）。その美しい容姿から、「他の男に嫁ぐな。今に宮中に召そう」と約束し、後日を期すというものです。一途に操を立て、少女は８０年待ち続けます。天皇は忘れており、訪ねてきた老婆を見て、自分のために操を貫き通した行動に感動し、多くの贈り物をしたとあります。

引田氏は三輪、阿倍氏と同族を言われています。現在の桜井市初瀬付近といいますから、天皇とそれほど離れた住まいではなかったはずです。乗田(ひきた)神社があります。九州の疋田(ひきた)物部との関連も想定されています。

本書で年齢検証に使用した逸話です。たぶん、現実には少女にとっては長い数ヶ月（８０日か）だったのだと思います。一方、唯一の晴れ着で訪れた田舎娘を改めて見た、宮中のたおやかな美女に囲まれた天皇には、日常の冷水であかぎれた手、紫外線にやられた縮れた髪、そばかす、シミだらけの顔や日焼けした筋肉質な肉体は、しおれた花としか見えなかったようです。この娘は自然の中で胸も露わに汗して働く姿こそ光輝く乙女だったのだと思います。

○吉野の童女(おとめ)

古事記に載る逸話です。吉野川の浜で「形姿美麗」の童女と会い、その場で婚(まぐわ)ったとあります。その後、吉野行幸の際、かつての場所に御呉床(みあぐら)を立て、再度童女を召し、自ら琴を弾き、舞わせたといいます。この野を阿岐豆野(あきづの)と言うようになったという逸話です。

この天皇、かなりの知識人だと思います。楽器を弾きこなし、歌を作り歌う。こうした学芸に秀で、政治行動も馬鹿力だけに頼らない論理的な、数多くの氏族を集結させ、組織力を組み立てる能力のあるものといえそうです。

○倭の采女日野媛（うねめひのひめ）

日本書紀の話です。吉野から帰った天皇に皇后も皇太后も怖がってそばにも寄りません。それを迎え、酒をついだ采女が日野媛です。「面貌端麗、形容温雅」とあります。即座に気に入り、手を取って後宮に入ったとあります。

日野媛は大倭国造吾子籠（あごこ）の妹です。仁徳天皇が崩御され、太子の履中が、弟、住吉仲皇子（すみのえのなかつみこ）との争いで、忠義の証しとして采女を奉ったとあります。これが、日野媛です。これ以降、采女を奉ることが習慣となったといいます。

その後、雄略天皇は皇后の意見を入れ、宍人部（ししひとべ）として、娘とその氏族の身分を安堵したとあり、その結果、臣、連、伴造、国造らもそれに習い、こぞって娘を奉ったとあります。

○春日丸邇（わに）の佐都紀（さつき）臣の娘、袁杼比売（おどひめ）

古事記です。采女が続きます。婚うために春日に向かう途中、この娘に会いますが、逃げたとあります。結局、説得させられたのか、酒席に侍り、天皇のそばにある脇息（きょうそく）のさらに下の敷板になりたいと、自虐的に歌っています。自分を見失ってしまったのかもしれません。

○伊勢国の三重の采女

この采女が捧げた酒杯に偶然、葉が入り、それを怒った天皇が撃ち殺そうとします。娘は歌でこれを吉兆として表現し、逆にこの才色ある娘に褒美を賜ったとあります。

なぜ、万葉集の冒頭歌が、雄略天皇の歌なのか。

この歌は忘れられません。万葉集の冒頭歌です。どうしてこの歌が冒頭にあるのか、いろいろな思いがあります。

万葉集　巻第一　雑歌

泊瀬朝倉宮御宇天皇代【大泊瀬稚武天皇】
天皇御製歌
①1
篭毛輿　美篭母乳　布久思毛輿　美夫君志持
　此岳尓　菜採須兒　家告閑　名告紗根
　　虚見津　山跡乃國者　押奈戸手　吾許曽居　師吉名倍手
　　　吾己曽座　我許背齒　告目　家呼毛名雄母

籠よ　美籠持ち　掘串もよ　み掘串持ち
　この岡に　菜摘ます子　家告らせ　名告らさね
　　そらみつ　大和の国は　おしなべて　我れこそ居れ　しきなべて
　　　我れこそ居れ　我れこそば　告らめ　家をも名をも

「籠や、篦や。その籠や、篦を持って、この岡で、菜を摘んでいなさる娘さんよ。家をおっしゃい。名をおっしゃい。この大和の国は、すっかり天子として、私が治めて居る。一體に治めて私が居る。どれ私から言いだそうかね。わたしの家も、名も」折口信夫訳
(一部、文字を現代仮名などに直しています。)

日本書紀や古事記に語られる、多くの乙女達の逸話と矛盾しません。この歌がどの娘を示す歌かなどと探す必要もないでしょう。

「日本霊異記」でも冒頭の話は雄略天皇に関わる逸話から始まります。

雷を捕まえた少子部栖軽の話で、その経緯から飛鳥の雷丘の由来となるものです。おもしろいのは、この天皇の従者は夜、天皇と后が大安殿の寝殿で、婚合していたところに偶然入ってしまい、雄略を恥ずかしがらせたとあることです。こんなとき慌てるのは決まって男のようです。なぜ、こんな内輪の話を知っていたのでしょう。

この二つの書の共通点は、冒頭に雄略天皇を掲げたことです。

「日本霊異記」の編者は薬師寺の僧景戒（けいかい）ですが、もとは「俗家に居て、妻子を蓄え養ふ物無く」とあるので、妻帯していましたが貧窮していたようです。出身は和歌山県名草郡（現在の海草郡）とあり、彼も大伴氏の出身と推定されています。日本霊異記は７８７延暦６年にまとめられたようです。

万葉集が７５８天平宝字２年以降といわれますから、彼は万葉集を知っていたことになります。

万葉集は大伴氏の歌が多く、最終歌も大伴家持の歌で締め括られています。また、大伴氏はこの雄略天皇に認められ、名門氏族として台頭しています。もとは摂津から和泉沿岸の出身といわれ、のちに磯城、高市地方に進出しています。後に「宿禰」となりますが、もとは物部氏と同じ「連」姓です。天皇に仕える側近です。近習の親衛部隊に近いといいます。大伴氏にとって、雄略天皇は大恩のある始祖王的存在だったのではないでしょうか。ちなみに、物部氏も連ですが、その性格は、側近として大伴氏のように内には向かず、外に対し強権を発動した形跡が濃厚です。警察的色彩が濃い、武力種族です。

万葉集はその出来栄えのすばらしさから、現在日本を代表する歌集となっていますが、もとを正せば、大伴氏の私歌集だったと思います。だからこそ、雄略天皇の歌に始まり、大伴家持の歌で締めくくられたのです。日本霊異記の冒頭の逸話も同じ理由によるものと推測できます。

雄略が天皇即位を目指す最初の政治行動は、即位前年に示された、物部連と大伴連の２氏を大連に抜擢したことだったのです。ついでに言えば、大臣職は葛城氏ではなく平群臣を当て大臣としています。ここに、大まかですが、組織作りの原型が見えてきます。単に部族の大小、強弱、新旧は関係なくなっていくのです。

いずれにしろこんなに年齢がばらばらな伝承を残している天皇はいな

いのです。当時の世界（中国）に向けた上表文を「倭王武」として残したようです。

個性が強く、「大悪天皇」、「有徳天皇」と真逆の評価です。たぶん、日本書紀内だけでも、有名人（名の有る人）の殺人記録保持者でしょう。

歌を歌い、琴を弾き、古事記、日本書紀、万葉集などに自作の歌を残した才人でもあるのです。

采女制度を作ったのは伯父の履中天皇ですが、これを育成、確立し、最大限利用したのが雄略天皇です。そのわりに子供の数は多くありません。また、強大で迅速機敏な行動力とは裏腹に、実際の行動範囲はそれほど広いものではありません。

この天皇が崩御されることにより、独裁者としての「大王」のイメージは実質的に滅びます。ここから、新しい「天皇」という組織作りの苦労が始まった気がしています。

【安康天皇の年齢】

古事記	日本紀	扶桑記	愚管抄	一代記	仁寿鏡	正統記	紹運録
５６	—	５６	５６	５６	５６	５６	５６

４５６仁徳２４年生　～　４８３安康３年崩　２８歳　本説

安康天皇は雄略天皇の兄です。日本書紀によれば９人兄妹のなかで第４子となります。雄略天皇は第７子です。

年齢根拠

安康天皇は住んでいた石上の穴穂宮で即位したことから、当時は穴穂天皇といわれました。父、允恭天皇と皇后である母の忍坂大中姫は応神天皇の孫娘で由緒正しい系統ですから、身分の上からも夫とほぼ同年齢と想像できます。１８歳から順次９人の子が２年間隔でうまれたと仮定します。考え方はいままでの通りです。あくまで計算値として割り切り配置しています。なにか別の有力な資料があれば随時変更していきます。雄略天皇の年齢は検証済みです。ですから、この兄は雄略天皇の年齢の６歳年上と考えました。すると２５歳で即位し、２７歳で崩御されたことになります。本来は長兄の３０歳木梨軽皇子の即位が順当だったはずです。不祥事により、急遽安康天皇が担ぎ出されました。むしろ、彼は長兄に対抗意識を抱いていたようです。

実子の記録はありません。子はないとも書かれていませんが、若いと想像できます。自分の皇后を定めた経緯から、新たに妃を定めるまでに至らぬまま、殺されたとして、矛盾はないと考えました。

古事記が５６歳としています。これに準じてか他の史書もすべて５６歳です。古事記の示す年齢は重要で、本書でも年齢が示されると採用してきましたが、弟、雄略天皇の１２４歳という年齢から事情が違ってきました。

強引に５６歳に意味を見つけようとすれば、春秋二倍暦があります。日本書紀は雄略天皇の年齢を６２歳としています。これは古事記の記述１２４歳のちょうど半分なのです。そこで、本書もその半分の２８歳としました。強く春秋二倍暦を支持しているわけではありません。むしろ、古事記の編者の方がこれを意識した年齢設定だったのかもしれないからです。

安康天皇は眉輪王の弑逆という一つの事件伝承が、この天皇の存在を確実なものにしています。

眉輪王（まよわのおおきみ）の弑逆（しいぎゃく）

中国古代史では当たり前に用いられた「弑逆（しいぎゃく）」です。弑逆とは君夫など目上のものを殺すことです。通常、最高位の皇帝暗殺などに使われます。

眉輪王は仁徳天皇の皇子、大草香（おおくさか）皇子と履中（りちゅう）天皇の皇女、中蒂姫（なかしひめ）の間に生まれた王です。また、大草香皇子には妹がいます。幡梭（はたび）皇女といいます。後に雄略皇后となる女性です。

天皇に即位したばかりの安康天皇は弟、雄略のために、この幡梭姫を娶せようと大草香皇子のもとに使者を送ります。これを受けた大草香皇子は承諾の印と押木玉縵（おしきのたまかずら）を贈ります。ところがこの使者、根使主（ねのおみ）はこの髪飾りを私物化し、婚姻を拒否されたと偽り安康天皇に報告したとされています。これを聞いた天皇は怒り、兵を送り、大草香皇子を殺してしまいました。

こうして幡梭皇女を弟の雄略に与え、自分は殺した大草香皇子の妻、中蒂（なかし）姫を自分の皇后にしたとあります。「**甚寵**」（甚だしく寵愛）とありますから、べた惚れだったのでしょう。

この２年後の安康３年８月、連れ子として宮に入っていた眉輪王は、天皇の寝込みを襲い殺したというものです。

これが、公式の記録ですが、当の日本書紀の執筆者も言外でこれはおかしな事件であることを正直に記録しています。

それにしても、登場人物たちの正体がはっきりしません。同じ名前が各所に見られ、日本書紀や古事記がというより、現在の学者達のほうが惑わされ、いろいろな説を主張されています。まず、これを整理する必要があります。

眉輪王の年齢

古事記には目弱王（まよわのみこ）とあります。目が悪かったのでしょうか。古事記によると、眉輪王は当時７歳です。

また、雄略天皇が眉輪王を殺すとき、雄略天皇の歳は「**当時童男**」とあります。成人していないのです。本書でもこれに準じ、幡梭姫婚姻時の年齢は１９歳です。

しかし現在、この二人の年齢記事を多くの人が信じていないようです。それほどに、年齢記事には矛盾が多いように見えるのでしょう。理解できないこともありません。でも、本書の研究では、どうしても眉輪王や雄略天皇を若くしないと他とのバランスが悪くなることがわかってきました。眉輪王はやはり７歳なのです。

７歳の幼い子が、皇后の膝枕でうたた寝する成人男性を殺せるはずもありません。しかし、７歳が正しいとすれば、大草香皇子の子、眉輪王の名のもとに弑逆した協力者、暗殺に荷担した近親者たちがいたと考えられます。雄略天皇の謀略説などもあります。

安康天皇を直接に弑（しい）した者は、元夫を殺された皇后中蒂姫です。眉輪王常に宮中では母と共にいたにすぎません。沐浴のため山宮に行幸された際も母と一緒です。夫が殺され安康天皇に嫁ぐ際の条件であったと思われ、母の強い意志を感じます。最期まで眉輪王は母と一緒でした。

案の定、安康天皇は連れ子となる眉輪王を最後まで嫌っています。「朕（われ）、眉輪王を畏（おそ）る」と言っているくらいです。子供の心は素直に母の心を反映していました。

【安康天皇と眉輪王の関係】

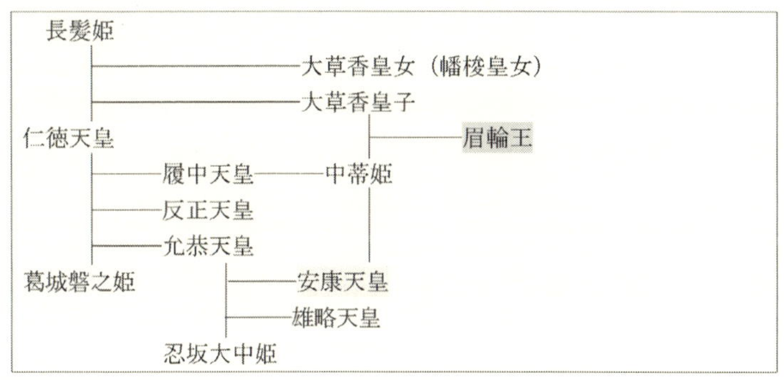

中蒂姫（なかしひめ）

眉輪王を生んだ中蒂姫です。長田大娘（ながたのおおいらつめ）皇女や中磯（なかし）皇女とも書きます。履中天皇と妃幡梭（はたび）皇女の間に生まれた娘です。初め仁徳天皇の子、大草香皇子に嫁ぎ眉輪王を生んだとあります。

日本書紀は混乱を避けるように、はっきり、中蒂姫が履中天皇の皇女と記述しています。それにも関わらず、この長田大娘（ながたのおおいらつめ）皇女は允恭天皇の子にも同名の名形大娘（ながたのおおいらつめ）皇女がいるため、履中天皇の皇女ではなく、允恭天皇の皇女という説があります。この説だと、安康天皇と同母の姉弟の婚姻となり、それでなくても、木梨軽皇子の件で神経質になっているときに近親相姦説はありえません。

その中蒂姫は眉輪王を２０歳で生んだとして設定しました。安康天皇は2歳年上となります。ただ、前夫、大草香皇子は叔父の允恭天皇に近い年齢のはずですから、１９歳ぐらいは年上と思われます。これも大きな矛盾はないと思います。

古事記によると、

> 天皇、坐神牀而晝寢、汝有所思乎。
> 答曰、被天皇之敦澤、何有所思。

「天皇、御床で昼寝をしたさい、『おまえ、何か心配なことでもあるのか』と問われた。
これに『天皇のあつい恵みを頂戴し、何の心配ごとがありましょう』と答えた。」

安康天皇は何かを敏感に感じ取ったのでしょうか。女性の本音とたて前の凄まじい会話です。この直後、この男を殺すからです。自分の膝枕でうとうとしている男は前夫の敵でした。

ことが成就すると、中蒂姫は眉輪王と一緒に葛城円大臣（かつらぎものつぶらのおおおみ）の自宅に逃げ込みます。この円臣（つぶらのおみ）は、中蒂姫の父、履中天皇に見出された寵臣で、その後、ずっと天皇一族に仕えた人です。中蒂姫が頼ったのも道理です。たぶん、円臣も子供の頃からの中蒂姫を見ていたはずです。実際、中蒂姫の救援依頼に答え、二人を匿ったのです。

葛城円大臣も最初から慎重です。じっくり腰を落として事に当たります。逆上している雄略に自分の膨大な財産分与を提案、自分の愛娘、韓姫までを捧げると申し出ています。

一方、雄略の兄達（境黒彦皇子２９歳、八釣白彦皇子２３歳）も眉輪王たちを殺すことには消極的でした。いままでの安康天皇のやり方に賛同はしていなかったということです。すると、雄略は彼らも殺してしまいます。

このままでは大変な大きな騒動に発展したはずです。この頃の巨大な葛城氏は、襲津彦（そつひこ）の孫の時代です。安康天皇の父、允恭や反正、履中の母は皆、有名な葛城磐姫(いわのひめ)皇后です。

雄略は評判の乱暴者でしたが、その考え方は思想的に大きなものだったと思います。安康個人に対する好き嫌いではなく、大王家の存亡を考えています。大きく肥大し、天皇に従わなくなりつつある葛城本宗家をここで殲滅する必要があったのです。雄略軍は葛城の屋敷を包囲し、火が放たれました。あっという間に、みな殺しです。骨が分別できず、一緒の棺に入れ葬ったとあります。この徹底した即断即決、そしてその行動の早さ。これは雄略期の特徴です。雄略の部下たちも引き継がれています。星川皇子の乱でも共通した対応が見られるからです。一挙に、元凶を絶つ、原因を排除して、大きな戦争になることを防いだのです。

存亡の歴史は続きます。まずこの葛城氏本宗家が滅びます。次に、平群氏、そして、大伴氏、物部氏、最後に蘇我氏と続きます。大王家と氏族間の長い抗争の歴史でもあると思います。最後に藤原氏が政権を握るのです。

大草香皇子(おおくさかのみこ)

大草香皇子は仁徳天皇の皇子です。応神天皇の皇子とする説や実際それに類似する皇子の名もあるようですが、日本書紀の記述に沿います。安康天皇は大草香皇子の妻、中蒂姫を皇后とし、雄略天皇も大草香皇子の妹、幡梭皇女を皇后としています。このことは逆の意味で、大草香皇子の身分の確かさを証明しています。また、父、允恭天皇が即位する際、この大草香皇子も天皇候補の一人でした。この大草香皇子は允恭より歳が若いことから、天皇位は允恭に決まったという経緯をもつ実力者です。允恭天皇よりは年下でも、他の皇子らより年上のはずです。しかも、彼の妃となる、中蒂姫は義兄、履中天皇の娘です。親子ほどは離れていないと思います。その可能性のある若さ、允恭の長子、安康の兄に当たる木梨軽皇子より1歳年上としました。もっと上かもしれません。

その他の天皇候補者に長男の履中天皇の皇子で市辺押磐(おしわ)皇子がいます。

顕宗、仁賢天皇の父です。この時、彼も雄略に殺されてしまいます。

年齢をまとめると、眉輪王は大草香皇子が３９歳のとき生まれました。妻、中蒂姫は２０歳。４２歳で当時２４歳の安康に殺されたことになります。

安康天皇によって殺されましたが、元を正せば、これは根使主（ねのおみ）の偽証から、安康が大草香皇子を殺すことに発展したものです。根使主は後、身につけていた押木玉縵（おしきのたまかつら）の髪飾りが露見し、雄略天皇に殺されています。

最後まで堂々としたものでした。特に髪飾りを秘匿していた様子もありません。雄略天皇に問われるままに、大草香皇子から奪ったことを認めています。たぶん、兄の安康天皇には了解済みといったところでしょう。雄略の皇后、大草香皇女の訴えにより、あえなく殺されることになったのです。その後、息子の子根使主（おねのおみ）も別件で殺されています。

【安康、眉輪王との関連年齢】

４００	５	５	６	６	６	６	６	６	６	６	６	６	７	７	７	７	７	７	７	７	７	７	８	８	８	８	年
	８	９	０	１	２	３	４	５	６	７	８	９	０	１	２	３	４	５	６	７	８	９	０	１	２	３	齢
安康天皇	③	④	⑤	⑥	⑦	⑧	⑨	⑩	⑪	⑫	⑬	⑭	⑮	⑯	⑰	⑱	⑲	⑳	—	22	—	—	—	—	—	28	28
眉輪王																				①	②	③	④	⑤	⑥	⑦	7
中蒂姫	①	②	③	④	⑤	⑥	⑦	⑧	⑨	⑩	⑪	⑫	⑬	⑭	⑮	⑯	⑰	⑱	⑲	⑳	—	—	—	—	—	26	26
草香皇子	⑳	—	—	—	—	—	—	—	—	30	—	—	—	—	—	—	—	—	—	39	—	—	—	—	—	—	42
雄略天皇						①	②	③	④	⑤	⑥	⑦	⑧	⑨	⑩	⑪	⑫	⑬	⑭	⑮	⑯	⑰	⑱	⑲	⑳	—	44
										———	允恭天皇在位	———	—	—	—	—	—	—	—	—	—	—	→	安康	→	←	

木梨軽皇子（きなしのかるのみこ）事件について

この有名な悲恋物語は、その後の安康天皇と雄略天皇が若くして即位したことを証明する重要な事件でもあります。木梨軽皇子は允恭天皇と忍坂大中姫皇后との間に最初に生まれた男子です。允恭天皇の晩年、正式に太子となります。ところが、美しい実妹の軽大娘（かるのおおいらつめ）に恋い焦がれて、密通してしまいます。

【日本書紀　允恭天皇】

> 廿三年春三月甲午朔庚子、立木梨輕皇子爲太子。
> 容姿佳麗。見者自感。同母妹輕大娘皇女、亦艶妙也。
> 太子恒念合大娘皇女。畏有罪而默之。
> 然感情既盛、殆將至死。
> 爰以爲、徒空死者、雖有罪、何得忍乎。遂竊通。

「允恭２３年春３月７日、木梨軽皇子を立てて太子とされた。
容姿佳麗。見る者は自ら感じた。同母妹の軽大娘皇女もまた艶妙。
太子、常に大娘皇女と合いたと念じた。罪有ることを恐れ、黙した。
しかし感情はすでに盛り、ほとんど死ぬばかりであった。
とうとう、空しく死ぬ者よりは、罪有りといえども、我慢できぬと。遂に竊(ひそ)かに通ず」

翌年にはことが公(おおやけ)となり、太子ゆえに罰することができず、軽大娘を四国の伊予に流したとあります。ところが、日本書紀の記述が突然、允恭４２年に飛び、１月、允恭天皇崩御の記事となるのです。そして、１０月の葬礼が終わった時、「太子行暴虐、淫于婦女」として国人は誹り、郡臣は従わずに安康についたため、ここに争いが起こります。その結果、木梨軽皇子は自殺し、１２月に安康が天皇に即位したというものです。歌が３首掲げられましたが、どれも木梨軽皇子から皇女への一方的な歌です。

古事記では、木梨軽太子は、父允恭が崩御されたことで、密かな思いを現実なものとするため行動に移します。このことで、百官や天下の人々の心は、安康に移ってしまいました。二者間の争いの結果、軽太子は捕まり、伊予湯に流されることに決まりますが、これに追いすがる軽大郎女と「**共自死**」というものです。物語のようです。木梨軽皇子の歌は６首、軽大郎女は２首となります。衣通王(そとほりのおおきみ)、軽嬢子(かるおとめ)とも書かれています。

日本書紀の允恭天皇在位期間は４２年です。古事記では前反正天皇(はんぜいてんのう)崩御から允恭崩御までの期間が１７年しかありません。どうやら、允恭天皇は木梨軽皇子を太子と定めて、すぐに亡くなったものと推察されます。この説話は古事記の筋書きのとおりに、歌垣などで皆に歌われ伝承されたものだったのでしょう。

長い間に民間伝承の中で美しく脚色されていった物語をそぎ落としてみせた日本書紀ですが、政治色が入り込み、逆に木梨軽皇子を非難する一方的な文章になったようです。

木梨軽皇子は安康天皇と同じ允恭天皇年長の皇子です。また、軽皇女は４番目の安康天皇のすぐ下の可愛い妹です。安康の思いは如何ばかりでしょう。単純計算でも木梨軽皇子とは８歳差のある同母の兄妹です。

少なくとも、この事件は安康天皇即位直前にあった話です。こうした物語が４０歳兄と３０歳すぎの妹が織りなした恋愛事件とは思えません。ずっと若い、エネルギーがほとばしる熱烈の恋愛事件だったはずです。

本書の試算でも、木梨軽皇子が殺されたときが３０歳であり、軽大郎娘は２２歳になっていました。だから、事の起こりはさらに４年は遡るなのかもしれません。このことからも、この後すぐ即位した弟、安康天皇やさらに下の弟の雄略天皇がそれほど年を取っていないと考えられるのです。

それにしても、この木梨、安康、雄略天皇はそろいも揃って気性が荒い兄弟です。父、允恭天皇の優しい性格が逆に反映していたのかもしれません。

◇允恭天皇と反正天皇と履中天皇兄弟の年齢

【允恭天皇の年齢】

古事記	日本紀	扶桑記	愚管抄	一代記	仁寿鏡	正統記	紹運録
７８	―	８０	８０	８０	８０	８０	８０

４３４仁徳２年生　～　４８０允恭１０年崩　４７歳　本説

ここから仁徳天皇と葛城磐之姫との間に生まれた４人の息子達の話になります。上から順に、長男の履中天皇を筆頭に、住吉中皇子、反正天皇、そして末弟のこの允恭天皇です。子は忍坂大中姫皇后が生んだ太子の木梨軽皇子、第４子の安康天皇、第７子の雄略天皇など９人です。妃の一人に皇后の妹、衣通郎姫がいました。

【允恭天皇皇子の年齢】年齢は本書の推定値

400年	459 460 461 462 463 464 465 466 467 468 469 470 471 472 473 474 475 476 477 478 479 480 481 482 483	年齢
允恭天皇	――30――38――47	47
忍坂大中姫	――30――38――47――50―	？
木梨軽皇子	⑩⑪⑫⑬⑭⑮⑯⑰⑱⑲⑳――30	30
名形大娘	⑧⑨⑩⑪⑫⑬⑭⑮⑯⑰⑱⑲⑳――28――	？
境黒彦皇子	⑥⑦⑧⑨⑩⑪⑫⑬⑭⑮⑯⑰⑱⑲⑳――26――29	29
安康天皇	④⑤⑥⑦⑧⑨⑩⑪⑫⑬⑭⑮⑯⑰⑱⑲⑳――25――28	28
軽大娘皇女	②③④⑤⑥⑦⑧⑨⑩⑪⑫⑬⑭⑮⑯⑰⑱⑲⑳―22	22
八釣皇子	①②③④⑤⑥⑦⑧⑨⑩⑪⑫⑬⑭⑮⑯⑰⑱⑲⑳――23	23
雄略天皇	①②③④⑤⑥⑦⑧⑨⑩⑪⑫⑬⑭⑮⑯⑰⑱⑲⑳――	44
但馬橘皇女	①②③④⑤⑥⑦⑧⑨⑩⑪⑫⑬⑭⑮⑯⑰⑱⑲―	？
酒見皇女	①②③④⑤⑥⑦⑧⑨⑩⑪⑫⑬⑭⑮⑯⑰―	？
衣通郎姫	⑳――24――30――40――	？
――仁徳→←――履中――→←反　正→←――允恭天皇在位――→安康→←雄略		

年齢設定

本書では彼の年齢を４７歳と設定しました。いままでの通り、妻子などの年齢からの積み上げる方法で年齢を考えてきた結果です。主に、雄略天皇の年齢を基準にしています。兄安康天皇が即位し、雄略が皇后を娶るとき、未成年であったという記事などに基づいています。むろん、雄略天皇自身の各后妃、その子供達の年齢検証からも同様の結果が得られました。安康天皇は同じ母から生まれた兄ですから、８歳年上として検証し矛盾はありません。また、長男の木梨軽皇子と軽大娘皇女との恋愛事件も４年程度前から始まっていた恋のゆくえが３０歳と２２歳で結末を迎えました。これも妥当なものだと思います。

これらに基づき、允恭天皇の年齢は応神天皇の正統な孫を皇后に迎え、夫婦同年齢と考えました。１８歳から子供を作り続け､長男の木梨軽皇子、安康天皇、雄略天皇を得たとして年齢を逆算した結果です。

在位期間４２年間が長い

しかし、日本書紀による允恭天皇の在位期間は４２年間です。

古事記では兄、反正天皇が４３７年に崩御され、この允恭天皇が４５４年に崩御されたとありますから、その在位期間は１７年です。日本書紀の４２年間とはずいぶん違います。

少し考えれば、この４２年は長すぎるとすぐわかります。本書ではいままで在位期間に変更はしていません。替えたのは年齢だけで、系譜も変更していません。継体大王だけ序列から外したため、それ以前の天皇の干支記述に２７年のずれが生じていますが、相対的に前後のすべての在位期間は日本書紀の記述通りに考えてきました。

日本書紀以降の天皇在位期間は単純平均で１５年です。長い日本の歴史の途上には譲位制度がありましたから、平安期上皇システムを加味し幼少時の即位から崩御までとしても２９年間です。

歴代天皇でも允恭天皇以前の天皇を除くと、昭和天皇の６４年間、明治天皇の４５年間に次いで第三位の長期政権となります。古代天皇のなか、長寿の推古天皇でさえ３２年です。

允恭天皇の記録を一つ一つ取り出してみると、前半の婚姻記事を除くと衣通郎姫の話が、允恭天皇の後半生、７年から１１年を独占します。飛んで１４年に阿波の大真珠の逸話が前後のなんの脈略と関係なく登場し、また飛んで２３～２４年で木梨軽皇子の兄妹恋愛事件があり、その後、突然４２年の崩御記事となります。やはり、強引に紀年を引き延ばした形跡が濃厚です。

古事記は允恭天皇崩御の後、木梨軽皇子はこの事件により殺されたとあります。やはり、古事記の記述の方が真実で、允恭崩御前後に木梨軽皇子の事件であったと思います。

【日本書紀による允恭天皇在位４２年間の記述】

年	允恭				
		1 1 1 1 1 1 1 1 1 1 2 2 2 2 2 2 2 2 2 2 3 3 3 3 3 3 3 3 3 3 4 4 4			
5	1 2 3 4 5 6 7 8 9 0 1 2 3 4 5 6 7 8 9 0 1 2 3 4 5 6 7 8 9 0 1 2 3 4 5 6 7 8 9 0 1 2				
反正崩	婚姻等一般記事	衣通郎姫に関わる事件	阿波伝	木梨皇子騒動	允恭崩
→	←――――――允恭　天皇　在位　４２　年間――――――→				

注：網掛けは日本書紀に記述がある年、白地は日本書紀に記述がない年。

何か調整しているような在位期間です。この在位期間を変更することは大変なことです。直近の兄天皇、反正、その兄の履中はいつ崩御されたとすればいいのでしょう。

結論的に、干支崩御年を使用しました。年齢検証の結果から、この干支崩御年を干支年は同じと考え、６０年相対年として利用すると允恭天皇たちの年齢関係が驚くほどすっきり収まったのです。その手法は継体大王で２７年のずれが生じていましたから、さらに３３年ずらして、６０年干支で合わせたのではないかと考えました。「２７年＋３３年＝６０年」

これは応神天皇の在位年には１２０年のずれがあるという有名な事実に基づきます。一挙に１２０年ずらすことは不可能です。どこかの天皇でワンクッション６０年ずつずらしたはずだと思ったのです。

すると、允恭の実際の在任期間は、「４２年－３３年＝９年」ということになりますが、ここでは反正天皇の崩御年を６０年干支に合わせました。そのための允恭天皇での調整です。反正天皇崩御年、庚戌（こうじゅつ）４７０反正５年崩御年は譲れないのです。よって、本書では允恭崩御年は庚申（こうしん）４８０年ですから在任期間は１０年と修正されます。１年の誤差は空位期間があったからです。

允恭、反正間の１年の空位期間

反正天皇が崩御され、允恭天皇が即位する間、１年間の謎の空位年があります。

庚戌４１０反正５年１月２３日	反正天皇が崩御。
辛亥４１１年	空位
壬子４１２允恭１年１２月	允恭天皇が即位。

形は１年間の空位ですが４１０年２月から４１２年１１月まで都合２年９ヶ月間にもなります。しかし、ここでは記述上の矛盾があります。

辛亥４１１年の空位期間に何の説明もありません。理由は允恭天皇が「篤病」で、即位を拒み続けたからと良心的な解釈をしています。

日本書紀はいままで、厳格に越年称元法に基づき表記されてきました。つまり即位年の翌年が元年（１年）となります。しかし、ここだけは、日本書紀は即位年＝允恭１年としています。

４１０年に反正天皇が崩御され、翌年の４１１年１２月に允恭天皇が即位されたとすれば、４１２年が允恭天皇１年になるのです。なにも空位などと大騒ぎをする必要はないのです。日本書紀は厳密に計算された年号に則して各事情を記入していたのです。

正しくは

庚戌４１０反正５年　１月２３日　反正天皇が崩御。
辛亥４１１空位　　　　１２月　允恭天皇が即位。
壬子４１２允恭１年　（　↗　）　允恭天皇が即位元年。

となるはずです。

こうすれば、即位を拒んだ期間が長すぎる、翌年称元法がここだけ使用していないなどの矛盾がなくなります。

表現が難しいため、わかっていてこう現在のように表記したのかもしれません。日本書紀は越年称元法を使用しているために架空の空位年が生まれたということなのです。あるいは、日本書紀では履中天皇と反正天皇の在位期間を６年間と５年間（越年称元法）にしていますが、古事記は両者とも６年間（当年称元法）です。これに則して考えると、反正天皇は辛亥４１１年反正１月２３日に崩御されたのかもしれません。すると、履中、反正ともに在位期間が６年になり、また当年１２月に允恭天皇が即位となり、空位期間もなくなるのです。しかし、これだと崩御年干支が微妙にずれてしまうなど、いろいろややこしいことになるので、本書では採用しません。あくまで、日本書紀の干支を重視した記述に則して話しを進めます。ただし、空位期間はなかったとして、辛亥４７１年を允恭１年とします。よって、在位期間は＋１年で１０年間となります。

允恭天皇の崩御年

允恭天皇の崩御年は古事記と日本書紀では、

日本書紀　癸巳４５３允恭４２年1月１４日（乙亥朔戊子）

古事記　　甲午４５４允恭１８年1月１５日（己亥朔癸丑）

ここで、この二つの史書は1年のずれしか生じていません。今まで、継体で４年、雄略で１０年と、ずれはどんどん大きくなっていたものです。つまり、この二つの重要な書物は允恭天皇の崩御年がほぼ一致したいうことです。勘ぐって考えれば、継体大王で始まった在位期間のずれを古事記は長い在位期間の雄略天皇で、日本書紀は允恭天皇で調整したようにも見えるのです。本当は編纂者たちの考えでは允恭天皇の崩御年は古事記と日本書紀の間では一致するはずだったと思います。

日本書紀の執筆陣の違い

日本書紀の執筆はその時代時代で担当が別れ作成されたといいます。その中でも、最初から雄略天皇前までとそれ以降ではずいぶんとその執筆の文言(もんごん)まで異なるそうです。学者達の緻密な研究成果です。さらに、年代を安康３年の崩御の記述以降は元嘉暦(げんかれき)が使われ、それ以前は儀鳳暦(ぎほうれき)が使われたとする小川清彦氏の研究があります。継体大王からずれはじめた日本書紀と古事記の年代記録が允恭天皇で調整し、安康天皇崩御のところで一致させ、前史の記述と継ぎ合わせる予定だったと想像できます。年齢を調べても、雄略天皇までの年代を正確に合わせた隣国の事情を、これ以前から６０年干支で合わせる手法となります。全然違う手法に思えます。この允恭天皇の在位期間の操作もこの象徴的なものでしょう。

允恭天皇の病

允恭天皇は即位前には病んでいました。天皇になれたのは、上三人の兄が次々亡くなったからにすぎません。日本書紀はこの允恭の生い立ちを意外と克明に描写しています。

母、仁徳皇后の磐之媛から生まれた四兄弟の一番下になります。生まれたときから、「岐嶷（かぶろ）」なる秀逸な容姿と形容されています。「總角（あげまき）」という当時男子の髪型で、１７，１８歳までは「仁 惠 倹下（うつくしびめぐみへりくだり）」仁愛に満ち遜（へりくだ）っていたといいます。

ところが「及壯篤病、容止不便」とあります。「壯」を「男盛り」と古訓されているように、２０歳を超えて病を得たようです。

父、仁徳天皇も彼の病を知っており、その父から、たとえおまえが長生きしたとしても皇位の継承など無理だ、と言われてしまいます。本書の算出では、父が崩御されたときには允恭は２６歳になっていたはずです。また、自らも兄達から「我（允恭自身）を愚かだと軽んじられた」と言っています。

こうする内、次男が殺され、長兄履中天皇が即位し、在位６年で崩御されました。時に允恭３２歳。次に弟の反正天皇が在位５年で崩御されます。時に允恭３７歳。

こうして末弟の允恭が天皇として順番に誕生というわけに簡単にはいきません。このとき、次を引き継ぐ候補として、仁徳天皇の皇子に別の妃が生んだ大草香皇子がおり、天皇候補として登場するからです。それほど、周囲に人望がなかったということなのかもしれません。

結局、允恭天皇が即位できたのは、人格のすぐれていた「仁孝」というからではなく、大草香皇子は成人していたものの、允恭のほうが明らかに年上であったからにすぎません。

ところが、まだ病は続いていたようで、允恭自身は皇位継承をしたがりません。ぐずぐずしています。妃の忍坂大中姫に天皇にならなければ死ぬと脅されやっと即位したぐらいです。その後、即位した３年に新羅から呼び寄せた医師の治療に効果があり、病はけろりと直ったとあります。何だったのでしょう。子作りは即位以前から順調です。体には異常がないのです。

【允恭即位前紀】

先皇責之曰、	先皇、責めて曰く、
汝雖患病、縱破身。	「汝、患病すといえども、縦に破身す。
不孝孰甚於茲矣。	不孝、いずれかこれより甚しからむ。
其長生之、遂不得繼業。	それ長生すとも、ついに嗣業しこと得じ。」
亦、我兄二天皇、	また、我兄二天皇、
愚我而輕之。	我を愚か、と軽んじたまふ。
群卿共所知。	群卿の共に知る所なり。

上記は允恭が即位を拒んだ言葉です。「父や兄に嫌われ、それは皆も知っているではないか」と言ったのです。上に立つものが部下に対して、甘いことは決してあり得ません。父や兄たちが見定めた允恭への評価は正しかったと思います。一つ思い当たるとすれば、それは優秀な父や兄たちと比較され、抑圧された劣等感の固まりではなかったかと想像します。現代流に言えば、財閥企業の社長を中心とした優秀な息子達の中の一番年下の東大浪人生といったところでしょうか。

思いもよらず、兄達が次々に亡くなり、自らが天皇という雲の上に突き抜けることが出来て、病はあっさり直ったということです。一種のノイローゼであったと想像しています。

この病気のきっかけは何でしょうか。父仁徳が崩御されたとき、衣通郎姫は２０歳。たぶん、それ以前にこの允恭は、妻、忍坂大中姫を通じて、その妹を知っており、気持ちを隠してきたと思われます。単純に恋煩いといったら失礼ですが、恋を含めて何もかもが思い通りにならない今の自分にうんざりしていたのかもしれません。

そういえば、この允恭天皇が、仁徳天皇の子供ではないという学説があります。仁徳天皇が崩御され、それを引き継ぐのは長子、履中のはずでしたが、次子の住吉中皇子が反乱を起こします。これを、第三子の反正が履中に味方し、住吉中皇子を倒し、履中天皇を擁立させるというものです。この事件に、この允恭が関わった形跡はありません。

だからといって、親子、兄弟でないとは早計な考え方だと思います。その他、難しい理由根拠の数々があるのでしょうが、ここでは、単純に日本書紀、古事記に書かれている系譜が事実として、允恭天皇は仁徳天皇の子として話を進めます。つまりは爪弾きにされていた皇子だったのです。

盟神探湯（くがたち）

これは、允恭天皇の長い在位期間の唯一の政治行動といえます。

世の中には、重い責任を任されると優秀な人間に変貌する方もおられますが、この允恭はどうだったのでしょう。

この頃、氏素姓を正すという見極めの裁定は、大変な難事だったようです。氏素性の正当性を見極めることは至難の業で、後世、膨大な系譜資料が作成され、大変な労力を要しました。

そうした中で、允恭天皇はこの盟神探湯（くがたち）で清濁を見極めるという方法を正式採用した唯一の天皇です。後に新撰姓氏録（しんせんしょうじろく）にも紹介されるほどの有名な裁定手段です。

さらに昔、垂仁２５年３月に中臣連の祖に盟神主（くがぬし）に占わせたとありますから、本来は古くから伝わる占いです。真偽を探る方法として、応神９年４月、継体大王２４年９月にも用例が見られます。

しかし、この盟神探湯は砕いていえば度胸試しと同じです。神聖な熱湯に手をいれ火傷をしなければ素姓は正しく、やけどをすれば素姓卑しきものとされるのです。

当初、簡便で即決されるこの方法はもてはやされたのかもしれません。何しろ天皇が認めた技です。しかし、いつも正しいわけがありません。本当に素姓の正しいものは、たとえ酷い火傷を負っても、自分は正しいと訴え続けた人もいたはずです。いつしか人はこれを信じず、江戸時代の「生類憐れみの令」ではありませんが、次の代には決して引き継がれなかった、悪法だったと思います。

問題点の着眼点は間違っていないのですが、解決策としては最低でした。

この簡便な判断方法は後世になっても人の記憶に留まったようです。それほど、人の氏素性を正すことは大変な労力が必要なことです。現代に残る氏族の出自を表した当時の新撰姓氏録は膨大な書物だったと言われています。現在に伝わるこの本はほんの一部の抜粋記事にすぎません。

忍坂大中姫（おしさかのおおなかつひめ）皇后

忍坂大中姫（おしさかのおおなかつひめ）の父は応神天皇の息子、稚野毛二俣皇子（わかのけふたまた）です。母は古事記によれば、弟比売真若比売命（おとひめまわかひめのみこと）です。天皇の血筋の曖昧な継体大王の系譜は上宮記によって、忍坂皇后の兄、大郎子（おおいらつこ）の三代目の息子だと伝えています。しかし、あまり注目されませんが、継体大王の皇后となった手白香皇女が生んだ欽明天皇も応神天皇の血筋であることは、日本書紀も古事記もはっきり示しているのです。

【忍坂大中姫と継体大王の関係】

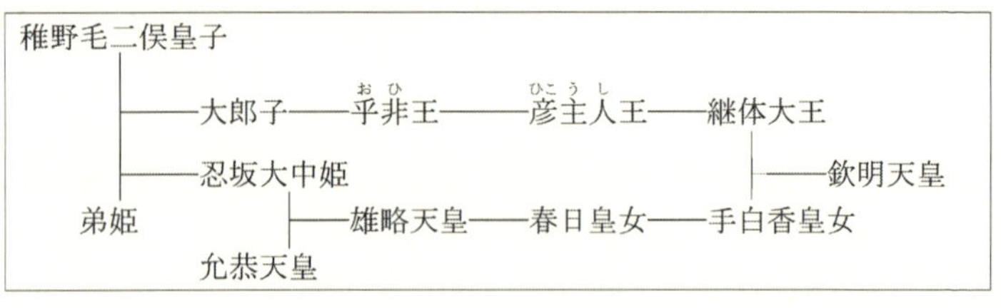

大郎子（おおいらつこ）が忍坂大中姫より２歳年上として４３２年生まれ。本書で継体大王が生まれたとする４８９年までが５７年間。3代目になりますから、３で割ると１９歳です。それぞれの父が息子を１９歳で生み引き継いだと計算され、矛盾はないことがわかります。

継体大王は意外と旧天皇の血筋に近い存在だったと実感しています。

古代中国の三国志に書かれた漢王朝の末裔とされた劉備（りゅうび）の系図の複雑さからするとずっとわかりやすいものです。

この母皇后、気性は激しい女性のように見えます。雄略を出産したときなど、夫の浮気に逆上し、産屋を焼き、自殺しようとしました。

また、４０歳に近づき夫に天皇即位の順番が廻ってきたとき、ぐずぐずしている夫をけしかけ即位させた婦人です。食事を絶ち、即位しなければ死ぬと迫ったのです。９人の子供を生んだ実績が大きな地位を保障していたようです。

忍坂大中姫皇后は３４歳までに９人の子供を生み分けました。これだけ多産の后妃の例では、欽明妃、堅塩媛や推古女帝など、夫に死別するまで生み続けた女性が多いのですが、この忍坂大中姫は違いました。末娘を生んだ後１４年間、允恭天皇崩御まで子を生んでいません。たぶん、夫の愛情は彼女の妹、衣通郎姫（そとおしのいらつめ）に奪われた形です。衣通郎姫は日本の歴史に残る絶世の美女と噂の高い女性です。

それでも、彼女は生きつづけます。夫が崩御し、息子の安康天皇から皇太后と呼ばれます。さらに次の雄略天皇の在位期間では幡梭（はたび）皇后と二人で雄略の暴力沙汰を心配する、嫁と姑の仲の良い姿があります。そこには息子にやさしく教え諭す姿さえ描かれています。

その後の清寧天皇時には記述が見あたりません。生きていれば７４歳になります。よって雄略天皇在位中に薨去されたと思われます。雄略２年の記事から、５２歳までは確実に生きていた女性です。

衣通郎姫（そとおしのいらつめ）

衣通郎姫はあだ名で、本名ではありません。女性の美しさの示す日本語のすばらしい表現の一つです。絶世の美女です。

【日本書紀　允恭天皇の妃弟姫を指す】

弟姫、容姿絶妙、無比。	弟姫、容姿絶妙、ならび無し。
其艶色、徹衣而晃之。	其の艶色、衣より徹りて晃れり。
是以、時人號曰、衣通郎姫也。	是を以て時人号し、衣通郎姫と曰う。

「弟姫（おとひめ）は容姿絶妙で、並ぶものなし。
その麗しき体の輝きは、衣を通して外に現れた。
時の人、名付けて衣通郎姫と言う。」

【古事記　允恭天皇の皇女軽大娘を指す】

衣通郎女。	衣通郎女。
御名所、以負衣通王者、	御名を衣通王と負はせる所以は、
其身之光、自衣通出也。	その身の光、衣より通り出づればなり。

「衣通郎女。御名前を衣通王と呼ばせる理由は、その体の美しさが衣を通して輝き出るように見えるからだ。」

この俗称は、この頃、履中天皇の娘、中蒂姫（なかしひめ）や上記の古事記では允恭天皇の娘、軽大娘（かるのおおいらつめ）皇女をさして使われていますが、日本書紀の忍坂（おしさかの）大中姫（おおなかつひめ）の妹が代表格でしょう。

古事記では藤原之琴節郎女（ふじわらのことふしのいらつめ）と書かれる、忍坂大中姫の同母の妹です。この姉妹は上から生まれた順に、大郎子（おおいらつこ）、忍坂大中姫（おさかのおおなかつひめ）、田井中姫（たいのなかつひめ）、田宮中姫（たみやのなかつひめ）、衣通郎姫（そとおしのいらつめ）、取売王（とりめのみこ）、沙禰王（さねのみこ）の７人です。第２子と第５子ですから、単純計算で６歳は違う妹となります。忍坂大中姫３０歳が雄略天皇を生むとき、２４歳くらいのはずです。

本書の試算では、允恭天皇即位まえに、忍坂大中姫は記録に残る８人のすべての子を出産し終わっています。そのまえに義兄二人が天皇になっているのです。天皇に即位してから、子供を作りはじめた若年ではないはずです。

また、この日本書紀の雄略誕生の記述も何か強引に挿入された記事に見えます。7年12月1日に、天皇の琴に合わせ出産前の大きなお腹で皇后が舞われたことになります。行きがかりから、天皇に自分の妹、衣通郎姫を紹介しなければならなくなり、その名を告げます。

天皇は喜び、娘を召そうとしますが、この娘は姉を恐れ、従いません。とうとう部下を差し向け、強引に連れてきます。ただ、宮には入れず、藤原の地に住まわせたとあります。皇后が出産のときに天皇はこの藤原の地に赴きます。これを皇后は知って、産屋を焼いて自ら死のうとしたのです。天皇は驚き、謝り、慰め機嫌をとったとあります。

允恭天皇は誠に心根のやさしい男でした。つまりは優柔不断で、決めたことを最後まで意志を貫き通す強さはなかったようです。

上記で述べたように、これらはすべて即位前の事象です。子供達を次々出産するなか、允恭は妻の美しい妹の噂を耳にします。衣通郎姫が18歳ぐらいのときです。宮に迎えようとしますが、妻や本人からも拒まれます。雄略を出産する頃に、強引に藤原の地に連れてきたというところでしょう。

【反正天皇の年齢】

古事記	日本紀	扶桑記	愚管抄	一代記	仁寿鏡	正統記	紹運録
６０	―	６０	６０	６０	６０	６０	６１

４３２仁徳即位前年生　～　４７０反正５年崩　３９歳　本説

反正天皇は允恭天皇の兄です。父、仁徳天皇と母、葛城磐之媛の間に生まれた４人の３番目に生まれました。第一子は履中天皇となり、第二子が住吉中皇子です。

反正天皇の崩御年について

允恭天皇で在位年を調整したことから、ここから年号は干支年で同一となります。すなわち、６０年のズレとなります。

崩御年が２説あります。日本書紀によると、反正天皇は４１０反正５年１月２３日に崩御されました。年齢は書かれていません。ところが、平安後期から書かれはじめた、日本の歴史を語る史書のほとんどが反正天皇は４１１反正６年に崩御されたとしています。本書の知る限り、古事記を除きすべてといえます。

この原因は次期允恭天皇の即位間に１年の空位期間があるからです。他書はすべて空位１年をないものとして、５年間に空位の１年をプラスして在位期間を６年としています。どの史書も空位１年間の存在を認めていないのです。

ところで、ほとんどの史書が６０歳とするなかで、本朝皇胤紹運録と皇年代略記は６１歳としています。

しかし、記述内容を確認すると、生年と没年は他の６０歳説と同じです。日本書紀の反正天皇崩御は庚戌５年崩御で１年の空位期間ですから、これを意識した結果による計算誤差と考えられます。日本書紀の記述反正５年で６０歳であったと仮定して、当時の通説一年多い反正６年崩御だから、６１歳だと考えたのです。

【扶桑略記】
反正天皇壬子生～六年辛亥正月。天皇六十崩。
【本朝後胤紹運録】
仁徳四十年壬子誕生。～六年辛亥正月崩。六十一。

個人的な感想ですが、いつの時代でも、日本書紀の誤記や矛盾に対し敏感に反応し、その度に新しい年齢仮説が登場しています。允恭天皇の項でも述べましたが、本書はあくまで日本書紀の記述された干支年にこだわりました。よって、反正の在位期間は日本書紀の記述通り５年とします。

古事記が示す、仁徳４兄弟の年齢矛盾

仁徳天皇と皇后との間に生まれた４兄弟です。その内、３人が即位しました。履中、反正、允恭天皇です。古事記はそれぞれの年齢と崩御年を伝えています。

【古事記の仁徳皇子の年齢表記】

続柄	名前	宝年	崩御年	生年計算値
父	仁徳天皇	８３歳	４２７年崩御	３４５年生
第一子	履中天皇	６４歳	４３２年崩御	３６９年生
第二子	住吉中皇子		（４２７年薨去）推測	
第三子	反正天皇	６０歳	４３７年崩御	３７８年生
第四子	允恭天皇	７８歳	４５４年崩御	３７７年生

古事記の崩御年から計算すると兄弟関係が逆転し、允恭天皇が兄の反正天皇より早く生まれたことになります。これが兄弟ではないというような説が生まれる根拠に使われたりするのかもしれません。

【古事記による仁徳皇子４兄弟の年齢】

300年	369	370	371	372	373	374	375	376	377	378	379	380	381	382	383	384	385	386	387	388	389	390	391	392	393	394	年齢
仁徳天皇	25					30				34						40											83
履中天皇	①	②	③	④	⑤	⑥	⑦	⑧	⑨	⑩	⑪	⑫	⑬	⑭	⑮	⑯	⑰	⑱	⑲	⑳							64
住吉中皇子																											
反正天皇										①	②	③	④	⑤	⑥	⑦	⑧	⑨	⑩	⑪	⑫	⑬	⑭	⑮	⑯	⑰	60
允恭天皇									①	②	③	④	⑤	⑥	⑦	⑧	⑨	⑩	⑪	⑫	⑬	⑭	⑮	⑯	⑰	⑱	78

網掛け＝本書が予測する古事記本来の生年年齢構成

しかし、反正天皇の年齢が計算違いと考え並べ替えて、第２子の住吉中皇子が履中、反正の間の生まれと考えると、きれいな兄弟の誕生履歴であることがわかります。網掛けで示します。仁徳天皇は２５歳の年から磐之媛が２年半ごとに一人ずつ生んだことになります。

これは本書の手法と同じす。よって、本書でもこの年齢を参照にして、今まで通り、単純に２歳ずつ差のある兄弟としました。

体型描写の克明で特異な記録

【古事記　反正天皇】

> 此天皇、御身之長、九尺二寸半。
> 御歯長一寸廣二分、上下等齊、既如貫珠。

「この天皇は身長が約２．８m、
歯の長さ約３cm、広さ約４mm、上下等しく斉(ととの)い、全く玉をぬいたようだ」

日本書紀にも歯が一つの骨に見えたとして、和風諡号も**瑞歯別天皇**(みつはわけのすめらみこと)

と名前が付けられたとあります。

広さ４mmは厚みの誤記という記事もありますが、どうでもいいことで、身長といい信じがたいものです。第三者から見た素直な印象で測った訳でもないでしょう。歯と身体的に特徴をもった天皇だったというに留めます。あくまで個人的感想になりますが、赤塚不二夫氏の漫画を連想してしまいます。情報屋、一癖ある小狡さ、事件にすぐ首を突っ込み、小器用なお節介といったイメージです。

まるで業績を持たぬ天皇

古事記も日本書紀も反正天皇の項では彼の系譜を述べるだけで、他には何も書かれていません。だからといって、決して架空の創作された天皇だとは誰も言っていません。彼の存在は、前の履中天皇の即位に関わったことで確実だからです。

住吉中皇子（すみのえのなかつみこ）の乱

住吉中皇子は履中の同母の次弟です。

難波高津宮において父、仁徳天皇が崩御されます。このとき、住吉中皇子が難波にあった長兄履中の館を兵で取り囲み、焼き殺そうとしました。危うく難を逃れて、大和に入ったところに、次の弟、第３子のこの反正が駆けつけ、太子の履中に忠誠を誓います。ところが、もう一人の弟に寝込みを襲われたばかりの履中はこれを簡単には信用しません。逆に住吉中皇子を殺して、忠義の証しを形で示せと言われてしまいます。そこで、反正は難波にとって返し、住吉中皇子の近習をだまし、厠で殺させます。さらに大和の帰り道、その近習さえもだまし討ちしてしまいます。つまり、相手がかなりの実力者であることがわかります。正面からでは太刀打ちできない力を持っていたのでしょう。こうして、履中天皇は正式に即位し、その翌年、反正は認められ太子の地位に就くのです。

こうも頭の回転が早く状況判断がうまい人間は、責任のない立場の批評家としては有益かもしれませんが、権力を握るとなると、敵味方双方から信用を失い、朝令暮改ともとれるめまぐるしい変化について行けず、敵味方に限らずいろいろな人間に恨まれたことでしょう。あまり長生きできたとも思えません。

反正天皇は淡路島の生まれ

この頃の記録では、仁徳天皇やその子供達はこの淡路島で盛んに狩をされたとあります。「淡路」という言葉は祖父、応神天皇で４回、仁徳紀で１回、履中紀で３回、反正紀でこの誕生の記録１回、允恭で１回あります。淡路島は九州の安曇氏の関西での船団拠点です。難波の安曇江（あずみえ）の港があり、この頃は名前の「住吉」からも住吉中皇子と親しい関係にあったようです。当然、反正天皇も自然旧知の間柄であったはずです。住吉中皇子の内部事情に詳しかったといえそうです。反正を味方と信じ切っていたようです。当然、母磐之媛も淡路にいた夫に付き従い、結果、この地で反正を出産したことになります。

妃と子供達

二人の妃を娶り、４人の子に恵まれました。

妃は日本書紀によると、大宅臣の祖先、木事（こごと）の津野媛とその妹、弟媛です。古事記では大宅臣ではなく和珥氏ですが、同族で同じことです。しかも子供達は女の子ばかりです。ひとり、最後に生まれた子が高部（たかべの）皇子（みこ）でしたが、古事記では多訶弁郎女（たかべのいらつめ）とあり女性です。

男性か、女性かはっきりしません。無性のもの、成人せずに亡くなったとし、歴史に名を残さなかったものとします。だから、反正天皇の子供達には相続争いとは無縁であったのです。

この娘らは、後に安康天皇によって、その弟、雄略の嫁にと望まれますが、強暴（凶暴）であるため、皆逃げたと記録されています。

確かに日本書紀、古事記や古代史書に従えば、この三兄弟は６０歳前後で即位し、７０歳過ぎに崩御されたことになります。成人に達し３０歳を超えている息子達に皇位を譲らないのは、当時は兄弟相続の日本独特の習慣があったとする考え方は当然なのでしょうか。むしろ、古代天皇の年齢をこんなに年を取らせたまま歴史を語るほうがどうかしていると思います。結局、兄弟相続は、この頃の日本の習慣などではなく、単に短命であったために、実子の即位では幼すぎるため、やむを得ず、兄から弟に引き継がれたにすぎないようです。

そして、この反正天皇も天皇に即位できたのは兄が短命であったためであり、次の允恭も同様で、そのため兄達の子供達の年齢が幼少であり、特に反正などの子供達などは皆女性であったからと思われます。

難波大阪に宮をおいた天皇

反正天皇は世間一般に言われる河内王朝の住人と呼ばれる一人です。反正天皇は河内の丹比に宮廷を造りました。これを柴籬宮（しばかきのみや）といいます。実は反正天皇以降、次の允恭天皇からまた元の大和に宮が戻ってしまいます。

その後、難波に宮廷が築かれるのは１８０年後の孝徳天皇まで待たなければなりません。これは当時の広い外に開けた世界に近い海、難波を理想としたからです。内陸の大和との対立関係からではありません。

反正天皇の兄、履中天皇も即位前は難波に父、仁徳天皇が用意してくれた、宮に住んでいたようですが、住吉中皇子の乱から履中も大和盆地に戻ってしまいます。

突きつめると、難波に宮を本格的に構えたのは、父、仁徳天皇とこの反正天皇だけということになります。反正天皇は進歩的な天皇ではありません。父が築いた難波宮地区から動いていません。結局、何もしない天皇でした。

【履中天皇の年齢】

古事記	日本紀	扶桑記	愚管抄	一代記	仁寿鏡	正統記	紹運録
６４	７０	６７	７０	６７	７３	７０	６７

４２８応神３９年生　～　４６５履中６年崩　３８歳　本書

去來穂別天皇

４００年	41	42	43	44	45	46	47	48	49	50	51	52	53	54	55	56	57	58	59	60	61	62	63	64	65	66		年齢
履中天皇	⑭	⑮	⑯	⑰	⑱	⑲	⑳	—	—	—	—	—	—	27	—	—	30	—	—	33	—	—	—	—	38			38
市辺皇子														①	②	③	④	⑤	⑥	⑦	⑧	⑨	⑩	⑪	⑫	⑬	—	30
御馬皇子																	①	②	③	④	⑤	⑥	⑦	⑧	⑨	⑩	⑪	—
青海皇女																				①	②	③	④	⑤	⑥	⑦	⑧	—
中蒂皇女																		①	②	③	④	⑤	⑥	⑦	⑧	⑨	⑩	—
住吉仲皇	⑫	⑬	⑭	⑮	⑯	⑰	⑱	⑲	⑳	—	—	—	—	25	—	—	—	—	30									
反正天皇	⑩	⑪	⑫	⑬	⑭	⑮	⑯	⑰	⑱	⑲	⑳	—	—	—	—	—	—	—	28	—	—	—	—	—	34	—	—	39
允恭天皇	⑧	⑨	⑩	⑪	⑫	⑬	⑭	⑮	⑯	⑰	⑱	⑲	⑳	—	—	—	—	—	26	—	—	—	—	—	32	—	—	47
木梨軽皇子											①	②	③	④	⑤	⑥	⑦	⑧	⑨	⑩	⑪	⑫	⑬	⑭	⑮	⑯	—	30
青海皇女	———仁徳天皇在位２９年間———→																			←——履中——→						←反正		

父は仁徳天皇、母は葛城襲津彦の娘、磐之媛の間に生まれた４兄弟の第一子となる太子です。妻達の筆頭は皇妃と位置づけられた葦田宿禰の娘、黒媛です。子は市辺押羽皇子、御馬皇子、青海皇女（飯豊皇女）です。在位は６年間にすぎません。

【履中天皇と周囲の年齢】 年齢は本書の推定値

次妃として草香幡梭皇女が履中６年、皇后となります。その子が中蒂姫で大草香皇子と安康天皇の二人に順次嫁ぎました。他に嬪として、太姫郎姫や高鶴郎姫がいたと伝わります。

年齢根拠

通説は６７歳のようです。日本書紀に７０歳と書かれました。また、仁徳３１年正月に１５歳で皇太子とあります。これは履中即位前紀にも書かれています。しかし、この１５歳の記述に沿うと崩御年齢は７７歳となり、崩御時７０歳と矛盾します。日本書紀の計算違いがここでも見られます。神皇正統録の７７歳はこれを採用した結果と思われます。

本書の年齢は末弟の允恭天皇の年齢に基づき、２歳ずつ差のある兄弟の長男と考えました。

実は、もう一つ、履中天皇の息子、市辺押磐皇子の年齢から、履中天皇の年齢を探る方法があります。

【武烈天皇の父母から履中天皇の年齢を探る】

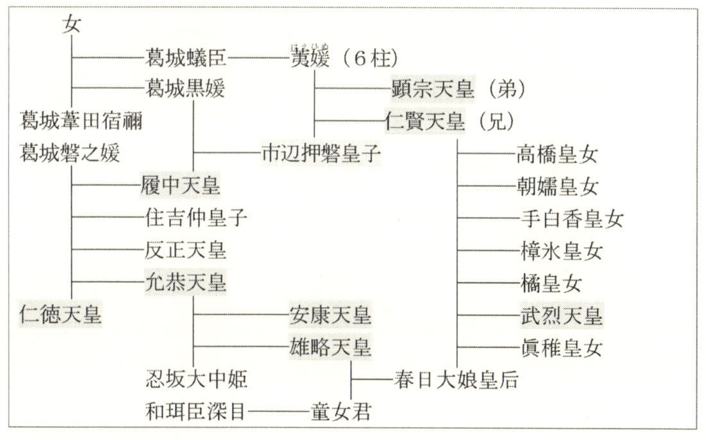

市辺押磐皇子（いちべのおしわのみこ）の年齢

市辺押磐皇子は履中天皇の第一皇子です。母は葛城襲津彦（そつひこ）の子葦田宿禰（あすだのすくね）の娘、黒媛。妻は荑媛（はえひめ）ですが、彼女の父は葛城蟻臣（ありのおみ）でこれも葦田宿禰の子です。後の顕宗、仁賢両天皇、飯豊青皇女の３人をもうけました。

つまり、祖父も母も妻も皆、葛城の人間です。しかし、黒媛は皇后になれませんでした。皇妃と書かれます。もう一人の妃、上位となる皇族の幡梭皇女がいたからです。しかし、この幡梭皇女も妃であり、やっと皇后になれたのは葛城黒媛が薨去された後でした。ここにも父、仁徳天皇と同じ悩み、葛城氏の大きな力の存在があったのです。その後、次々、嬪として、女達を宮に入れていきます。

ところが、世の流れは葛城氏を突き崩す傾向にあり、とうとう次世代の雄略天皇に至り、葛城本宗家の円大臣を殺害するに至ります。兄安康天皇を弑した犯人、眉輪王をかくまった罪で円大臣らをすべて焼き殺したのです。

それに伴い、市辺押磐皇子もこの雄略天皇に暗殺されます。狩猟にさそいだし､射殺されたとはっきり書かれています。時に市辺皇子３０歳。この市辺押磐皇子の年齢は子供達の年齢から推測できます。顕宗天皇は古事記などから３８歳です。彼は市辺皇子の第３子ですから４歳年上として第１子の居夏媛が生まれた年を２０歳としました。すると、荑媛は６番目の子、橘王を生んだのを最後に、市辺皇子が殺された事になり矛盾はありません。生きていれば、さらに子供が生まれていたことでしょう。

日本書紀では、履中天皇の崩御は７０歳です。この時、市辺皇子は４０歳を超えていたことになります。成人に達していた息子ではなく、６０歳をすぎた弟の反正に天皇位を譲ったことになります。

本書は単純に考えています。つまり、履中天皇は３８歳で早世したのです。その結果、単に、息子の市辺皇子はまだ幼かった為、皇位は弟の反正天皇に移ったのです。父履中天皇が崩御されたときが１２歳です。その後、叔父反正天皇崩御は市辺皇子が１７歳の時でした。反正天皇は市辺皇子を指名していません｡大切なこの相続を遺言さえしていません。もしかしたら殺された天皇かもしれません。反正の子供達はみな女の子です。皇位はさらに、弟の允恭天皇に移ります。残された官僚たちが選んだ基準は年齢の高さでした。

さらに、允恭天皇が崩御されたとき２７歳になっていました。ようやく皇位継承者に名を連ねる年齢となったのですが、允恭天皇はためらうことなく、太子を自分の長男、木梨軽皇子３０歳に託しました。市辺皇子より年上になります。

結果は、木梨太子のスキャンダルにより、市辺皇子より年下でしたが、安康天皇が即位してしまいます。時の流れというものでしょうか。強引といえる当時の安康でした。

ところが、その後の雄略天皇のときはそうはいきません。
雄略の兄、安康天皇はこの市辺押磐皇子を皇位継承者の最有力候補としていました。自分より年上で、世間の評判も雄略より勝っていたと思います。雄略にとって、３０歳になろうとする市辺皇子は無視できなくなっていたのです。雄略が皇位に就く為には彼の性格から、まわりくどい謀略より暗殺を選択したのだと思います。

この允恭天皇の子作りは４兄弟のなかでも早く１８歳からはじまり、そして多産でした。文句なしに太子となれた木梨軽皇子は市辺皇子より年上だったと考えられます。ではなぜ、長男の履中天皇は２７歳になるまで子に恵まれなかったのでしょう。

履中天皇の死因

履中天皇がなぜ早世したのでしょうか。子供の数も４人しかいません。その前、死産や流産、何人も出産時や生まれた短い期間で次々亡くなったかもしれないのです。やっと育った市辺押磐皇子が履中２７歳のときの子でした。なぜなのでしょう。履中天皇の死因がその原因を示しているようです。

【日本書紀　履中紀６年】

三月壬午朔丙申、	三月壬午朔(ついたち)丙申、
天皇玉體不悆、	天皇、玉體(おおみ)、不悆(やまい)したまいて、
水土不調。	水土不調(やくさみたまう)。
崩于稚櫻宮、時年七十。	崩于稚櫻宮(わかさくらのみや)、時年七十。

「悆」はヨで豫に通じ、喜ぶこととあります。不悆「病ある」とあります。また、「水土」は、その地方の気候風土をいい、自然環境の調わぬこと、身体の不調を意味します。「やくさむ」はいよいよ身体の臭みを増すの意となります。(岩波版「日本書紀」注記)

また、天照大神の有名な逸話の一説を提示しています。弟の素戔嗚尊(すさのおのみこと)がいたずらして、席の下陰(したかげ)に糞をし、これを知らずに日神が着座し体を汚し、天石窟(あまのいわや)に入口を閉ざしたという一説です。

日神、擧體不平「日神、擧體(みそこぞ)りて不平(やくさ)みたまう」

の古訓「やくさみ」が同じだというのです。

つまり、体が臭い。糞尿の臭いようです。胃腸の病でしょうか。病死であり、事故死ではない。むろん老衰などではない。

前年に皇后が亡くなっています。何らかの感染症と考えるべきでしょう。検索サイトで「病気、体が臭い、感染」で調べてみると意外な病気が出てきました。今ではあまりありませんが、寄生虫によるものではないでしょうか。もしくは性病とも考えられます。

このころの衛生観念がどこまであったのか。夫婦ともに同じ体内寄生虫にやられたと考えてみました。または、蚤、ダニ、虱などによる感染症かもしれません。

彼は統率者として、また政治家としての才能を父から引き継いでいました。ところが、お酒にだらしなく、酔いつぶれて殺されかけています。

父の優秀な家臣団に助けられた形です。豪傑肌の人物のようです。

この頃、「臭い」記事がたくさん出てきます。住吉仲皇子を臭い厠で刺し殺しています。晩年は二人の嬪を同時に抱いていたような記述が見られ、女性に対しても節度がなく、だらしないのです。履中５年９月には妃が没し、翌３月には本人も続けて崩御されます。

館自体ひどい臭いがしていたようです。今の家はどこでも無臭ですが、昔はその家独特の臭いというものがありました。権力者に意見できるものなどいなかったようです。誰も臭いなどと諫められなかったのでしょう。祝が神懸かりして「臭くて堪えられない」などと言わせています。それでも自分自身の匂いなどと、気が付かないようです。さらに占わせ、部下の顔の入れ墨の傷の匂いだとしてしまいます。

これでは、死産や流産も多かったのでしょう。成人できたのは、やっと生まれた市辺皇子を筆頭に３人と後に皇后とした幡梭皇女が生んだ１人だけでした。よって、子供３人のそれぞれの年齢差を大きくしてみました。子供が少ないことからも若死にしていると推定できます。３８歳で亡くなったのです。

末娘の青海皇女は清寧天皇の崩御後もしくは同時期に、次期顕宗天皇が即位するまでの間、天皇になったと逸話の残る女性です。しかし、飯豊皇女とあだ名されます。これはフクロウ皇女を意味し、素姓の知れぬ男性と性行体験をもつ、ある意味だらしない女性を指します。父の血筋を受け継いだようです。

兄と弟の争い

履中天皇には即位前、弟の住吉仲皇子に黒媛を寝取られ、これを理由に殺害したことが書かれています。この黒媛の父は羽田矢代宿禰で、武内宿禰の孫です。

市辺皇子の母も黒媛ですが、葦田宿禰の娘です。葛城襲津彦の孫です。二人の黒媛は超大物を祖父にもつ由緒正しい娘なのです。

【日本書紀　履中天皇】

即位前紀	羽田矢代宿禰之女黒媛、欲爲妃。
元年７月条	葦田宿禰之女黒媛、爲皇妃。

はっきり別人と書かれているのに、同じ名前であるからとして、問題の黒媛と同一女性と混同した文章をよく見かけます。岩波版日本書紀注記でも「葛城氏所生の葦田宿禰の女とする皇妃黒媛とおそらく同一人物だが、父が違うのは異種の所伝であろう」として、日本書紀の記述が間違いだと言っています。

ここは、日本書紀の記述通り、同名の別人と考えるべきだと思います。黒媛とはめずらしい名前ではないのです。仁徳記には別の黒比売の話もあります。

【黒姫の三角関係】

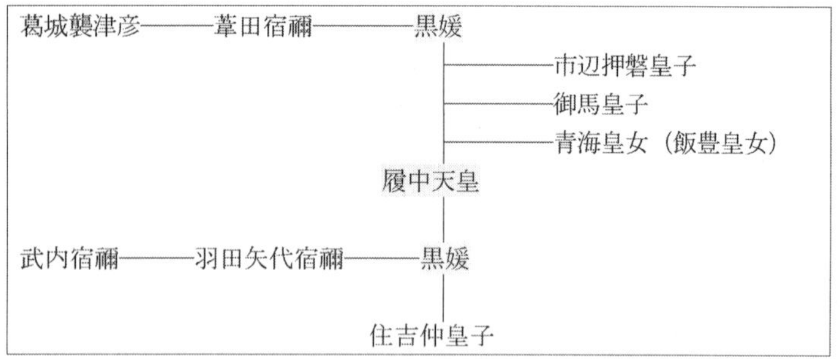

こんな話があります。羽田黒媛は一人の男と寝た後、違う男性と寝て同じ男性だと思い込んでいたようです。これはこの話がうそというより、娘の「うそ」でしょう。前の男が置き忘れた鈴を別の男に見咎められ、とぼけ白を切る、したたかな娘であることがわかります。むしろ、この時代のおおらかな男女の関係から考えると、「とぼける」ことは女としての男性への心遣いだったのかもしれません。

古事記では、この羽田矢代宿禰の娘黒媛の話はありません。単に、住吉仲皇子は天皇になりたくて、履中を襲ったのです。その結果、反対に弟の反正にだまされ殺されてしまいます。宮中の兄弟とはこんなものでしょう。

結局、履中天皇は大和に退き、応神天皇や仁徳天皇が開いた難波の地に戻ることはありませんでした。しかし、住吉仲皇子に味方した安曇一族を温存しており、海の一族「濱子（はまこ）に従う野嶋海人等（のじまのあまら）」も無罪放免しています。難波地区やその住人を、もはや無視できない重要な存在となっていたからでしょう。

履中1年2月　磐余稚櫻宮において即位。父を見習い、彼も土木事業に従事しています。しかし、対象は難波ではなく、大和盆地内でした。

稚桜神社（履中磐余稚桜宮の伝承地）桜井市池之内

◇仁徳天皇の年齢

【仁徳天皇の年齢】

古事記	日本紀	扶桑記	愚管抄	一代記	仁寿鏡	正統記	紹運録
83	－	110	110	欠	120	110	110

410応神21年生　～　459仁徳27年崩　50歳　本書

大鷦鷯天皇

父は応神天皇です。景行天皇の孫、品陀真若王の姫３人を妃としました。母は仲姫命で、その真ん中の姫に当たります。

仁徳皇后は葛城襲津彦の娘、磐之媛で４人の男子を生みました。磐之媛が薨去された後、皇后となったのが八田皇女で菟道稚郎子皇子の妹です。その他、妃などは５人います。子供は全体で５男１女と少なく古事記とも一致しています。

紀年の考え方

ここまで新しい世代から順に古い世代へと過去をさかのぼる形で、一人一人の年齢を積み上げてきました。この時代までさかのぼると、天皇の年齢はおろか、在位期間まで信用できないことがわかります。

この仁徳天皇の在位期間が８７年はありえないのです。允恭天皇の４２年も長いですが、彼の場合、日本書紀で内容を探ると、業績のほとんどが１１年間に集約され、あと突然４２年の崩御の記述になっていました。明らかな年号の引き延ばしとわかりました。

そこで、この仁徳天皇でも同じ手法を用いて下記に示すことができないかと考えました。ところが、この仁徳天皇の記述では2，3年おきにまんべんなく事象が配置されています。ただ、最後の２０年間だけ記事がありませんが、「２０年余り天下太平」であったと、ご丁寧に断り書きされていました。これは逆に出来すぎた配列と言えます。この年表は机上で作成されたものと考えていいのではないでしょうか。

【仁徳紀に記された記事の記事】

和	4　　　　　　　　　　1 1 1 1 1 1 1 1 1 1 2 2 2 2 2 2 2 2 2 2 3 3 3 3 3 3 3 3 3 3 4 4
暦	1 空空 1 2 3 4 5 6 7 8 9 0 1 2 3 4 5 6 7 8 9 0 1 2 3 4 5 6 7 8 9 0 1 2 3 4 5 6 7 8 9 0 1
略	崩　即磐　税　壬　宮茨栗屯　桑新　磐　八太　磐　磐八　雌百
記	御　位后　止　生　造田隈倉　田羅　八　妃子　薨　葬后　鳥済
	4 4 4 4 4 4 4 4 5 5 5 5 5 5 5 5 5 5 6 6 6 6 6 6 6 6 6 6 7 7 7 7 7 7 7 7 7 7 8 8 8 8 8 8 8 8
	2 3 4 5 6 7 8 9 0 1 2 3 4 5 6 7 8 9 0 1 2 3 4 5 6 7 8 9 0 1 2 3 4 5 6 7 8 9 0 1 2 3 4 5 6 7
	鷹　武　新　蝦　荒　白　造　飛　陵　崩
	飼　内　羅　夷　陵　鳥　船　驒　定←――「天下太平廿餘年無事」――→御

在位期間の選定

いままでの年齢検証の結果から、干支崩御年は日本書紀に示された干支年と同一と考え、６０年で一周する相対年として利用すると驚くほどすっきり収まることがわかってきました。

これは本居宣長などの時代から、応神天皇の紀年が朝鮮史の記述と比較して、１２０年のずれがあるという有名な事実に基づきます。年齢分布から紀年を比較してみると、きれいに収まるのです。よって、この仮説に基づき、検証を続けることにしました。

【本書の紀年変更】

	書紀崩御年	在位	本書崩御年	在位	絶対年誤差
１５応神	庚午３１０年	４１年	庚午４３０年	４１年	１２０年
１６仁徳	己亥３９９年	８７年	己亥４５９年	２７年	６０年
１７履中	乙巳４０５年	６年	乙巳４６５年	６年	６０年
１８反正	庚戌４１０年	５年	庚戌４７０年	５年	６０年
１９允恭	癸巳４５３年	４２年	庚申４８０年	１０年	２７年

仁徳元年は日本書紀とちょうど１２０年のずれが生じたことになります。なぜ、仁徳天皇で６０年も引き延ばす必要があったのでしょう。

古事記では、父応神天皇が甲午３９４年崩御され、仁徳天皇は丁卯（ていぼう）４２７年崩御です。その間３４年ですが、日本書紀の空位２年間を無視すると、在位期間は３１年となり４年間の誤差しかありません。しかし、ここだけは空位があったとして、在位期間は８７年から６０を差し引いた年２７年間として話をすすめます。

年齢根拠

仁徳天皇の子供達の年齢はいままで散々に述べてきました。そのなかで長男履中が生まれたときを、慣例手法で仁徳天皇は２０歳前後だと考えていました。仁徳天皇は応神天皇の第４子です。日本書紀は年齢を記述していません。古事記は８３歳としています。それなのに過去の歴史的史書のすべてが１１０歳としています。なぜ、他の史書は１１０歳なのでしょう。一番古い記述の扶桑略記は細かく記載されます。

【扶桑略記　仁徳天皇】

> 行年廿四即位。廿七年皇子誕生、履中天皇。卅五年、皇后磐之媛崩。卅八年八田皇女、立為皇后。卌年皇子誕生、反正天皇。六十二年皇子誕生、允恭天皇也。～八十七年己亥正月十六日。天皇百十歳崩。【一云。百廿三歳崩。】

２４歳即位をまず伝えています。これが１１０歳説の基準にあるようです。例えば「本朝後胤紹運録」は次の通りです。

【本朝後胤紹運録　仁徳天皇】

> 治八十七年。応神二十一年庚戌誕生。天皇元年癸酉正月即位。
> 八十七年正月十六日崩。【百十】。

本書は上記二書の２４歳即位年齢に注目しました。

【仁徳天皇の各史書による年齢比較】

	古事記	日本書紀	他史書
仁徳降誕	３４５年　１歳		２９０応神２１年　　１歳
応神崩御	３９４年５０歳	３１０応神４１年	３１０応神４１年　２１歳
仁徳即位		３１３仁徳　１年	３１３仁徳　１年　２４歳
仁徳崩御	４２７年８３歳	３９９仁徳８７年	３９９仁徳８７年１１０歳

注：古事記は宝年からの計算値

年齢根拠

最初、無視した１１０歳説でしたが、上記のように即位年齢２４歳を考慮すると、空位２年は本当にあったのかもしれません。ここでは、空位期間を２年間与えると、年齢がすんなりと解決するのです。

仁徳１年２４歳ということは応神２１年生まれです。本書で年齢の確定した長男履中誕生は１９歳となります。応神４１年２１歳のとき、父応神天皇を失います。そして、２４歳で即位したのです。８７年の在位期間ではありませんが、１干支６０年を差し引いた在位２７年間として、５０歳で崩御となります。

これですべての史書が描いた、誕生、父崩御、そして即位とさらに干支年のすべて同じもので、変更していないですむことになります。

【仁徳天皇と子供達の年齢】年齢は本書の推定値

４００年	２２３３３３３３３３３３３４４４４４４～５５５５５５５５ ８９０１２３４５６７８９０１２３４５～２３４５６７８９	年齢
応神天皇	――崩　～	
仁徳天皇	⑲⑳――24――30――～――50	
履中天皇	①②③④⑤⑥⑦⑧⑨⑩⑪⑫⑬⑭⑮⑯⑰⑱～――30――	38
住吉皇子	①②③④⑤⑥⑦⑧⑨⑩⑪⑫⑬⑭⑮⑯～――30	
反正天皇	①②③④⑤⑥⑦⑧⑨⑩⑪⑫⑬⑭～――	39
允恭天皇	①②③④⑤⑥⑦⑧⑨⑩⑪⑫～⑲⑳――	47
草香皇子	①②③④⑤⑥⑦～⑭⑮⑯⑰⑱⑲⑳――	42
幡梭皇女	～　①②③④⑤⑥――	？
	―応神→空位←――仁徳　天皇　在位　２７年間――→	

仁徳天皇は実在の人物か

現在、仁徳天皇の存在があいまいです

一人の天皇の業績を応神と仁徳の二人に分けたという考え方があります。業績に類似や重複記事が多いというのです。逆に、播磨風土記は「大雀天皇」、「難波高津宮天皇」と使い分けた表現があることから、二人の業績を一人に合成したという説もあります。

こうした応神、仁徳の系譜偽造説には賛成できません。

確かにこの頃、年号が半世紀は乖離していると考えられることから、日本書紀が架空の天皇を想像したとする思い付きは理解できます。また、国際的な動向記事が少なく、男女間の話が多く、その中でも父天皇の妃を譲り受け、幡梭姫が二重三重に登場するなど、異世代婚が多く、わかりにくい表現が多々あります。一つ一つ、明確にする必要があります。

例えば、応神と仁徳の業績二分説は、仁徳が応神天皇の意志をしっかり引き継いだ結果と考えたい。応神天皇の業績をそのまま引き継ぎ、見事に完成させているのです。

さらに、「播磨風土記」内の天皇名の記述違いは、この書物がもつ性格から、これが多くの伝承記事の集積であり、単純にその伝承記事の元資料が別の伝承に基づくもので、統一できずにそのまま記録されたと考えられます。

仁徳天皇を疑うもう一つ大きな理由があります。

第二次大戦での戦中教育に利用された、至上で高潔無比な仁徳天皇像の打ち壊しです。これを覆す、戦後の学者達の行き過ぎた努力だと思います。気持ちは理解しますが、戦争を知らない我々は、改めて冷静に仁徳天皇像を見直してみる必要があると思います。

聖帝、仁君論

有名な話ですが、仁徳天皇は高殿に登って遥かにながめるに、人家の煙があたりに見られない。これは人民が貧しいからに違いない。そこで、３年間無税とし、自らも質素倹約したとあります。

中国の聖王を意識した王朝の開祖としたイメージ論といわれています。さらには、突きつめて架空のものだともいいます。仁徳天皇はなぜ仁徳なのか。なぜ、この頃、人民は貧困に喘いでいたのでしょう。

その一つの原因は、これまで続いてきた畿内での相続争いや氏族間闘争ではなかったかと思います。

また、それ以前の天皇たちは戦乱の連続だったはずです。神功皇后の朝鮮への侵攻や東征、仲哀天皇の九州熊蘇征伐、景行天皇やその子、日本武尊の西征、東征など戦乱の連続であったことがわかります。また、垂仁天皇では丹波征圧。崇神天皇の四道将軍により始まったように見える、国の拡張方針、覇権です。

この頃の、仁徳以前の天皇たちは、狭い大和の地に落ち着いていません。日本中を駆けめぐっていたのです。

大和王朝優位を決定づけた難波開発

仁徳天皇は大阪に住まわれ改革に着手した最初の天皇です。父応神天皇にも難波の大隅宮に行幸した記述がありますが、父の行動範囲は難波だけに留まりません。一方、仁徳天皇は、難波を中心とした土木事業が特徴的です。この大事業が、日本書紀では仁徳１０年から１４年の５年間に集中的に語られています。これだけの大規模な土木事業が５年で完成するとも考えられず、仁徳天皇の生涯事業と考えられます。細かく見ていきます。下記は、仁徳天皇時代に行われた難波土木事業の数々です。

１．仁徳元年、宮を難波に造営します。これを高津宮といいます。

都難波、是、謂高津宮

仁徳天皇は大阪を統治した天皇です。「坐難波之高津宮。治天下也」

２．しかし、宮殿の塗装や装飾は後回しにして３年間の課役を止められました。
ようやく、仁徳１０年に課役を科して宮室を完成します。人は皆、労役を惜しまなかったとあります。

十年冬十月、甫科課役、以構造宮室。
於是、百姓之不領、而扶老携幼、運材負簣。
不問日夜、竭力競作。　是以、未經幾時、而宮室悉成。
故於今稱聖帝也。

「１０年冬１０月、はじめて課役を命ぜられて宮室を造られた。人民は促されなくても、老人を助け幼き者もつれて、材を運び土籠を背負った。昼夜を分けず力をつくしたので、幾何も経ずに宮室は整った。これで今に至るまで聖帝とあがめられるのである」（宇治谷孟訳）

課役を止めたのではなく、課役人が集まらなかったと考えられます。当時この地区の住民の生活は苦しかったのだと思います。彼の言動には、日本全国の民衆の貧しさを嘆いているというより、どこか他の地区との比較をし、この難波の地を見ている表現です。

父の命令ではじめて難波に来て、この地区の惨状を目撃した仁徳だったのではないでしょうか。この地区では税を納める習慣もなかったのかもしれません。毎年、河が氾濫し、家が流され、人が死んでいったのです。これが毎年繰り返されていた湿原地域なのです。

３．土地を開墾し、河の氾濫を防ぎ、溝を掘り、堤を築けと詔を発します。目的は河内平野の水害防止と開発で、大和王朝初の大規模な治水事業の発布といえ、大事業がここに開始されました。

十一年夏四月戊寅朔甲午、詔羣臣曰、
今朕視是國者、郊澤曠遠、而田圃少乏。
且河水横逝、以流末不駃。
聊逢霖雨、海潮逆上、而巷里乗船、道路亦泥。
故群臣共視之、決横源而通海、塞逆流以全田宅。

「11年夏4月17日、群臣に詔して、
いまこの国を眺めると、土地は広いが田圃(たんぼ)は少ない。
また河の水は氾濫し、長雨にあうと潮流は陸に上り、村人は船に頼り、道路は泥に埋まる。群臣はこれをよく見て、溢れた水は海に通じさせ、逆流は防いで田や家を浸さないようにせよ』といわれた」(宇治谷孟訳)

仁徳天皇の業績は難波地区に限っています。よって、詔の「この国」とは日本全土ではなく、狭義の難波地区を指すと思います。

4．難波の堀江の造成、茨田堤の築造

冬十月、掘宮北之郊原、引南水以入西海。　因以號其水、曰堀江。又、將防北河之澇、以築茨田堤。

仁徳「11年10月、宮の北部の野を掘って、南の水を導いて、西の海(大阪湾)に入れた。その水を名づけて堀江といった。また北の河の塵芥を防ぐために、茨田(まんだ)の堤を築いた」(宇治谷孟訳)

5．山城の栗隈県(くるくまのあがた)に灌漑用水を引かせます。

冬十月、掘大溝、於山背栗隈縣以潤田。　是以、其百姓毎年豐之。

仁徳「12年冬10月、山城の栗隈県(今の宇治市大久保辺)に、大溝を掘って田に水を引いた。
これによってその土地の人々は毎年豊かになった」

6．茨田屯倉(まんだのみやけ)を設立します。

十三年秋九月、始立茨田屯倉。

7．和珥池(わにのいけ)、横野堤(よこののつつみ)の築造をします。

冬十月、造和珥池。　是月、築横野堤。

８．橋の建造も次々起こしていたことでしょう。

> 十四年冬十一月、爲橋於猪甘津。　即號其處、曰小橋也。

「１４年冬１１月、猪飼津に橋を渡した。そこを名づけて小橋といった」

９．都の南門から丹比邑に至る大道の増設。

> 是歳、作大道置於京。　中自南門直指之、至丹比邑。

「この年、大通りを京の中に造った。南の門からまっすぐ丹比邑（羽曳野市丹比）に及んだ」

１０．感玖大溝の掘を削り、田地を開拓。

> 又、掘大溝於感玖。乃引石河水、而潤上鈴鹿・下鈴鹿・上豐浦・下豐浦、四處郊原、以墾之得四萬餘頃之田。
> 故其處百姓、寛饒之無凶年之患。

「また、大溝を感玖（河内国石川郡紺口）に掘った。石河の水を引いて、上鈴鹿・下鈴鹿・上豊浦・下豊浦など四カ所の原をうるおし、四万頃あまり（頃は中国の地積単位で百畝をいう）の田が得られた。そこの人民達は豊かな稔りのために、凶作の恐れがなくなった」（宇治谷孟訳）

治水事業を締め括るこの言葉は重要です。

その中でも茨田堤の工事は、難事業だったようです。人身御供として、二人も殺されています。一人は地元、河内の茨田連衫子で、この地区の長の子供だったようです。もう一人は武蔵の強頸です。東国の遠方からここで働いていた労働者でしょうか。水に沈められるとき泣き叫んだとあります。このようにして、難波は徹底的に掘り返され、そして生まれ変わったのです。

実際はどのような人たちが働いたのでしょう。

古事記では作業は秦人（弓月君が連れて来た帰化人）とあります。秦人を用いて造るとはその知識や技術を利用したという意味であって組織力、人力を期待したものではないようです。

これだけの大規模な長期にわたる治水事業です。老若男女が昼夜を分けずに力を尽くしたとあります。それでも毎年の大水に苦しんでいたのです。地元住民だけではとても手に負えない大変な作業だったはずです。

どうやって、全国からこれだけの人を集めたのでしょう。一つには天皇陵造営の為に人夫が集められたようです。関東の男たちが参加した事実が残っています。そして、そこにはいつの時代にも横たわる、戦後の大量軍人の再就職問題があったように思うのです。

戦国時代、豊臣秀吉の大陸進出したわけの一つに長い戦乱で溢れた職業軍人たちへの対処が大陸進出であったとする説があります。ここにも父、応神天皇時代以前の負の遺産があったと思います。まして、大陸からの大量な難民たちの対応も頭痛の種だったはずです。一挙に増大した人口問題がありました。これがこの時代のニューデール政策だったと思うのです。

結果、畿内の治水政策が、日本全土を制するに価する、巨大な富の原動力となります。その後の天皇たちの能力の優劣に左右されることなく、富は拡大し続けたのです。

矛盾しない膨大な難波治水事業と巨大古墳建造

こうして見ると、仁徳天皇は日本中を見据えていた聖王ではありません。難波治水事業に生涯を捧げ、難波の地を中心に働き続けて亡くなられた大王にすぎません。河内王朝などと大げさに考える必要などないと思います。聖王の位置づけは後年、日本書紀制作の時代になってはじめて、この天皇によって、大和王朝が日本で最大の実力を蓄えることができたと気づいた結果だったと思います。

そして、彼の生活、政治態度も生涯変わりませんでした。何よりしぶとく我慢強く諦めない天皇です。あの２年間の空白を正当化させる彼の政治姿勢を如実に示しているといえるのではないでしょうか。質素倹約は彼にとって常識です。現代でも富をこつこつ築いた社長にそうした気質を多く見かけます。

こんな逸話があります。「日本武尊（やまとたけるのみこと）の白鳥陵の陵守を遥役にあてられた」とあります。理由は「この陵はもとから空であった」そこでその墓を守る人たちを干拓事業などに廻そうとしたのです。いわゆる質素倹約は彼の肌にしみ込んだ汗の結晶です。ある意味、無駄を嫌う、倹約型人間像なのです。

結果的に、祟りがましい現象が起こり中止していますが、仁徳天皇の性格がわかる逸話だと思います。空墓を守るものを余剰人材と判断するとすぐに土木事業に廻すことに躊躇しない男だったと思います。

仁徳天皇陵も同じ発想から築かれたのではないでしょうか。元は土木事業で生じた残土集積場、これが彼の墓の元だったような気がします。彼には無駄という文字はないのです。土塊ひとつ無駄にしなかった天皇でした。父の応神陵も巨大です。この為に集められた人々も干拓事業に廻されました。

仁徳陵はあの５世紀に造られた大山古墳として位置づけられています。結果的に世界最大規模の陵を建設したことになるのですが、はじめから、天皇陵として計画されてはいなかったと思います。膨大な土木事業の副産物の残土の処理に困った末の苦肉の策だったように思えます。彼の陵は高くそびえず、ただ巨大なのです。低い山稜にも関わらず、現在ではかなり崩れています。古代中国から伝わる「版築（はんちく）」技法が十分に最初の段階から徹底されていなかったということではないでしょうか。

さらに、息子達の陵墓もこのとき定められていたのかもしれません。また、部下達の墓と呼ばれる多くの陪塚も、そんな延長なのかもしれません。

后妃の姿

仁徳天皇の后妃を冷静に分類してみると、彼の婚姻計画は非常にバランスの良いものです。

それは、３つに分類されます。１つ目が葛城氏、２つ目が和邇氏、３つ目が日向氏です。

多くの娘を娶ったように見えますが、氏族的にはこの３氏を主体とした婚姻関係であり、子供の数も他の天皇と比較しても多産ではありません。

葛城氏は大和地区南部の有力豪族です。当然の婚姻です。一方、北部には和邇氏という有力豪族がいたのです。これら氏族と婚姻関係をもつことは重要だったはずです。しかし、仁徳天皇は和邇氏と露骨に直接、婚姻関係をもつことを避けています。葛城氏の後からということもあったのでしょうか。慎重です。応神天皇の娘として婚姻を結んでいきます。もう一つが、父の生まれ故郷、九州の地の娘達でした。

【仁徳天皇の后妃】

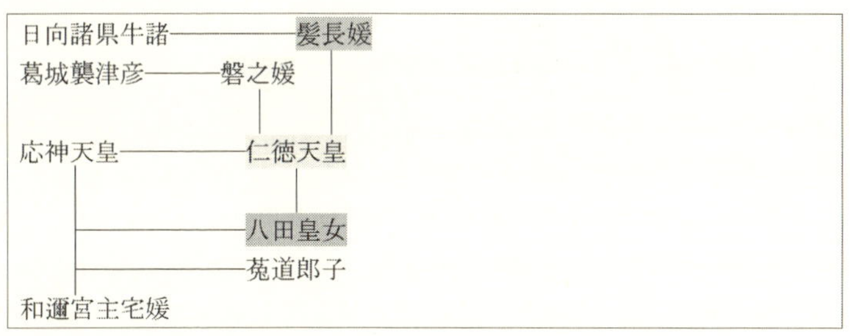

葛城磐之媛と和邇八田皇女

磐之媛は葛城襲津彦の娘で八田皇女は応神天皇の娘です。仁徳天皇と葛城磐之媛の愛憎劇は有名です。仁徳は好色で、磐之媛は嫉妬深い女性といわれています。しかし、そこに見えるのは磐之媛の地位の高さです。

仁徳天皇に決しておもねることはありません。あくまで冷静で忍耐強く、父ほどではありませんが、周囲の豪族達と公平に友好を測ろうとする態度が見てとれます。

なぜ、磐之媛はこんなに強く振る舞えたのでしょう。逆に仁徳天皇の方がまるで入り婿のように磐之媛に気を遣うのはなぜなのでしょう。やはり、そこには圧倒的な軍事力を有する葛城襲津彦の娘であるというプライドがあったと思います。葛城媛の嫉妬の強さは、葛城氏の勢力の強さと比例します。嫉妬できる環境、葛城氏の強大な力が背景にあるのです。

磐之媛は嫉妬深いといいますが、その嫉妬の対象は主に、和邇八田皇女に対してであって、他の妃との間には明らかな温度差があります。例えば桑田玖賀媛の場合でも、一方的に仁徳天皇が磐之媛に気を遣うだけで、磐之媛自身には八田皇女に対するような思い切った行動は見られません。それとは別に、これが一番の理由だと思いますが、その影には氏族間同士の熾烈な権力闘争があった、その表現の一つと考えられることです。

これが即位前、３年の空位期間に象徴されます。

この空位は父応神天皇が皇位を若い菟道稚郎子皇子に託し、崩御されたことに起因しています。

日本書紀によれば、太子菟道稚郎子皇子は実力者の自分より年上の仁徳に皇位を譲ろうとし、仁徳がそれを断ったことから空位が生じたとしています。その上、そこに兄の大山皇子がつけいり皇位を狙いますから話がややこしくなったのです。

本人達の思いはいろいろ想像できますが、巨視的には、豪族間の勢力闘争があったことも忘れてはならないと思います。

太子菟道稚郎子は和邇氏の娘が生んだ子です。結局、自殺してしまいますが、その妹が八田皇女です。仁徳を担ぎ出した葛城氏が勝利し、和邇氏はこの皇位闘争には敗れました。和邇氏の次たる秘策は、この八田皇女を即位した仁徳天皇に直に嫁がせることでした。それに真っ向から反対したのが、やはり葛城氏です。和邇八田皇女は応神天皇の皇女でもありますから、現在の皇后磐之媛より、位が高いのです。

結局、磐之媛自身は葛城氏族の重圧と夫仁徳天皇の愛をつなぎ止められずに自殺します。もしかしたら、磐之媛の激しい嫉妬と八田皇女への反感に辟易した仁徳天皇自身が、磐之媛を幽閉してしまったのかもしれません。ここまで行くと小説の世界です。本当の磐之媛の思いはどうだったのでしょう。少なくとも、磐之媛は葛城の媛としての自覚をもって、一人果敢に戦い抜いた女性といえると思います。

こうして、和邇氏は八田皇女を皇后にすることで、権力を手中に収めます。さらに八田皇女の妹、雌鳥皇女まで仁徳天皇に嫁がせようとしますが失敗しています。雌鳥皇女にはすでに隼別皇子と恋愛関係にありました。日本書紀では、これに怒った仁徳天皇が隼皇子を殺した形になっていますが、どうでしょう。恋人と引き裂かれ、仁徳天皇に嫁ぐ雌鳥皇女の気持ちをどうしても考えてしまいます。和邇氏の露骨な婚姻政策に仁徳自身が釘を刺したのかもしれません。これも小説の世界です。

ところが、古事記はさらに八田皇女の義妹、菟道稚郎姫皇女も仁徳の妃になったと伝えています。和邇氏の徹底した権力への執着心はここまでいくと醜く、小説の想像力を超えています。

桑田玖賀媛

桑田玖賀媛という丹波国桑田郷出身の女官です。仁徳は可愛いと思いましたが、葛城磐之媛の嫉妬が怖くて、仕方なく部下の播磨国の速待に譲ろうとします。ところが、急な病で死んでしまったとあります。玖賀媛はこれでも丹波国の有力者の娘だったのでしょう。丹波国の代表として宮に来たのです。仁徳の妃にならなければ意味がないのです。自殺と考えていいでしょう。

古事記にのる黒比売の記録

また、黒比売(くろひめ)がいます。吉備海部直(きびのあまべのあたい)の娘です。古事記での話です。

美しい黒比売を召そうした仁徳天皇に対し、磐之媛は嫉妬に狂います。それだけに吉備氏の実力がわかります。結局、これを恐れた黒比売は故郷に逃げ出します。難波津で船に乗るところを見つかり、徒歩で帰らせられたとあります。これも、磐之媛の嫉妬というより他氏族を閉め出そうとする葛城氏の謀略に思えます。

髪長媛の年齢

日向髪長媛(ひむかのかみながひめ)は初め応神天皇に捧げられるために九州日向からきた娘です。これを息子の一人、仁徳が熱望したために譲ったという逸話が残っています。ここでは磐之媛は問題にしていません。なぜでしょう。

後に仁徳天皇と髪長媛との間に生まれた大草香皇子は、磐之媛の生んだ第４子允恭天皇より若いことがわかっています。さらに、日本書紀の記述内容でも八田皇女やこの髪長媛が宮中に迎えられたのは葛城磐之媛の薨去後とあります。

つまり、応神天皇に捧げられた髪長媛は非常に若い娘であったと考えられるのです。

戦国時代、信長の妹、お市の末娘、お江(ごう)は１２歳にして、佐治一成(さじかずなり)、当時１６歳に嫁ぎました。１５８４天正１２年のことです。髪長媛も同じと考えられます。すると、仁徳天皇のしたたかな考え方が見えてきます。若い仁徳は父の新しい側室髪長媛の美貌に横恋慕したのではなく、父から大切な品物を授かるような感覚で髪長媛を所望し、これを受け取り大切にしたのです。

彼は第一の皇位後継者ではありません。彼は９人の皇子の第４子であり、父が太子に指名したのはさらに弟の菟道稚郎子(うじのわかいらつこ)皇子でした。この頃の仁徳は、絶えず父の目線を意識していた、多くの皇子の一人に過ぎないのです。応神天皇も晩年です。すぐには抱けない幼い女ですから喜んで譲ったといえそうです。若い仁徳は大喜びです。

【応神紀13年】

> 大鷦鷯尊、髪長媛と既に得交すること慇懃なり。
> 獨り髪長媛に對、歌之曰、
> 道の後　コハダ嬢女を　神の如　聞こえしかど　相枕枕く
> 又、歌之曰、
> 道の後　コハダ嬢女を　争はず　寝しくをしぞ　愛しみ思ふ

歌は当て字なので、原文は略します。

歌の意味は男女の交わりを愛でた歌です。本書では神のように清らかな幼い乙女が逆らうことなく一緒に添い寝してくれたと、その喜びを大人びた表現で父に感謝した歌と考えています。二人ともまだ若く、髪長媛はまだ12歳以下だったでしょう。大草香皇子が生まれるのはずっと後のことです。磐之媛が生んだ4番目の允恭より若いとあるからです。むろん髪長媛の返歌もありません。それこそ、当時も髪が長いとは幼い女の子の象徴ではないでしょうか。この子が後に成長し、仁徳天皇の孫にあたる安康天皇の恋敵、大草香皇子と、雄略皇后となる幡梭皇女を生むのです。

草香幡梭皇女

現在でも妙な紹介記事が辞書に残っています。

一例として本書でもよく参考にする坂本太郎、平野邦雄監修「日本古代氏族人名辞典」吉川弘文館・平成2年度版を掲げます。

「**草香幡梭皇女**　くさかのはたびのひめみこ

仁徳天皇の皇女。履中・雄略両天皇の皇后。

『古事記』には波多毗能若郎女、別名長日比売命・若日下部命、『日本書紀』にはまたの名橘姫皇女とある。母は日向髪長媛。大草香皇子（大日下王とも）の同母妹。『日本書紀』履中巻によると皇妃から皇后となり、中蒂皇女を生んだというが、安康巻には雄略の皇后となるいきさつが記されている。すなわち、安康天皇は幡梭皇女を弟大泊瀬皇子（のちの雄略天皇）に配すべく、坂本臣の祖根使主を大草香皇子のもとに遣わした。ところが大草香から安康への贈物を盗んだ根使主は、偽って大草香を拒絶した旨を報告したので、怒った安康は大草香を殺し、皇女を大泊瀬の妃とした。しかし、『日本書紀』の年立てからみれば仁徳の皇女が仁徳崩御後五十年余年を経て皇后となるのは無理。なお『古事記』仁徳段には若日下王の御名代として若日下部を置いたとある」（下線は本書）

一人の草香幡梭皇女が義兄の履中皇后となり子をもうけ、さらに義理の甥、雄略皇后になるはずがありません。日本書紀の複雑な記述のせいにしての平然と「履中・雄略両天皇の皇后」と書くことが信じられません。同名の女性は沢山いるはずです。明らかに、履中皇后と雄略皇后の幡梭皇女は別の女性です。

それを「無理」と書きながら放置しています。このような史実の混乱が随所にみられます。実はこの幡梭皇女は昔からの謎の一つでした。

【氏族辞典による草香幡梭皇女の系譜】

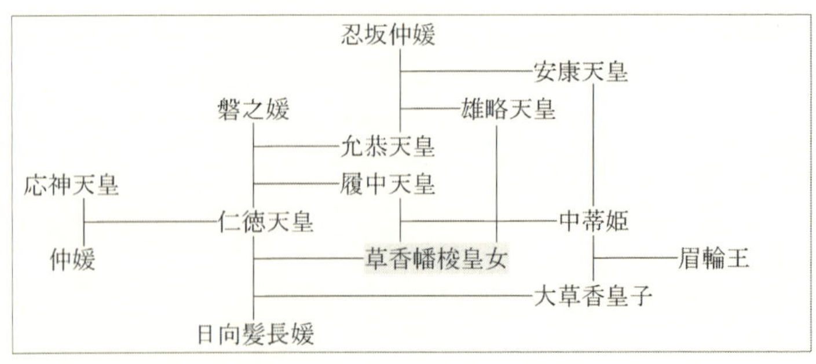

そんななか日本書紀通釈がやっと、少しまともな仮説を立てます。

幡梭皇女は二人おり、一人は仁徳皇女だが、もう一人は応神皇女だというものです。日本書紀にはないのですが、古事記には日向之泉長比売（ひむかのいずみながひめ）が幡日之若郎女（はたびのわかいらつめ）を生んだとあります。履中皇后はこの幡梭媛であろうというものです。幡梭皇女は応神の娘か仁徳の娘か。上記のように幡梭媛は同一人物などではなく、２人いたのです。そうしないと、年齢構成上、明らかに矛盾が生じます。しかし、これもよくいわれる異世代婚になります。少し無理があります。でも不可能な設定ではありません。

【日本書紀通釈説】

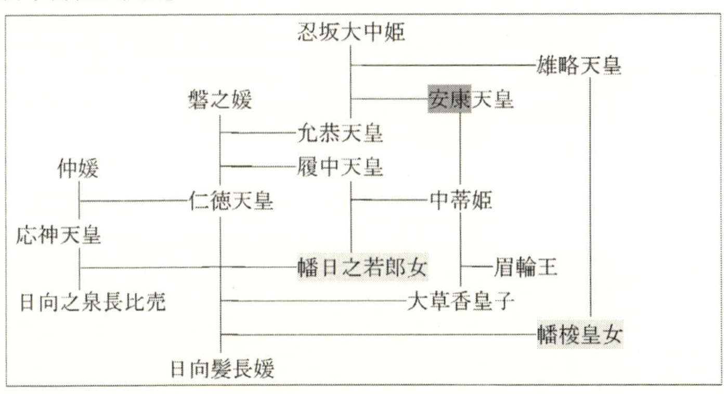

【通釈に基づく幡梭皇女の年齢】年齢は本書の推定値

400	2	2	3	3	3	3	3	3	3	3	3	3	4	4	～	4	5	5	5	5	5	5	5	5	5	5	年
年	8	9	0	1	2	3	4	5	6	7	8	9	0	1	～	9	0	1	2	3	4	5	6	7	8	9	齢
応神天皇	——	——	崩												～												
幡梭皇女	①	②	③	④	⑤	⑥	⑦	⑧	⑨	⑩	⑪	⑫	⑬	⑭	～									30			？
中蒂姫															～										①	②	26
履中天皇	①	②	③	④	⑤	⑥	⑦	⑧	⑨	⑩	⑪	⑫	⑬	⑭	～	22											39
仁徳天皇	⑲	⑳	21			24						30			～	40				44						50	
髪長姫	⑩	⑪	⑫	⑬	⑭	⑮	⑯	⑰	⑱	⑲	⑳				～	31									40		？
草香皇子												①	②	③	～	⑪	⑫	⑬	⑭	⑮	⑯	⑰	⑱	⑲	⑳		42
幡梭皇女															～						①	②	③	④	⑤	⑥	？

—応神→空位←———仁徳天皇在位　２７年間———→

本書でもこの説を有力視しています。しかし、年齢構成上、多少無理をしないとなりません。応神天皇が崩御される数年前に生まれたとしました。履中天皇と幡梭皇后はそれほど、年齢が違うとは思えません。履中天皇の生活環境はあまり衛生的ではなかったようで、子供の誕生が皆遅いのです。幡梭媛３１歳、中蒂姫はその中やっと生まれた皇女だったと考えればいいのかもしれません。

しかし、少し年齢構成に無理があります。そこで、年齢構成上すっきりさせるために、髪長媛が雄略皇后となった幡梭皇女の他にもう一人大草香皇子と同等の年齢の草香幡梭皇女がいたとしてみました。古事記、日本書紀では髪長媛は大草香皇子と幡梭皇女の２人しか生んでいません。記述漏れなのでしょうか。矛盾が残ります。

大草香皇子と草香幡梭皇女は本説では同様の年齢のはずで、双子の可能性も否定できません。そう考えると、思い当たるのですが、この幡梭皇女には別名が多いのです。それに対し、この兄妹は名前が同じです。

大草香皇子　＝　幡梭大郎子＝　大日下王
草香幡梭皇女　＝　幡梭若郎女＝　若日下部命

双子とすると一方の子を無いかのような記述になったにも、当時の風習から考えられることです。

【本書説】

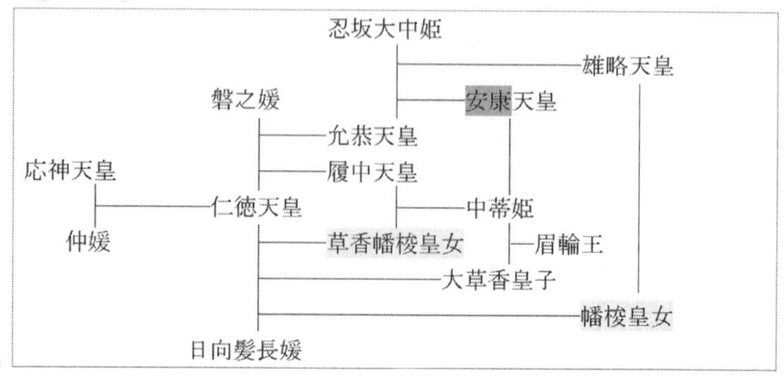

【仁徳天皇と周囲の年齢】年齢は本書の推定値

400 年	22333333333344〜45555555555 89012345678901〜90123456789	年 齢
応神天皇	——崩　〜	
仁徳天皇	⑲⑳21——24——30——〜40——50	
履中天皇	①②③④⑤⑥⑦⑧⑨⑩⑪⑫⑬⑭〜22——	39
中蒂姫	〜　①②—	26
髪長姫	⑩⑪⑫⑬⑭⑮⑯⑰⑱⑲⑳——〜31——40—	?
草香皇子	①②③〜⑪⑫⑬⑭⑮⑯⑰⑱⑲⑳—	42
幡梭皇女	①②③〜⑪⑫⑬⑭⑮⑯⑰⑱⑲⑳—	?
幡梭皇女	〜　①②③④⑤⑥—	?
	—応神→空位←——仁徳天皇在位　２７年間——→	

木津川（北の筒城地区から南の桜井地区を望む）

◇応神天皇の年齢

【応神（おうじん）天皇の年齢】

古事記	日本紀	扶桑記	愚管抄	一代記	仁寿鏡	正統記	紹運録
１３０	１１０	１１１	１１０	欠	１１３	１１１	１１１

３９０応神１年生　～　４３０応神４１年崩　　４１歳　本説

譽田天皇（ほむたのすめらみこと）。諱は誉田別尊、大鞆別尊（おおともわけのみこと）、胎中誉田天皇。

「ほむた」は褒めるという意味ではないそうです。「褒武多」と書きます。弓を射る時に、左手の肘に当てる道具からきている、もとは武人を表す言葉だといいます。

【古代天皇の系図】

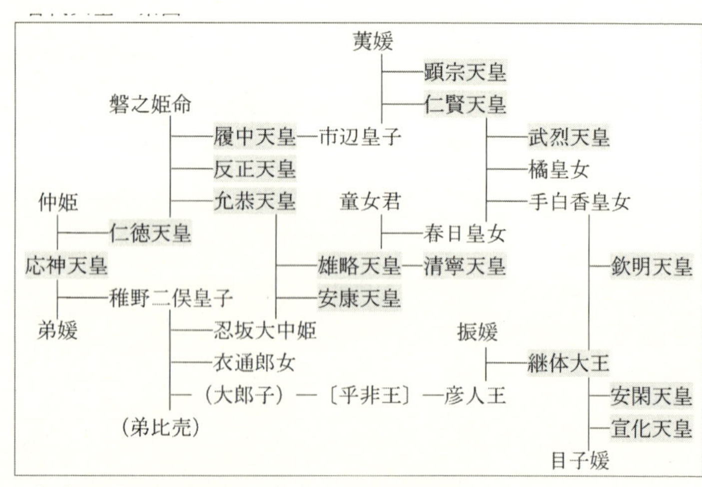

注：（　）は古事記表記　〔　〕は上宮記表記

応神天皇の年齢設定の不自然さ

日本書紀では、応神天皇は２００仲哀９年１２月に生まれ、庚寅(こういん)２７０応神１年1月１日即位されました。これは前年４月、母、摂政神功皇后が１００歳で亡くなられたことによります。４１年間統治し、庚午(こうご)３１０応神４１年2月１５日１１０歳で崩御しました。

母神功皇后が崩じた時、後継者は応神と決まっていましたから、通常すぐに即位継承し、翌１月１日を即位元年と表記すべきですが、８ヶ月間の空位期間が生じた書き方になっています。喪中など理由は何とでも言えますが、緊迫した情勢のなかで、何かのんびりしており不自然です。計算に細かい正確無比な日本書紀の執筆陣のはずです。

【日本書紀に基づく年表】

西暦　和暦	応神年齢	父母年齢
２００仲哀　９年	応神降誕　（　０歳）	仲哀天皇崩御（　５２歳）
２０１神功　１年	（　１歳）	神功皇后　（　３２歳）
２６９神功６９年	（　６９歳）	神功皇后崩御（１００歳）
２７０応神　１年	応神天皇即位（　７０歳）	
３１０応神４１年	応神天皇崩御（１１０歳）	

ところで、他の一般史書はほとんどが１１１歳としています。これは生まれた年の称元法の誤差に基づくものです。日本書紀の記述に即して考えれば、数え歳ですから、誕生年は１歳でなければなりません。１１１歳が正しいはずです。しかし、日本書紀は翌年の神功１年を１歳と計算して、応神天皇の歳を１１０歳としたのです。何か意味があったはずです。これもきっちりとした日本書紀の性格に思えます。本書も日本書紀に追随しました。

生年

日本書紀に記述された歴代の天皇のなかでも、生まれた年月日と場所が示されたことは特異なことです。

雄略天皇の誕生逸話として、その父允恭紀で、母が産屋を焼いたという記述が間接的に示されたぐらいでしょうか。

【古事記と日本書紀の応神天皇誕生記述】

仲哀記	渡筑紫國、其御子者阿禮坐。【阿禮二字以音】 故、號其御子生地謂宇美也。
神功摂政前紀	十二月戊戌朔辛亥、生譽田天皇、於筑紫。 故時人號、其産處曰宇瀰也。
応神即位前紀	庚辰冬十二月、生於筑紫之蚊田。

仲哀記　「（朝鮮より）筑紫国に戻り、その皇子を生まれた。
【阿禮(あれ)二字は音を以て】ゆえに、皇子の生地を名付けて宇美(うみ)と言う」
神功摂政前紀　「１２月１４日、譽田天皇が筑紫において生まれた。
　ゆえに、時の人、其産所を名付けて宇瀰(うみ)と言う」
応神即位前紀　「２００仲哀９年冬１２月、筑紫の蚊田(かだ)で生まれた」

生地の名は「ウミ」「カダ」どちらかわかりませんが、九州の筑紫では一致しています。

この日本書紀の精密な誕生年は興味深いものです。

父、仲哀天皇は仲哀２年７月５日に穴門豊浦（山口県豊浦）で皇后と合流し、仲哀９年２月５日に香椎宮（福岡県香椎）で崩御されました。天皇崩御前日２月４日に皇后が妊娠し、月齢太陰暦として俗に十月十日(とつきとおか)の妊娠期間を経て、１２月１４日に応神が誕生した仕組みです。しかも本来は最終月経日から数えますから、受精してから十月十日では、２８０日の妊娠期間から２０日ほど遅れて出産したわけです。石を抱いて我慢したとは、ますます理にかなっています。

仲哀８年９月５日、皇后神懸かりのお告げは「**唯今、皇后始之有胎**」皇后は今はじめて孕っておられる、とするものですが、これは皇后の想像妊娠です。仲哀天皇が信じない理由も想像できますが、神宮皇后がいかに子供を授かりたいと望んでいたかもわかります。

この精密さはこの時代を担当した編纂者の特徴をよく示しており、各所に見られます。さきほどの応神天皇即位を応神１年１月１日としたのもそうした一例です。

三国史記百済本記と日本書紀応神紀

三国史記と日本書紀の間には１２０年の差という大きな共通事項があります。この有名な事実を無視するわけにはいきません。これは日本書紀が現在失われた朝鮮の古書「百済記」を参考にしているからです。

このことは江戸時代の本居宣長の頃には言われていたもので、学問的には、明治に入り、那珂道世氏等によって体系的に「干支二運（１２０年）繰り上げ説」としてまとめられた定説です。

特にこの頃の日本書紀の記事は、現在伝わる「三国史記」より具体的で、日本側の記述も百済記の単なる引用記事などではなく、実名を掲げ百済との交渉があったことを如実に語っていて興味深いものです。

【日本書紀の載る三国史記の同一表記＝１２０年のずれ】

日本書紀	三国史記
２７２応神３年　辰斯王が天皇に礼を失することをしたことを諫めたところ、これを殺し陳謝。阿花を立て王とした。	**３９２阿莘１年**　阿莘幼少のため即位した叔父の辰斯王が８年で薨去、阿莘が即位した。
	３９４阿莘３年８月、百済、高句麗戦に大敗。
２７７応神８年　百済人来朝。阿花王の王子直支を天朝に遣わして、先王の好を修交した。	**３９７阿莘６年**５月、倭国と好を結び、太子の腆支を人質とした。
２８３応神１４年　百済王が縫衣工女を奉った。来目衣縫の祖先である。	**４０３阿莘１２年**２月、倭国の使者が来る。特に丁重にねぎらい迎える。
２８４応神１５年　百済王は阿直岐を遣わした良馬二匹を奉った。	
２８５応神１６年　阿花王が薨じた。直支王が位に即くよう倭から東韓の地を賜り遣わされた。	**４０５阿莘１４年**９月、王が薨去。末弟碟礼が王を名のる。倭にいた太子腆支（直支）、帰国を要請。国人が末弟の碟礼を殺し、腆支を迎え、位に即けた。

	４０９腆支５年　倭国が使者を派遣、夜明珠（やめいしゅ）を贈ってきた。王は厚く礼遇した。
	４１８腆支１４年夏、使者を倭国に派遣。白の綿（つむぎ）十匹を送った。
２９４応神２５年　直支（とき）王が薨じ、その子久爾辛（くにしん）が王となった。 （１２０＋６年の相違） 王が若く、木満致（もくまんち）が国政を執った。王の母と通じ無礼が多かった。	４２０腆支（てんし）１６年３月、王薨去、王の長男、久尓辛（くにしん）が即位。
	４２７久尓辛（くにしん）８年　１２月、王が薨去。長子の毗有（ひゆう）が即位。
３０８応神３９年　直支（とき）王妹、新斉都（しせつ）媛を遣わし、７人の女が伴った。	**４２８毗有（ひゆう）２年**　倭国の使者がきた。５０人。

このように、日本書紀にはその表記に対し正確に１２０年の年代のずれがあるわけです。

応神天皇の年齢

本書は、応神天皇の在位期間と神功皇后の摂政期間がダブっていると考えました。応神天皇の母、神功皇后の立場も「称政」ではなく「摂政」ですから、すでに応神天皇が生まれていたはずです。幼少の天皇に成り代わり、代行していたのです。そして、神功皇后は応神年間に崩御されました。だから、応神天皇は誕生年の仲哀９年の翌年、元年１月１日が即位日になるのです。誕生も翌年と考えました。在位期間４１年、年齢も同じ４１歳ということになります。

【神功皇后の位置】

日本書紀	本書
２００仲哀　９年　仲哀天皇崩御	３８９仲哀　９年　仲哀天皇崩御
２０１神功　１年　神功皇后摂政	
２６９神功６９年　神功皇后崩御	
２７０応神　１年　応神天皇即位	３９０応神　１年（　１歳）即位
３１０応神４１年　応神天皇崩御	４３０応神４１年（４１歳）崩御

応神天皇の生年を３９１年にする説をよく目にします。これは、日本書紀が示した、神功皇后の朝鮮征討の歳を広開土王（こうかいどおう）の碑の記述に基づくものです。

【広開土王陵碑一部】

百残新羅、舊是朝貢。而倭以辛卯歳来、渡海破、百残□□□羅、以為臣民。（□は不明文字）

いろいろな解釈、特に韓国学会の説などがあり、興味あるところですが、倭が辛卯（しんぼう）３９１年に侵入してきたという点では一致しています。これを神功征討年として、この年、日本に戻り、九州の地で、応神天皇を出産したというものです。

本書は、応神天皇の紀年、干支年、１２０年の正確なずれた表記と４１年間という在位年を重視しました。よって、本書に沿えば３９１応神２年が神功征討年になります。１年の誤差については、神功皇后の周辺を別途精査する必要があるようです。

后妃と子供達の年齢関係

応神天皇の年齢を調べるには、やはり直近の人物の年齢とその相関関係を調べる必要があります。

后妃は日本書紀で８人、古事記では１０人です。その他逸話に数名の女性の名が見えます。

A．	先妃	高城入姫（たかきのいりひ）	皇后の姉
A′	皇后	仲姫（なかつひめ）	景行天皇の子、五百城入彦皇子の孫娘
A″	又妃	弟姫（おとひめ）	皇后の妹
B．	妃	宮主宅媛（みやぬしやかひめ）	和珥臣祖である日觸使主（ひふれのおみ）の娘
B′	次妃	小丑媛（おなべひめ）	和珥氏。宮主宅媛（みやぬしやかひめ）の妹
C．	次妃	弟媛（おとひめ）	息長氏系。河派仲彦（かわまたなかつひこ）の娘
D．	次妃	糸媛（いとひめ）	櫻井田部連男鉏（おさい）の妹。旧事紀「穴門国造」
E．	次妃	日向泉長媛（ひむかのいずみながひめ）	九州日向の氏族の娘
F．	又娶	迦具漏比賣（かぐろひめ）	大和武尊の曾孫（古事記）
G．	又娶	葛城之野伊呂賣（のいろめ）	武内宿禰の娘（古事記）

皇子の人数は、日本書紀には男女合わせて２０人とありますが、実名数では１９人。古事記でも　合計２６人とありますが、実名数２７人です。

ようするに、はっきりしない部分がかなりあるようです。

【応神天皇皇子らの誕生順位】

A	額田皇子＞大山皇子＞去來皇子＞大原皇女＞澇來田皇女
A′	荒田皇女＞仁徳天皇＞根鳥皇子
A″	阿倍皇女＞淡路御原皇女＞紀之菟野皇女
B	菟道皇子＞矢田皇女＞雌鳥皇女
B′	菟道皇女
C	稚野皇子
D	隼総別皇子
E	大葉枝皇子＞小葉枝皇子＞幡日之若郎女
F（古事記）	川原女＞玉女＞忍坂媛＞登富志女＞迦多遲王
G（古事記）	伊奢能麻和迦王

注：○○皇子は男性

上記を簡単に説明すると、兄弟姉妹の生まれた年齢順位関係は次のようになります。

1．皇后は除き、妃の記述はみな同身分で皇子の誕生順のはずです。

2．日本書紀の記述順では、同母の皇子の名前は皆、誕生順です。

3．A　A′A″の后妃は同じ母から生まれた３姉妹です。よって、最初の子供の誕生も順番であったと仮定しました。

4．仁徳は第４子ですから、姉の子、第三子の去來(いざ)皇子より年下です。

5．A′仁徳天皇は妃として後にB八田(やた)皇女、B′菟道(うじ)皇女、E幡日之若郎女(はたびのわかいらつめ)を迎えています。

6．A′根鳥(ねとり)皇子とA″淡路御原(あわじのみはら)皇女は恋愛関係にあり同年齢と想定しました。

7．B、B′も同母の姉妹です。よってこれも最初の子は長幼の差があったとしました。

8．菟道皇子は仁徳天皇より年下と自ら語っています。

9．Dの隼総別(はやぶさわけ)皇子はBの雌鳥(めどり)皇女と恋愛関係にありましたから、同年齢と想定しました。

１０．Ｅは日向氏の娘の子供たちです。３子目の幡日之若郎女は古事記だけの記述です。

１１．Ｆ、Ｇは古事記に記述された娘の子供達です。同じ妃ですから、記載順の年齢差があるはずです。

以上を年齢関連図にしたのが次頁の図です。

概ね、同母兄妹は従来とおり２歳差としています。ただし、多数の女性と１年間に２人の子供ができる場合もあります。

次頁の図では幡日之若郎女以下は古事記だけに記載された子です。名前の網掛けは男性を表現しています。

数字網掛けの男女は夫婦関係にあったことを示しています。また、仁徳を始め、忍坂大中姫まで年齢が極端に違う者は応神天皇の孫になります。本書の年齢ですでに設定済みの孫たちです。

応神天皇は長男、額田大中彦皇子を１７歳から、亡くなるまで２６人の子を崩御するまで生み続けたことになります。

応神天皇が崩御されたとき、菟道稚郎子皇子はまだ１６歳です。太子として一族を束ねる気力と体力に自信が持てなかった理由にはなります。もっと若かったかもしれません。

幡日之若郎女が履中皇后であるという説を支持するとしたら、６歳差ありますから、もう少しずつ年齢を下げる必要があるかもしれません。すると、古事記の忍坂媛や登富志女は別の皇子の子で省くべきなのかもしれません。

その他、いろいろ憶測が可能ですが、概ね年齢関係に矛盾はないと思います。

【応神天皇皇子の年齢関係】

400　0 0 0 0 1 1 1 1 1 1 1 1 1 1 2 2 2 2 2 2 2 2 2 2 3 3 3 3
年　6 7 8 9 0 1 2 3 4 5 6 7 8 9 0 1 2 3 4 5 6 7 8 9 0 1 2 3

応神天皇⑰⑱⑲⑳——30——41
額田皇子①②③④⑤⑥⑦⑧⑨⑩⑪⑫⑬⑭⑮⑯⑰⑱⑲⑳——25——?
大山皇子 ①②③④⑤⑥⑦⑧⑨⑩⑪⑫⑬⑭⑮⑯⑰⑱⑲⑳——26
去來皇子 ①②③④⑤⑥⑦⑧⑨⑩⑪⑫⑬⑭⑮⑯⑰⑱⑲⑳——?
大原皇女 ①②③④⑤⑥⑦⑧⑨⑩⑪⑫⑬⑭⑮⑯⑰⑱⑲⑳——?
澇來田皇女 ①②③④⑤⑥⑦⑧⑨⑩⑪⑫⑬⑭⑮⑯⑰⑱⑲⑳?
荒田皇女 ①②③④⑤⑥⑦⑧⑨⑩⑪⑫⑬⑭⑮⑯⑰⑱⑲⑳——?
仁徳天皇 ①②③④⑤⑥⑦⑧⑨⑩⑪⑫⑬⑭⑮⑯⑰⑱⑲⑳——24
根鳥皇子 ①②③④⑤⑥⑦⑧⑨⑩⑪⑫⑬⑭⑮⑯⑰⑱⑲⑳—?
阿倍皇女 ①②③④⑤⑥⑦⑧⑨⑩⑪⑫⑬⑭⑮⑯⑰⑱⑲⑳——?
淡路御原皇女 ①②③④⑤⑥⑦⑧⑨⑩⑪⑫⑬⑭⑮⑯⑰⑱⑲⑳—?
紀之菟野皇女 ①②③④⑤⑥⑦⑧⑨⑩⑪⑫⑬⑭⑮⑯⑰⑱—?
菟道稚郎子皇子 ①②③④⑤⑥⑦⑧⑨⑩⑪⑫⑬⑭⑮⑯⑰⑱⑲—?
矢田皇女 ①②③④⑤⑥⑦⑧⑨⑩⑪⑫⑬⑭⑮⑯⑰—?
雌鳥皇女 ①②③④⑤⑥⑦⑧⑨⑩⑪⑫⑬⑭⑮—?
菟道皇女 ①②③④⑤⑥⑦⑧⑨⑩⑪⑫⑬⑭⑮⑯⑰⑱—?
稚野毛二俣皇子 ①②③④⑤⑥⑦⑧⑨⑩⑪⑫⑬⑭⑮⑯⑰—?
隼総別皇子 ①②③④⑤⑥⑦⑧⑨⑩⑪⑫⑬⑭⑮—?
大葉枝皇子 ①②③④⑤⑥⑦⑧⑨⑩⑪⑫⑬—?
小葉枝皇子 ①②③④⑤⑥⑦⑧⑨⑩⑪—?
幡日之若郎女 ①②③④⑤⑥⑦⑧⑨—?
川原女 ①②③④⑤⑥⑦⑧⑨⑩⑪⑫—?
玉女 ①②③④⑤⑥⑦⑧⑨⑩—?
忍坂媛 ①②③④⑤⑥⑦⑧—?
登富志女 ①②③④⑤⑥—?
迦多遅王 ①②③④—?
伊奢能麻和迦王 ①②③④⑤⑥⑦⑧⑨—?

——応神天皇在位４１年——→空位←

相続問題

「４０年春１月８日、天皇は大山守命と大鷦鷯尊をよんで尋ねられるのに、『お前達自分の子供は可愛いか』と。『大変可愛いです』と答えられた。また尋ねて『大きくなったのと、小さいときではどっちが可愛いか』と。大山守命が答えて、『大きくなった方が良いです』と。天皇は喜ばれないご様子であった。大鷦鷯尊は天皇のお心を察して申し上げられるのに、『大きくなった方は、歳を重ねて一人前となっているので、もう不安がありません。ただ若い方はそれが一人前となれるか、なれないかもわからないので、若い方は可哀想です』といわれた。天皇は大いに喜んで『おまえの言葉は、まことに朕が心にかなっている』といわれた。このとき天皇は、常に菟道稚郎子を立てて、太子にしたいと思われる心があった。それで二人の皇子の心を知りたいと思われた。ためにこの問いをされたのであった。それで大山守命のお答えを喜ばれなかった。２４日に菟道稚郎子を立てて後嗣とされた。その日大山守命を、山川林野を司る役目とされた。大鷦鷯尊を太子の補佐として国事を見させられた」(宇治谷孟訳)

応神天皇崩御の前年の逸話といわれているものです。私は昔からこの逸話が嫌いでした。大鷦鷯尊（後の仁徳）がちっとも可愛くなく、堂々としていません。姑息です。父の心を探り、媚びへつらい自分の心を偽る人間です。また、なぜ次男の大山守命と４男の大鷦鷯尊であったのでしょう。長兄の額田大中彦皇子は外されています。去來眞稚皇子という兄もいたはずです。大鷦鷯尊は父の背中を見続ける４男に過ぎません。よほど、次男の大山守命のほうがいさぎよい。大鷦鷯尊は父の心を読み、自分の心を隠し、行動しています。仁徳はどこまでも、父に気に入られようとやっきになっています。

父のもとに嫁いできた九州の髪長媛を父から譲り受けたのも、大切な宝玉を父より譲り受けたとアピールしているようにも見えるのです。

こんなところも、子供達の熾烈な勢力争いがあったと考えても不自然とはいえないと思います。単に大山守命とだけの争いではない兄弟全体に及ぶ深刻な問題があったのです。

でも、よく考えると現代の会社組織のなかでは当たり前の現象でしょう。上長の方針に沿った行動は当然なのです。応神天皇にとって、多くの子供達に能力の優劣を感じつつ、皆可愛い子供達だったはずです。確かに日本書紀を公平な立場に立ち見直してみると、どの男の子にも、重要な役目を与えているのです。無視することはありません。太子を中心とした均一な役割分担といえます。大鷦鷯尊優位の表現は後世天皇になったからにすぎません。年長の子供達一人一人に、政を分担させていたように見えます。決して依怙贔屓はしていません。応神天皇は仁徳に難波地区をまかせ、他の皇子達にも課題を与えていました。実際はどうだったのでしょう。

長男、額田大中彦皇子は名も額田とあるとおり、倭といいますから飛鳥から平群の地という広範囲な中央の土地を任されたようです。旧来からの土地であり、その屯田と屯倉の支配を任されていたようです。ところが、父の死後領土を拡大しようと出雲臣の土地を狙いますが失敗しています。そこに仁徳が仲裁に入っています。結局あっさり大鷦鷯の言葉に従っています。強引な男ですが、憎めない単純さが見えます。仁徳天皇も直接罰していません。後の仁徳６２年に奈良県山辺に氷室を発見し、仁徳天皇に氷を献上したとあります。仁徳天皇に下った形です。いつしか葬り去られていたのかもしれません。

次男の大山守命はなにを具体的に任されたのでしょう。大山守命への配属命令もそんなにひどいものでもないと思います。「**令掌山川林野**」古事記は「**山海之政**」を任せたとあります。蓁原(はりはら)君と土方(ひじかた)君の祖とあります。蓁原氏は遠江国蓁原郡蓁原郷（静岡県蓁原町）の地名の基づき、新撰姓氏録には息長真人とも同祖としています。土方君はこれも遠江国城飼郡土形郷（静岡県小笠郡大東町上土方一体）を本拠としたと考えられています。日置(へき)朝臣は古事記に幣岐(へき)君とあり、新撰姓氏録に載ります。日置(へき)神社は福井若狭国卯大飯郡にあります。後裔氏族の分析からは、戦いに敗れ、遠方に追いやられたと考えてもいいのですが、彼の大山という名前から、山々の管理、また海の臭いを感じます。海人一族との交流があったようです。船を支配し、息長氏は安曇一族と深い関係にあります。山と海（交易）を任されていたのです。

３男の**去來眞稚皇子**(いざのまわか)は、越国、角鹿（敦賀）の笥飯大神(へひのおおかみ)と応神天皇の絡みの話があり、どうも母皇太后の地を支配したように見えます。情報が少ないのでなんとも言えないのですが、名前から彼の支配地と考えてもいいと思います。

４男の仁徳は「**太子輔之、令知国事**」です。古事記では「**食国之政**」ですが、難波の地が食国となるのは、仁徳の努力の結果です。その頃の難波は決して豊かな土地ではありませんでした。河の氾濫と貧困にあえぐ土地にたたき込まれたとも言えるのです。「民家の煙が少ない」との有名な話は菟道の地と比較した偽らざる吐露だったと推察します。決して、全国の人民が貧しかったのではありません。菟道(うぢ)の豊かさと比較して、当時の難波の貧しい土地に唖然とし悲観したのだと思います。３年間無税にしたという逸話は、税が取れない、そういう習慣さえなかった土地なのかもしれません。仁徳はあくまで難波担当の王なのです。仁徳天皇は初めから仁徳であった訳ではありません。仁徳天皇は自らの力を頼りに、これを信じ、戦い抜き、天皇の地位を勝ち取った人物と考えています。

５男の菟道稚郎子(うぢのわきいらつこ)皇子は父応神天皇が太子と定めた皇子です。応神は、稔り豊かな菟道の地に訪れ褒め称えています。この地を彼に任せたのです。

史書によれば、応神天皇崩御のあと３年の空位は菟道稚郎子皇子が即位せず、仁徳に皇位を譲ろうとしたからだといいます。

太子菟道稚郎子皇子は時に１８歳にすぎません。第５子と思われます。数多の年上の兄がいたのです。兄に皇位を譲ろうとしてもそう簡単なものではなかったはずです。むしろ、これは彼ら皇子に従う氏族間の勢力闘争ではなかったのかと考えてみました。

菟道稚郎子皇子には、母方の和邇氏がついていました。上の４人の皇子はすべて、景行天皇の系列に属する三姉妹の子供達なのです。その皇子達はそれぞれどの氏族に支持されていたのかはよくわかりませんが、少なくとも仁徳は葛城氏です。旧来からの地元氏族と考えていいと思います。

結局、重圧に負け、菟道稚郎子皇子は自殺します。長幼の序を重んじる儒教精神を重んじた結果だとする説には賛成できません。こうした、部族の熾烈な競争は次世代の仁徳天皇にまで及びます。その後、和邇(わに)氏は菟道稚郎子皇子の妹、八田(やた)皇女、雌鳥(めとり)皇女、菟道若郎女皇女と次々、仁徳天皇に嫁がせようと画策していくのです。

稚野毛二派(わかのけふたまた)皇子

この子孫が継体大王になります。古事記や上宮記に若野毛二俣王。日本書紀も「派」を「マタ」と読むよう指定しています。面倒なので、本書では文字通りの記述を採用して「若野毛二俣皇子」として話を進めてきました。母は応神天皇の妃弟媛(おとひめ)、河派仲彦(かわまたなかつひこ)の娘です。古事記では息長真若中比売とあり、杙俣長日子(くいまたながひこ)王の娘（三女）です。この若野毛二俣(わかのけふたまた)皇子を生んだとあります。允恭皇后忍坂大中姫の父であり、継体大王の祖となる大郎子(おおいらつこ)などを先に生みました。詳しい古事記の記述に則して以下に系図にしてみました。なお名前の漢字は日本書紀に合わせ、本書の任

意で一部変更しています。（正式名称は以下、原文を参照）

【応神天皇と息長氏】

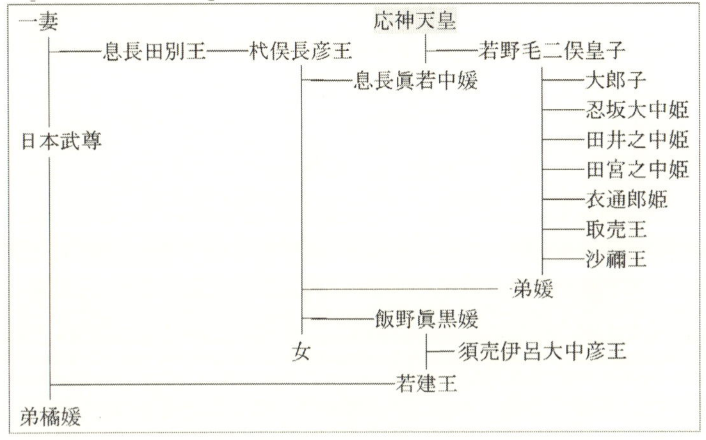

【古事記】　景行天皇の項、倭建命の子孫を語る

此、倭建命。
娶、伊玖米天皇之女、布多遲能伊理毘賣命。
　生御子、帶中津日子命。〈一柱〉
又娶、其入海弟橘比賣命。生御子、若建王。〈一柱〉
又娶、近淡海之安國造之祖、意富多牟和氣之女、布多遲比賣。
　生御子、稲依別王。〈一柱〉
又娶、吉備臣建日子之妹、大吉備建比賣。生御子、建貝兒王。〈一柱〉
又娶、山代之玖玖麻毛理比賣。生御子、足鏡別王。〈一柱〉
又一妻之子、息長田別王。
凡是、倭建命之御子等、并六柱。

さらにその後の方に

次、息長田別王之子、杙俣長日子王、此王之子。
飯野眞黒比賣命。次、息長眞若中比賣。次、弟比賣。〈三柱〉

この頃から、有名な日本武尊の名前がここかしこに出てきます。本書は英雄日本武尊の存在を否定しません。しかしながら、各氏族がこの有名人を自分の始祖王に担ぎ上げた系図が盛んに造られたとも考えています。その正しい系図を探すことは大変難しく、多数の本が現在も出版されています。

息長氏の始祖王もやはり、日本武尊とした、古事記が伝承を載せています。古事記は、例えば「次娶」と后妃を紹介するなかで、息長の部分だけ「**又一妻之子、息長田別王**」と記述の形が異なり、別の系図の挿入記事だとわかります。

そうした意味では天皇系譜にも日本武尊は景行天皇の皇子として組み入れています。これも、日本武尊の血を引き継ぐ意識が強く作用した結果として掲げておきます。

古事記の編者も系譜がおかしいと気がついていたと思います。でも、伝承をもれなく記述しようとした努力を、素直に前向きに評価したいと思います。この件は別にもっと大がかりに調査する必要があります。

また古事記では応神天皇の皇子について次のように記述しています。

又、此品陀天皇之御子、若野毛二俣王。
娶其母弟、百師木伊呂辨。亦名、弟日賣眞若比賣命。
生子、大郎子、亦名、意富富杼王。
次、忍坂之大中津比賣命。
次、田井之中比賣。
次、田宮之中比賣。
次、藤原之琴節郎女。
次、取賣王。
次、沙禰王　〈七王〉。
故、意富富杼王者。
〈三國君。波多君。息長君。酒田酒人君。山道君。筑紫之末多君。布勢君等之祖也。〉

ここでは３姉妹が応神天皇とその子が息長氏の姉妹を娶るという事実に注目したいのです。岩波版「日本書紀」の補注で「古事記では若野毛二俣皇子の母は弟媛の姉で、弟媛は皇子の妃となっている」とあります。(P.247 系譜を参照)本当なのでしょうか。ありえないという説もあります。ところが、こんな例は以外と身近に存在しています。

平安時代、藤原道長は一条天皇に８歳年下の長女を納め、さらに生まれた子、後の後一条天皇に８歳年上となる４女の威子を納め、強大な権力を手中に収めたのです。

藤原道長は四女の威子（１０００長保１年生〜１０３６長元９年薨）２０歳、これを元服したばかりの１１歳、後一条天皇の許に入内させています。威子と後一条は叔母甥の関係になります。このことは雄略皇后となった幡梭姫と同じです。威子自身は、このことをひどく恥ずかしがったという逸話が残っています。生後間もない夫を抱いた経験のある威子です。結果的には２７歳、２９歳で二人の娘を生みました。夫の後一条天皇が崩御されると、すぐその４ヶ月後に薨じられ、皆を悲しませたといいます。

【藤原道長の婚姻政策】

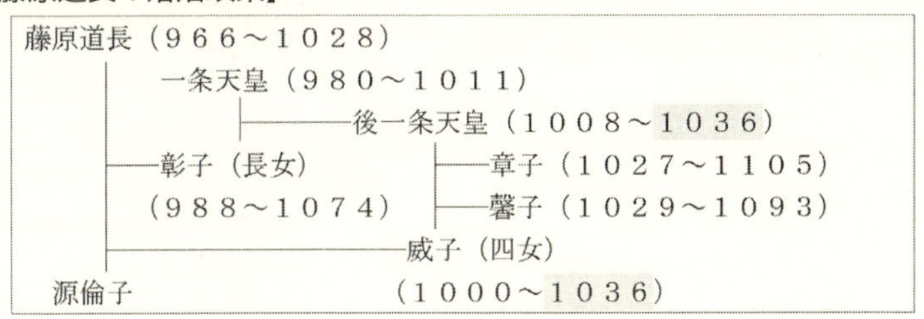

（数字）は生没の西暦年を示します。

こんな極端な実例は別としても、同様なことが、息長氏により、応神天皇とその息子に対し、積極的な婚姻政策が動いていたと考えられます。結果的には天皇位は、葛城氏を後ろ盾とした仁徳天皇に移り、野望は実りませんでした。しかし、この静かな野望は続き、５代目に継体大王という形で結実することになるのです。こうした、異世代婚には注意が必要です。本書の主題である継体大王も異世代婚ですが、明らかな違いは、父親とその息子が若い姉妹と婚礼したと言う点にあります。力の差は歴然で、「入り婿」などと平和的な解釈は考えられませんでした。

気比神宮（応神、神功、仲哀を祀る）福井県敦賀市

最終章　紀年論

◇見えてきた初代天皇の実像

継体大王を天皇序列から外すという結論に、ずっと躊躇し続けてきました。何度も再考しました。時間ばかりが過ぎ、やむを得ず、継体大王の五世の祖先とされる応神天皇まで先に年齢研究を進めることにしました。漠然と五世の孫といいますが、初めは年齢矛盾が本当にないのかという真偽を確認しようとしたにすぎませんでした。

その一つの結論として、継体大王の年齢矛盾を解きほぐし、この継体大王の位置づけを変えるだけで、日本書紀や古事記の二つの書物に記された年齢記述や年代表記は決して突飛な数字などではなく、信じるにたる正確な史実として、各々が独自の発想に基づき実年代を描いていたと考えるに至りました。

応神天皇まで至り目的を果たし、あらためて天皇ごとに年齢と在位年を並べてみてわかったのです。継体大王の在位２８年という序列の独立分離は、紀年のずれそのものでした。日本書紀と古事記は同じことを言っていたのです。本書は日本書紀の記述を優先してきたにも関わらず、干支６０年のずれを補正すると、古事記の紀年と２７年ずつずれがある相似関係にあることがわかったのです。

【日本書紀と本書の天皇在位年比較】

代　天皇	書紀崩御年	在位期間	本書崩御年	在位期間	在位誤差
１５応神	庚午３１０	４１年間	庚午４３０	４１年間	１２０年
１６仁徳	己亥３９９	８７年間	己亥４５９	２７年間	６０年
１７履中	乙巳４０５	６年間	乙巳４５６	６年間	６０年
１８反正	庚戌４１０	５年間	庚戌４５７	５年間	６０年
１９允恭	癸巳４５３	４２年間	癸巳４８０	１０年間	２７年

古事記の年齢矛盾

ところで、古事記には神功皇后の摂政としての在位期間がありません。仲哀天皇のあと、すぐ応神天皇と続いています。神功皇后の功績は仲哀天皇のなかに表されています。仲哀天皇の年齢は５２歳、神功皇后は１００歳で、２人とも日本書紀と一致しています。応神天皇の年齢は１１０歳ではなく１３０歳とあります。応神天皇は甲午３９４年１３０歳で崩御されました。逆算すると、乙酉２６５年生まれとなります。

応神天皇の父、仲哀天皇は壬戌年６月１１日５２歳で崩御されました。この壬戌年が問題です。３０２年と２４２年が考えられますが、３０２年だとすると、応神天皇はすでに生まれており３８歳になっていたことになります。古事記も日本書紀同様、仲哀天皇崩御後に応神が誕生したとしているのです。だからといって、仲哀天皇の崩御が２４２年とすると、その２２年も後に応神が生まれたことになるのです。

よって、良心的につじつまを合わせようとすると、応神天皇の１３０歳は間違いで、仲哀天皇崩御（６月）の翌年（３０３年）に生まれたとして、甲午３９４年９２歳で崩御されたとしなければなりません。

壬戌２４２年		仲哀崩御？
乙酉２６５年	1歳	応神生誕
壬戌３０２年		仲哀崩御？
壬戌３６２年		仲哀崩御（那珂道世説）
甲午３９４年	１３０歳	応神崩御

日本書紀の編者ならそう考えたはずです。ところが那珂道世氏は仲哀天皇崩御壬戌年を３６２年としたのです。本書はずっと那珂道世氏の西暦換算に頼ってきました。今回も単純に不審に感じつつも使用しました。これに大きな意味があったのです。

【古事記、日本書紀、本書の崩年比較】

代	漢風諡号	古事記			日本書紀			本書			崩年誤差		
		在位	崩年	年齢	在位	崩年	年齢	在位	崩年	年齢	記－紀	本－記	本－紀
14	仲哀		362	52	9	200	52		389		162	27	189
15	応神		394	130	41	310	110	41	430	41	84	36	120
16	仁徳		427	83	87	399		27	459	50	28	32	60
17	履中		432	64	6	405	70	6	465	38	27	33	60
18	反正		437	60	5	410		5	470	39	27	33	60
19	允恭		454	78	42	453		10	480	47	1	26	27
20	安康			56	3	456		3	483	28			27
21	雄略		489	124	23	479		23	506	44	10	17	27
22	清寧				5	484		5	511	18			27
23	顕宗	8		38	3	487		3	514	38			27
24	仁賢				11	498		11	525	51			27
25	武烈	8			8	506		8	533	18			27
26	継体		527	43	25	531	82	28	534	50	-4	7	3
27	安閑		535		2	535	70	2	535	31	0	0	0
28	宣化				4	539	73	4	539	34			0
29	欽明				32	571		32	571	45			0
30	敏達	14	584		14	585		14	585	37	-1	1	0
31	用明	3	587		2	587		2	587	41	0	0	0
32	崇峻	4	592		5	592		5	592	36	0	0	0
33	推古	37	628		36	628	75	36	628	75	0	0	0
34	舒明				75	641		13	641	49			0
35	皇極				3			3	644				
36	孝徳				10	654		10	654	39			0
37	斉明				7	661		7	661	55			0
38	天智				10	671		10	671	46			0
39	弘文					671		0	671	25			0
40	天武				15	686		15	686	43			0

上記のように、本書は継体大王を天皇序列から外したために、その間２７年の誤差がずっと生じていました。それを允恭天皇のところで日本書紀はさらに３３年ずらし、干支６０年の差で合わせたと考えました。

すると、この２７年の誤差が古事記と日本書紀の誤差として再び浮かび上がったのです。さらに応神誕生年のところで、すなわち仲哀天皇崩御年２７年の誤差は、本書と古事記の誤差そのものとなったのです。古事記には仲哀天皇の崩御年、すなわち応神天皇誕生前年には、本書が正しいと予測する年号との間に２７年の誤差があったのです。

これは継体大王以前に日本書紀が２７年の差異を生み出していたことが古事記でも同じ考え方があったと考えられるのです。

【古事記、日本書紀、本書の天皇在位年推移】

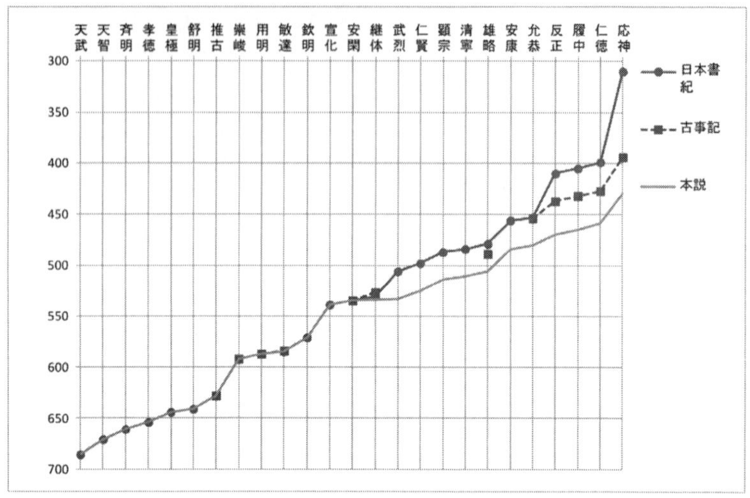

本書では、これまで天皇在位の在位序列を日本書紀の記述に基づき記録してきました。その結果は意外にも古事記のものと一致していたのです。上表で見えるように継体大王で本書は２７年の差をもつ一つの棒グラフとなりましたが、仲哀天皇からはさらに分かれた古事記と相似関係となったのです。本書と古事記のただ一つ差はこの継体大王の取り扱いだけです。継体大王を本書と同様に外せば、古事記の天皇の即位記述は紀年として本書と一致するのです。

つまり、本書の予測が正しければ、古事記は当時正しいと考えていた実年代に対し、継体大王の在位期間を加算した結果、そのままそれ以前の各天皇の崩御年をすべてずらしてしまったということなのです。それを日本書紀は允恭天皇でさらに引き延ばし、古事記が用いたその実年代に干支年を合わせ、つじつまをあわせようとしたと考えられます。

つまり、継体大王から、日本書紀と古事記の時代記述にずれが生じはじめたのです。これは允恭天皇で決定的となります。そして、記述としてはっきり示されたのが応神天皇の時代の実年代との１２０年という正確な記述のずれでした。

紀年に関わる本書の考え方

本書では紀年に関して、日本書紀の記述を第一に考え、推敲を重ねてきました。しかし、継体大王を天皇序列から外したため、すでに、その前天皇、武烈、仁賢、顕宗、清寧らの各天皇の干支年や西暦年号にずれが生じてしまいました。

ただそれだけです。相対年号としての元号（天皇の在位期間）は日本書紀に基づき変更していません。

結果的に一人一人の天皇の年齢を追求するなかで、実年代を一つ一つ改訂していく結果となります。原史料を実年代に比定するという大それたことがあっけないほど簡単な作業で完了しました。

他にも材料はいろいろありました。古代中国宋書を中心とした倭の五王との整合性、中国、朝鮮の歴史史料、発掘された年代記述の解明、学者たちによる理論的に導き出された春秋二倍暦や三倍説などです。でも結局、どれも適合せず、満足できませんでした。

結局、６０年の倍数を紀年から差し引くという単純な形だけですべてが合理的に説明できたのです。そこから導き出された結果も意外なものでした。あれほど、ばらばらで違うと思っていた日本書紀と古事記の表記が一致していることがわかったからです。

ことの起こりは継体大王の在位年を２５年から、日本書紀一説の２８年にしたことから始まりました。

【日本書紀と本書の天皇在位期間比較】

	日本書紀	本書在位	差異年
応神天皇	４１年	４１年	
（空位	（２年	（２年	
仁徳天皇	８７年	２７年	＋６０年
履中天皇	６年	６年	
反正天皇	５年	５年	
（空位	（１年	（０年	（＋１年
允恭天皇	４２年	１０年	＋３２年
安康天皇	２年	２年	
雄略天皇	２３年	２３年	
清寧天皇	５年	５年	
顕宗天皇	３年	３年	
仁賢天皇	１１年	１１年	
武烈天皇	９年	９年	
継体大王	２５年	２８年	－３年
（空位	（２年	（０年	（＋２年
安閑天皇	２年	２年	
宣化天皇	４年	４年	
欽明天皇	３２年	３２年	

すると、この手法を発展していけば、始祖王ともいわれる崇神天皇崩御年の予測さえ、簡単に見えてきます。３４５年ということになります。これは本書の範疇を超えます。まだ、年齢研究が応神天皇までに留まっているからで、検証がすんでいないためです。

これは安本美典氏の統計処理で描いた崇神天皇３４０～３６０年とする説に近いことになります。ただ、私はこの歴代天皇の時代別平均年齢でくくる算出方法には賛成はしていません。地球上の歴史では、古代でも活力みなぎる長生きした時代があるのです。一概に古代になればなるほど平均崩御年が下がるとは単純には考えられないと思うからです。

基本的に応神天皇以前の崩御年は古事記に準拠します。さらに、ずっと２７年のずれは続いていたとします。景行天皇と垂仁天皇の崩御年は古事記の記述がないので不明ですが、崇神天皇が３１８年ですので、＋２７年で３４５年となります。

なぜ、崇神天皇の天皇までに日本書紀と３７７年も差が生じてしまうのでしょう。これも干支年の考え方にこだわれば推測は可能です。古事記が示したように、当時も景行と垂仁の二人の天皇崩御年はわからなかったのだと思います。でも、日本書紀は始祖王からの紀年を示さなければならぬ使命を担っていました。そこで、実在年の知れていた二人の最古の天皇、崇神と成務の崩御年を見比べたのです。そこに３７年の年月差があります。日本書紀の編纂者はこれが１２＋１２＋１２＋１＝３７年と干支で振り分けられるように見えたことでしょう。

そして、日本の歴史を表記していたもう一つの使命に基づき、これを同一干支６０＋６０＋６０＋１＝１８１年に置き換えられました。

つまり、垂仁天皇の在位年＝６０年、景行天皇の在位年も６０年、成務天皇も６０年、さらに空位年１年としたのです。

ここに、いかにも作為的な６０年在位が続き、同じ干支年崩御の３人の天皇が並ぶという珍現象がうまれたと想像します。笑いごとではありません。彼らは大まじめであったと思います。

こうすると、崇神天皇の崩御年は辛卯（しんぼう）BC３０年崩御となります。すると、干支年が正しいはずの日本書紀ですから、これに近い辛卯３３１年がもう一つの正しい崇神天皇の崩御年なのかもしれません。これからが楽しみです。これを解決するには、年齢検証をさらに推し進める必要があるからです。結論はまだ出せません。

【崇神天皇崩御年算出根拠】

	日本書紀	古事記	本書	本ー書紀	本ー古記
崇神天皇	BC３０年		３３１年	３６０年	
崇神天皇		３１８年	～３４５年		２７年
垂仁天皇	７０年				
景行天皇	１３０年				
成務天皇	１９０年	３５５年	３８２年	１９２年	２７年
空位	１年			−１年	
仲哀天皇	２００年	３６２年	３８９年	１８９年	２７年
応神天皇	３１０年	３９４年	４３０年	１２０年	３６年

高向神社（継体母、振媛ゆかりの地）福井県坂井市丸岡町高田

◇古事記の継体紀年と日本書紀８２歳のからくり

ところで古事記は継体大王の崩御年を丁未５２７年としました。日本書紀より４年繰り上がったわけですが、次の安閑天皇の崩御年も記しており、乙卯５３５年とこれは日本書紀と一致しています。それ以降の天皇の崩御年はほとんど二書の記述に相違ありません。すると、継体大王の崩御５２７年と安閑天皇の崩御５３５年の間、８年間をどう考えていたのでしょう。単純に安閑天皇の在位期間だったのでしょうか。日本書紀と同様に考えれば、安閑天皇の治世は２年です。すると空位期間が残り６年もあったことになります。

古事記は継体大王以前の天皇崩御年を記すのは雄略天皇の己巳（きし）４８９年にまで遡ります。ところが珍しいことですが、顕宗天皇と武烈天皇の治世期間だけをそれぞれ８年と表したのです。わざわざ在位期間を示したのはこの２天皇だけです。

本書では、本来の天皇序列は雄略→清寧→顕宗→仁賢→武烈→安閑であったと考えました。これに、継体大王を武烈と安閑の間に割り込ませたのが日本書紀です。古事記も同様としたら、しかも割り込ませる位置を武烈と安閑の間ではなく、仁賢と武烈の間に割り込ませたのではないでしょうか。このほうが事実に近い考え方ではあるのです。仁賢を滅ぼしたのは継体大王であり、武烈は安閑に譲位したと考えられるからです。古事記の武烈治世８年は当年称元法ですから、実にぴったり当てはまります。

武烈天皇の在位８年は丁未５２７年を元年として甲寅５３４年崩御となり継体大王と同年の崩御となるのです。本書は３年間で武烈、継体、安閑が次々崩御されたと考えましたが、古事記は２年間で３人の天皇が崩御されたと考えていたことになります。これは本書以上に恐ろしい結論ですが、より百済本記の記述に相応しい事実なのかもしれません。

念のため、継体以前の在位を確認しておきます。古事記での継体崩御年と雄略崩御年の差は

５２７－４８９＋１＝３９年

です。継体大王の在位期間は古事記では２１年と考えると残りは、

３９－（２１－１）＝１９年

残り１２年は日本書紀の考えた清寧（５年)、顕宗（３年)、仁賢（１１年）と仁賢天皇の在位期間が同じと考えられます。顕宗天皇の在位は８年とありますが、これは清寧と顕宗の在位年を合計したものです。これもぴったりなのです。

（３＋５）年＋１１年＝１９年

【古事記の天皇在位の位置推理】

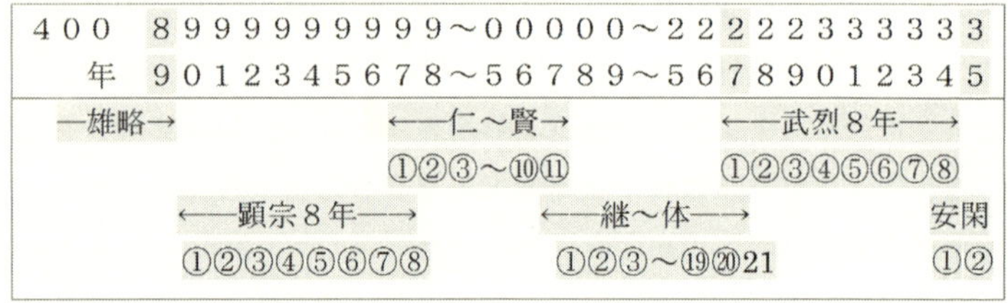

注：古事記は当年称元法なので、崩御即位年がだぶる。

清寧顕宗の即位は前天皇崩御の翌年になる為､即位年とだぶらない。

継体大王８２歳のからくり

いまさらですが、日本書紀はなぜ継体大王の崩御時の年齢を８２歳という高年齢にしたのでしょう。例えば、高城修三氏は次のように解釈しました。

「『日本書紀』が伝えている８２歳を算出する何らかの数字が原史料にあったと思われる。ところが、『古事記』は継体の崩年を丁未(ていび)５２７年としたために、誕生年が４年前に繰り上ってしまい、謝って８６歳と算出

されたのであろう。しかも『古事記』は雄略後の宝算を太陽年で記しているので、春秋年を太陽年に改めるために「８６÷２＝４３」という計算をしたと考えられる」(『紀年を解読する』ミネルヴァ書房)

高城氏は古事記４３歳と日本書紀８２歳の大きな年齢差は春秋二倍暦を利用して２倍にすることで説明できると考えました。

しかし、古事記は日本書紀より先に公表されたもので、説明の順が違います。しかも、古事記は日本書紀の８２歳を見て、４年差し引かなければいけないところ、間違ったとして逆に＋４年として８６歳、これを２で割り４３歳と考えたようです。

本書では、古事記の継体大王の年齢４３歳は真実を語っていたと考えます。ところが、継体大王の在位を天皇序列に割り込ませたために、同列に存在していた天皇達の在位年分を年齢に加算さなければならなくなったのです。それは、顕宗在位８年（清寧分を含む)、以下
仁賢（１１－１）年、武烈（８－１）年です。　つまり、

４３歳＋８＋（１１－１）＋（８－１）＝６８歳

これを日本書紀に置き換えるには、古事記では継体大王は５２７年崩御でした。日本書紀の５３１継体２５年とは、４年の誤差があります。同様に、清寧顕宗即位前、雄略天皇の崩御年にも４８９年－４７９年＝１０年の差異があります。よって、

６８歳＋４歳＋１０歳＝８２歳

日本書紀は古事記の４３歳を強く意識しており、８２歳としたのです。

まとめと残る課題

８０歳を超える継体大王の年齢ははじめから信じられませんでした。これを解き明かすのが年齢研究だと思います。これから先にも、武内宿禰（たけのうちのすくね）という一説に２８２歳という偉大な人物がいます。年齢を正しく推論すれば、単に空想の産物として片付けられない真実が見えてくるはずです。また、日本武尊（やまとたけるのみこと）という英雄がいます。３０歳という短い生涯を駆け抜けた実在の人物のはずです。ところが、その周囲の年齢にはあまりに長い空虚な時間が流れているのです。これも解決したい大きな課題です。どの氏族もこの二人の英雄を自分の系図に絡ませ、祖先、始祖王としているのです。大和王朝も例外ではありません。

さらに、継体大王に則して見渡せば、大王の母振姫の７世の祖先が垂仁天皇だとあります。案外正しいのかもしれません。また、前項の紀年論で推理した崇神天皇の崩御年を年齢研究で証明しなければなりません。

叢文社の伊藤太文氏のように、古代天皇の平均年齢を３０歳代とする意見さえあります。あまりに突飛な数字と当初思っていましたが、こうしてまとめて本書の平均年齢を算出すると４１歳。意外な感じがしました。当初５０歳前後ぐらいと考えたものとも違いました。これも、日本書紀、古事記の記述を忠実に抽出した結果です。素直に受け入れようと思います。昔のことわざが示すように、この頃男の厄年といわれる人生の岐路は４０歳を超えると現れるのです。親となり孝行したいと思うときには親はもういない時代だったのです。

日本の歴史上では、兄弟相続が多く存在し、天皇相互間の存在年はかなりダブっています。親から子へ一列に整然と並んだ世代交代を果たしたものとは考えられません。さらに本書では、二朝並立や天皇と讃えられた大王が実は天皇にならなかったとする史実があったと結論づけました。

結局、本書の結論の多くはすでに提出された通説や学説と変わらない結果となり、何も新しい考え方ではなく、従来の諸説をつなぎ合わせ、補強しただけなのかもしれません。ただ、その手法は年齢検証に基づくということであり、古事記、日本書紀の記述を信じ、系譜を大切にした結果ということでしょうか。その結果、古代天皇や周囲の部族官僚に血が通い、生々しさが生まれてきたと思うのです。

継体大王を天皇序列からはずすことで、それ以前の天皇崩御年が２７年ずつずれていたなどと簡単に言えることではありません。とても大変なことです。現在いろいろな異説、珍説が飛び交い歴史が作り直される中、そんな一つと簡単に考えられがちですが、今痛切に感じていることは、古来信じられ、日本書紀や古事記から積み上げてこられた重要な幾多の文献を一つひとつすべて検証する必要があると思うからです。

とても一人の力では及ばない力学ですが、ここでは、疑問という形で二つの例を掲げて、ひとまず筆を下ろしたいと思います。

１．欽明天皇の二朝並立論

２．中国史書、倭王武の存在位置

◇二朝並立論の歴史

この年齢研究の結果から、次の２つの考え方は残念ながらありえないことになります。ひとつは欽明天皇の在位期間が３２年ではなく、上宮聖徳法王帝説の仏教伝来年の解釈から４１年間とする説。もうひとつは欽明天皇とその前朝、安閑と宣化天皇の対立による並立王朝時代があったとする説です。

これは単に欽明天皇の年齢が確定されなかったことが大きな要因と考えられます。一般通説６３歳説に基づくものと思われるからです。４１年間も続いたありえない長期政権があったというわけです。

しかし、歴史的なこの２説は関連し発展しています。蔑ろにはできません。詳細に分析批判する必要があります。

上宮聖徳法王帝説、伽藍縁起并流記資材帳による紀年解釈

仏教徒としての輝かしい記念日、仏教伝来は日本書紀によれば、壬申５５２欽明１３年冬１０月、百済の聖明王（聖王）から西部姫氏の達率怒唎斯致契らが遣わされ、金剛釈迦仏像、幡蓋、経論などが献じられた、とあります。

日本書紀　欽明１３年

> 冬十月、百濟聖明王【更名聖王】、遣西部姫氏達率怒唎斯致契等、獻釋迦佛金銅像一軀・幡蓋若干・經論若干卷。

ところが、上宮聖徳法王帝説によれば、

> 志癸嶋天皇御世、戊午年十月十二日、百齊國主明王、始奉度佛像・經敎・并僧等。～志歸嶋天皇治天下卌一年【辛卯年四月崩、陵檜前坂合岡也。】

【】は原文挿入句

「欽明天皇の御世、戊午５３８年の１０月１２日に、百済国の聖明王、始めて仏像・経教并びに僧等を渡し奉る。～欽明天皇、天下治しししこと４１年【辛卯５７１年の４月に崩御。陵は檜前坂合岡にある。】」

日本書紀の欽明在位中に戊午年はありません。日本書紀に照らせば、戊午５３８年は宣化３年となります。この史書には、欽明天皇の天下は４１年であると記されていまでです。

大倭国仏法創自斯帰、嶋宮治天下天国案春岐広庭天皇御世、蘇我大臣稲目宿禰仕奉時、治天下七年歳次戊午十二月度来。百済国聖明王時、太子像并灌仏之器一具、及説仏記書巻一篋度而言。

日本書紀に照らせば、５７１欽明３２年に欽明天皇が崩御されていますから、ちょうど、辛亥５３１継体２５年継体崩御年＝欽明即位元年となるのです。

その後、元興寺の「伽藍縁起并流記資材帳」が仏教伝来のこの戌午年をより具体的に欽明７年と表しました。

上記、上宮聖徳法王帝説と同じ考え方となります。しかし、年号の数え方は日本書紀と同じです。欽明天皇即位１年は継体崩御年５３１継体２５年の翌年となり、戊午５３８年は欽明７年となるのです。なお、帝説では当年称元法を用いているようです。このことから仏教伝来した年は戊午５３８年で、この年が欽明７年であるとしたのです。

上宮聖徳法王帝説は聖徳太子を中心に記した書物ですが、信頼のあるものです。逆に日本書紀の５５２欽明１３年の壬申は変革の年といわれ、この壬申年に仏教伝来年を合わせたのではないかと疑われたのです。
つまり、継体大王は安閑天皇にではなく直接、欽明天皇に譲位したのではないかというのです。

また、欽明天皇は幼年にして即位されたとする記述があります。通説の６３歳説に従えば、日本書紀の５４０欽明１年だと３２歳になってしまいます。これを５３２欽明１年とすれば、２４歳となり矛盾が小さくなるのです。

【日本書紀、上宮記、平子説の比較】

西暦	日本書紀	上宮記など	平子説
５２７	継体２１年	継体２１年	継体２１年継体崩
５２８	継体２２年	継体２２年	安閑　１年
５２９	継体２３年	継体２３年	安閑　２年
５３０	継体２４年	継体２４年	宣化　１年
５３１	継体２５年継体崩	継体２５年欽明位	宣化　２年
５３２	空位	欽明　２年	欽明　１年
５３３	空位	欽明　３年	欽明　２年
５３４	安閑　１年	欽明　４年	欽明　３年
５３５	安閑　２年安閑崩	欽明　５年	欽明　４年
５３６	宣化　１年	欽明　６年	欽明　５年
５３７	宣化　２年	欽明　７年	欽明　６年
５３８	宣化　３年	欽明　８年仏教伝	欽明　７年
５３９	宣化　４年宣化崩	欽明　９年	欽明　８年
５４０	欽明　１年	欽明１０年	欽明　９年
｜	｜	｜	｜
５５２	欽明１３年仏教伝	欽明２２年	欽明２１年
｜	｜	｜	｜
５７１	欽明３２年欽明崩	欽明４１年欽明崩	欽明４０年

注）日本書紀は越年称元法の表現し、上宮記は当年承元法です。継体２５年＝欽明１年とされ１年ずつ差が生じる。４０年は４１年になり矛盾はありません。

これをふまえたうえで、近年の３説を細説します。

平子氏説の概要

平子鐸嶺氏は最澄の「顕戒論」を紹介し、８１０光仁１９年嵯峨天皇の頃すでに南都僧らとの宗教論争に、この欽明天皇時の仏教伝来年が持ち出されていたといいます。詭弁の応酬だったようですが、欽明天皇の在位年が３２年なのか４１年なのか、日本書紀の記述を疑うものであっただけに平子氏は重要だとしたのです。

○古事記の丁未５２７年継体崩御は無視できない。よって継体２１年を継体崩御とする。

○日本書紀には継体２３年許勢男人大臣が薨じたとあるが、続日本紀では天平勝宝３年２月の記事に、許勢男人は継体、安閑の御代に仕えたとあるから、継体２３年は安閑天皇在位中ではないか。

○日本書紀にある辛亥５３１継体２５年「日本天皇及太子皇子倶崩薨」とする百済本記の引用は、宣化天皇の崩御に際し、橘皇后や孺子を合葬したという記事のことで、この年が宣化２年に当たる。

○法王帝説などの記述から、仏教が伝来した戊午５３９年は欽明７年だから、壬子５３２年は欽明１年に当たる。

これらのことから、継体大王崩御を古事記の記述、継体２１年となる丁未５２７年としました。安閑、宣化朝を継体在位期間に組み入れ、継体２３年はすでに安閑朝に入っており、継体２５年崩御は宣化崩御年とし、少しずつ各天皇の在位期間を短くすることで、欽明天皇に引き継がれたとしたのです。

喜田氏説の概要

喜田貞吉氏は平子氏が語る日本書紀の矛盾や法王帝説などの欽明７年仏教伝来年をも容認しました。しかし、日本書紀の記述を軽々しく改竄すべきでないともしたのです。日本書紀の仏教伝来欽明１３年は孝徳天皇大化元年の詔にも再録されているからこれも正しいとしたのです。仏教伝来は一回だけではありません。また、安閑天皇の崩御年乙卯(いつぼう)も、記紀ともに一致するところで動かしがたいのです。

○「欽明天皇は父天皇のなお御存生中に、すでに天皇となり給うたのであったとしても、それが果たして公式に認められたとは限らない。『日本紀』には、単に『天皇と為す』とのみあって、『天皇の位に即く』との普通の例と異なる筆法によっておるのである。これは当時天皇未だ即位の式を挙げ給うに及ばなかったか、あるいは正式に即位し給うたのであったとしても、後に安閑・宣化両帝の治世を認める上からは、その以前の天皇の御位を認めず、これを空位とするのやむなきに至ったものだろう。」

こうして安閑・宣化両天皇の治世が認められた重複して存在した期間があり、この間、七年間にわたり両朝が並立したとするのです。

林屋氏説の概要

林屋辰三郎(はやしやたつさぶろう)氏は喜田氏説をさらに推し進め、「古代における内乱の問題」として説明しました。

○日本書紀の記述「天皇及太子皇子倶崩薨」というような重大事変は、決して単に皇室内にのみその原因があったとは考えられず、その基づくところはきわめて根深いものがあった。

○畿外から大伴氏に擁立された継体大王であったが大和に入るために２０年を要した。

○朝鮮半島の経営失敗で負担増大により各所で反乱が続発した。磐井の乱はそのひとつ。

このことから、次のように推理されました。

○継体崩御後、蘇我氏が欽明天皇を擁立。

○２年後、それに反対した大伴、物部氏が安閑、その後宣化天皇を擁立した。

○宣化崩御により内乱は収拾された。

また、欽明天皇即位前紀に、二狼の逸話を例にとり、これを、安閑と宣化ではなく宣化と欽明の二天皇のこととしたのです。

他説として、

山尾幸久氏は継体大王が磐井の乱のさなかに退位させられ、変わって欽明天皇がこれを平定したとされました。

川口勝康氏は日本の天皇及び太子、皇子がともに亡くなった記事は、欽明天皇側が海外に向けて意図的に流した虚偽報道であるとし、安閑天皇の持つ外交特権奪取を目的としたものとしました。

また、王朝そのものを否定する意見もあります。

欽明天皇の相対する王朝は安閑天皇だけとか、宣化天皇だけとかあり一定しません。さらには安閑、宣化両天皇は机上の空論で存在しないという極論まであります。

水谷氏も言うように、どれも上宮聖徳法王定説に基づくものです。宣化天皇が檜前(ひのくま)天皇として紹介されており、宣化天皇在位を否定できないと思うのです。逆に二朝並立を真っ向から否定するものもあります。

1．日本書紀、古事記に内乱があったことを示す伝承が一つもないこと。
2．考古学上、内乱状況を思わせる遺構、遺物が発見されていないこと。
3．仏教伝来は諸本でかなり違いがあり、次から次に来日する仏教使節のどれが最初として重要なものか決めにくい。

乱立といえる二朝並立論ですが、どれも魅力的で説得力があります。しかし、安易にどれが正しいかと議論するにはいつも躊躇を覚えます。最初に示した根拠を少しでも詳細に正確に捉えておく必要があります。矛盾や疑問が出し尽くされてこそ、その頂点に答えがあると思います。

ここでは簡単な疑問を提示していきます。

1．欽明在位期間が４１年も続いた長期安定政権があったとも思えません。７５歳で崩御された推古天皇でも在位期間は３６年です。また、欽明天皇は若いゆえに、安閑天皇、宣化天皇の存在を抜きには語れないと思います。たしかに継体大王の晩年の構想では、天皇位を安閑、宣化ではなく、直接、欽明と考えていたようにも見えます。

2．息長真手王（おきながのまてのおおきみ）は継体大王と敏達天皇に妃を納れています。系列的には間に欽明天皇がいるのです。継体大王８２歳から導き出された欽明天皇６３歳説の長寿はありえないと思います。

【息長真手王の婚姻施策】

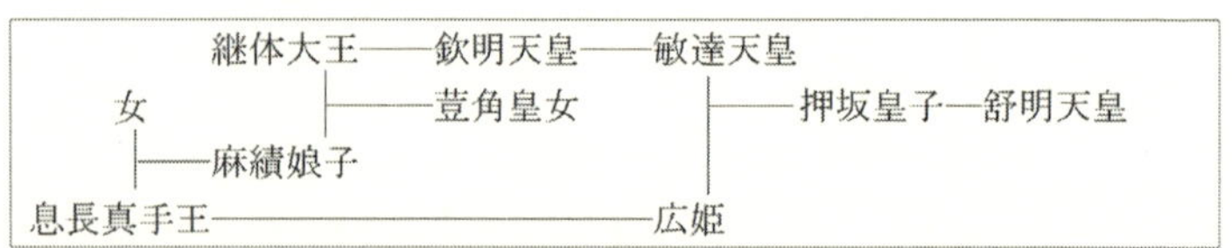

3．日本書紀は天皇中心とした書物です。こうした分類に従えば、上宮聖徳法王帝説は聖徳太子に関する書物であり大局的にみれば、蘇我氏系のものといえそうです。上宮聖徳法王帝説はすばらしい書物です。日本書紀の欽明１３年仏教伝来記事に対し、戊午の年５３８宣化３年にも仏教が伝来したと思います。この仏教伝来の輝かしい報を、日本書紀は欽明１３年のこととし、法王帝説は正直に戊午年としましたが、いつしか欽明天皇の御代と記述となったのです。この将来を担う希望の天皇在位時に、仏教が伝来したという点ではどちらの書物も同じだったと思います。後に、「元興寺縁起」などにより戊午年＝欽明７年と着色されていったと思うのです。

4．上宮聖徳法王帝説の成立は日本書紀より古い信頼厚いものですが、何度か加筆されているものです。特に、「卌一年」と書かれた部分はそうした加筆部分のものです。案外、「廾一年」の誤記だったのかもしれません。

５.二狼の逸話は欽明天皇と安閑、宣化両天皇との仲が悪いことを指すという仮説があります。その結果、二朝並立となったとするものです。それは違うでしょう。これは安閑、宣化同母兄弟、年齢の近い兄弟だからこそ仲が悪かったのです。大きな年差のある欽明天皇と仲が悪いとは考えにくいのです。

ただ、生前継体大王は、天皇位を安閑、宣化ではなく幼い欽明に与えたい考えを抱いていたとも思える記述が見られます。だから、案外上宮聖徳法王帝説（じょうぐうせいとくほうおうていせつ）、伽藍縁起并流記資材帳（がらんえんぎならびにるきしざいちょう）の記述はそうした背景を知る史料によるのもなのかもしれないのです。

欽明天皇磯城嶋金刺宮推定地（桜井市金屋）

◇倭の五王について

「宋書」倭国伝

【４７８昇明２年、倭国遣使が宋国に奉った倭王武の上表文】

封國偏遠、作藩于外。
自昔祖禰、躬擐甲冑、跋渉山川、不遑寧処。
東征毛人五十五國、西服衆夷六十六國。渡平海北九十五國。
王道、融泰、廓土、遐畿。累葉、朝宗、不愆于歳。
臣、雖下愚、忝胤先緒、驅率所統、歸崇天極。道、遥百濟、裝治船舫。
而、句驪、無道、圖欲見呑。掠抄邊隷、虔劉不已。
毎致稽滯、以失良風。雖曰進路、或通、或不。
臣亡考濟、實忿寇讎、壅塞天路、控弦百萬、義聲感激、
方欲大擧、奄喪父兄、使垂成之功、不獲一簣。
居在諒闇、不動兵甲。是以、偃息未捷、至今、欲練甲治兵、申父兄之志。
義士・虎賁、文武、效功、白刃交前、亦、所不顧。
若以帝徳覆載、摧此彊敵、克靖方難、無替前功。
竊自假、開府義同三司、其餘咸假授、以勸忠節。

注：坂元義種「倭の五王」に基づく。句読点は本書の任意。変換できない漢字は略字に入れ替えた。

「封国（倭国）は偏遠で、藩を外になしている。
昔から祖禰（そでい）（父祖）がみずから甲冑（かっちゅう）をきて、山川を跋渉（ばっしょう）（諸処を遍歴）し、ほっとするひまさえなかった。

東は毛人（蝦夷）を征すること五十五国、西は衆夷（熊襲（くまそ）など）を服すること六十六国、渡って海北を平げること九十五国。

王道はとけあいやすらか（むつまじく平安）であって、土をひらき畿（王城中心に四方五百里）をはるかにした。代々、中国に朝宋（天子に拝謁）し、歳をたがえあやまることはなかった。

臣（倭王武）は下愚ではあるが、かたじけなくも先緒（せんしょ）（先人の事業）

をつぎ、統べるところを駆り率い、天極（天道の極まる所）に帰崇し（かえりあがめ）、道は百済をへて、もやい船を装いととのえた。

ところが句麗（高句麗）は無道であって、見呑をはかることを欲し、辺隷をかすめとり、虔劉（ころ）してやまぬ。つねに滞りを致し、もって良風を失い、路に進んでも、あるいは通じ、あるいは通じなかった。

臣は亡考（亡父）済は、じつに仇かたきがが天路（天朝への道）をとじふさぐのを怒り、弓兵百万が、正義の声に感激し、まさに大挙しようとしたが、にわかに父兄をうしない、垂成（成就）の功もいま一息のところで失敗に終った。

むなしく喪中にあり、兵甲を動かさない。このために、やすみ息うてまだ捷つことができなかったのである。いまになって、甲を練り兵を治め、父兄の志をのべたいと思う。

義士勇士、文武が功を効し、白刃が前に交わるとも、また顧みないところである。

もし帝徳の覆載（めぐみ）をもって、この強敵をくじき、よく方難を靖んずれば、前功を替えることはなかろう。

ひそかに、みずから開府義同三司（優礼の官）を仮に与え、その余はみな仮りに授けて、もって忠節を勧める。」

現代語訳『宋書』倭国伝　石原道博編訳　岩波文庫版。

なお（）内の注釈は簡略化した。

本書も古代中国に示された倭の五王の存在を常に意識していました。しかし、この考え方を取り入れると日本書紀や古事記の記述をすべて無視することになります。当てはめようとしましたが、どうしても矛盾が先に目立ち、諦めざるを得ませんでした。結局、本書は中国史書には従いません。

よって、本書のスタンスは実年代の追求ではなく、日本書紀、古事記が、本来これだと考えていた古代日本の姿を明らかにしてみたということです。

しかし、日本の古代の編纂者たちも中国史書に書かれた「倭」を知っていたはずで、はっきり意識していました。決して無知ではないのです。しかし、彼らは中国史書を正面から引用することを避け、あえて朝鮮史書を前面に押し立て引用しています。なぜなのでしょう。

例えば、雄略紀では中国南部は南宋の時代ですが、「宋」とは言わず「呉」という言葉を選び統一しています。実際には、その後の南斉書、梁書に書かれた日本書紀ではすでに崩御されているはずの倭の武王が登場しているのです。

日本書紀が年号をずらすという誤ったことをしたために、中国がめまぐるしく変わる国号を使用できなかったとも思えます。宋から南斉、さらに梁国と変遷していくなか、日本書紀の編纂者は仕方なく「呉」という地域名で古代中国を表現してみせたのです。むしろ、無知なのは我々現代人のほうかもしれません。

４７８年、倭は宋に対し遣使し、興が死に弟武が即位したと宋書にあります。この年は、日本書紀では雄略２２年に当たります。崩御１年前のことです。

その後、５０２年にも中国済や梁から倭王武は、「鎮東大将軍」さらに「征東将軍」と任じられているのです。日本書紀の記述では雄略天皇はとうに崩御され、武烈４年になります。これらの記述を中国は遠方の倭国を知らなかったとか、南宋書は精密な史書であるが、南斉書、梁書は信におけないとして、無視するものもあります。王朝が開かれたに際しての形式的なものとも言われます。

西暦	中国の動向	倭国の動向	日本書紀年号
４２０	南朝宋樹立		允恭　9年
４７８	宋国順帝昇明２年	倭王武上表文を提示	雄略２２年
４７９	宋滅び南斉樹立	倭王武遣使	雄略２３年

５０２　南斉滅び梁国樹立　　倭王武を征東将軍　　武烈　４年
５５７　梁国滅び陳国樹立

本書では５０２年は雄略１９年に当たり、倭王武＝雄略説に異議を唱えるに当たらないと考えています。

しかし、一致したのはここだけです。これ以前の興、済、珍、讃がまるで、在位年、年代共に一致しないので諦めました。系譜すら危うい始末です。いろいろな説が乱立する有様だからです。むしろ、古田武彦氏の九州王朝説の方が、説得力があると思います。

上記は、倭王武が、中国南宋の順帝に送った上表文です。この文章は大変におもしろく、いろいろな情報が詰まっています。

例えば、**「奄喪父兄」＝にわかに父兄を喪（うしな）い**

とあります。倭王武とは一般に雄略天皇のことと言われています。本書もそれでいいと考えています。二度ほど「呉」に派遣した記録があります。日本書紀によると、雄略天皇の父、允恭天皇の崩御の３年の後、兄安康天皇が続けて崩御されました。もし、父兄を允恭、安康とすれば、弟の雄略天皇は武のことになり、よく一致していることになります。

しかし、この武の上表文は届けられた４７８昇明２年は日本書紀によれば、雄略２２年に当たり、翌年には崩御されるわけですから変です。この上表文は、自分が王位についたので「開府義同三司」の称号を認めて欲しいというものだから、即位して間のない頃のはずなのです。即位した倭王として称号が欲しいといっているのです。

なお本書では雄略１年は４８４年ですから、６年のずれがあります。まだ、父允恭の御代です。残念ながら一致しませんでした。日本書紀の２０年の誤差よりは少し修正されたのかも知れませんが依然として正体がつかめないのです。

ここで言いたいことは、「父兄にわかに失い」という表現です。宋書に記された武の兄、興の在位期間は１６年ぐらい続いたと思われ、宋書の中だけでも、この上表文と矛盾します。この上表文だけが雄略としても、史書に書かれた倭王武は別人の可能性があります。

日本書紀の記述から計算しても当時の日本と呉国の往復には約２年半かかっています。それほど大きな誤差が生じるはずがありません。

それにしても、この南宋は翌年には滅び、南斉国、ついで梁国に取って代わられます。この亡国寸前の国にわざわざ上表文を届けるとはよほど世間知らずなのか、手放しに爵位獲得のタイミングが良いなどとはとてもいえません。

せっかく得た爵位は紙切れになり､次に建国された南斉国へは翌々年、改めて遣使を送らなくてはならなかったのです。その南斉国も滅ぶとさらに次の梁国にも武はしっかり遣使しているのです。

中国側も日本の遣使に対し、お礼の使節と称して遠い日本にも派遣して、現地調査をしています。この頃の中国の周到な高い外交情報収集能力には恐れ入るばかりです。

また、この上表文に書かれたことは戦争の歴史です。この上奏文を信じれば、倭(日本)という国は戦争に明け暮れていた時代だったことを認めることです。絶え間ない戦乱を勝ち抜いてきたと当時の王は誇らしく胸を張って見せたのです。しかし、この戦乱の成果はこの武＝雄略天皇の功績ではないと思います。それ以前の天皇たちの絶え間ない努力の賜であって、この派手な雄略天皇は優秀でしたが、東西に覇権を重ねた器の大きな人物にはみえません。むしろ、崩御後のことを考えると衰退期に入る直前の天皇と推定されます。

日本書紀の記述が描く平和な日本の姿はここには見られません。この上表文こそ、誇張はあるものの雄略天皇が述べた率直な日本の正直な姿だと思います。

継体大王関連年表（年齢は本書の趣旨に基づくもの）

			大王の父は近江國高嶋郡三尾にいた
			大王の母を越国坂井の三国から迎えた
４８５雄略	２年	１歳	継体大王降誕
？			継体の幼年時に父王が薨じた
？			母は継体を伴い高向（三国）に帰国
５０６雄略	２３年	２２歳	雄略天皇崩御（４４歳）
			星川皇子の乱
			１０月　清寧天皇に皇位の印が送られる
５０７清寧	１年		１月　清寧天皇、磐余甕栗宮に即位
５０７継体	１年	２３歳	継体、越前三国より葛葉宮（枚方市）に移る
			２月４日、葛葉宮で大王を自称
５０８継体	２年	２４歳	清寧２年１１月億計、弘計が播磨で発見
５０９継体	３年	２５歳	清寧３年１月２兄弟摂津国から宮に入る
			３月　億計を皇太子とする
			７月　飯豊皇女が男と交合
５１１継体	５年	２７歳	清寧５年清寧天皇崩御（１８歳）
			飯豊青皇女が忍海の角刺宮で朝政
			継体大王、筒城宮京田辺市に進出
			１１月　飯豊皇女が忍海角刺宮廷で崩御
５１２継体	６年	２８歳	１月　顕宗天皇即位
５１４継体	８年	３０歳	顕宗３年　顕宗天皇崩御（３８歳）
５１５継体	９年	３１歳	仁賢１年　仁賢天皇即位（４１歳）
５１８継体	１２年	３４歳	継体大王、弟国宮（長岡京市今里）に撤退
５２５継体	１９年	４１歳	仁賢１１年仁賢天皇崩御（５１歳）
５２６継体	２０年	４２歳	磐余玉穂宮（桜井市）に入る
			継体父子が仁賢３娘と婚礼
			武烈１年武烈天皇即位（１２歳）

５２７継体２１年４３歳　継体大王崩御（古事記４３歳）
　　　　　　　　　　　欽明天皇降誕（１歳）、磐井の乱
５３１継体２５年４７歳　継体大王崩御（日本書紀など８２歳）
５３３継体２７年４９歳　武烈８年武烈天皇崩御（１８歳）
５３４継体２８年５０歳　継体大王崩御（日本書紀一説）
５３５安閑　２年　　　　安閑天皇崩御（３５歳）
５３９宣化　４年　　　　宣化天皇崩御（３８歳）
５４０欽明　１年　　　　欽明天皇即位（１４歳）

鴨稲荷山古墳（継体大王の生地にある古墳）滋賀県高島郡高島

【応神から推古までの紀年と年齢推移】

西暦	干支	書紀	古事記	本書		百済
388	戊子	仁徳76			応	辰斯04
389	己丑	仁徳77		仲哀崩	神	辰斯05
390	庚寅	仁徳78		応神01	1	辰斯06
391	辛卯	仁徳79		応神02	2	辰斯07
392	壬辰	仁徳80		応神03	3	辰斯08
393	癸巳	仁徳81		応神04	4	阿莘02
394	甲午	仁徳82	応神崩	応神05	5	阿莘03
395	乙未	仁徳83		応神06	6	阿莘04
396	丙申	仁徳84		応神07	7	阿莘05
397	丁酉	仁徳85		応神08	8	阿莘06
398	戊戌	仁徳86		応神09	9	阿莘07
399	己亥	仁徳87		応神10	10 額	阿莘08
400	庚子	履中01		応神11	11 田	阿莘09
401	辛丑	履中02		応神12	12 大	阿莘10
402	壬寅	履中03		応神13	13 中 大	阿莘11
403	癸卯	履中04		応神14	14 彦 山 去	阿莘12
404	甲辰	履中05		応神15	15 皇 守 來 荒	阿莘13
405	乙巳	履中06		応神16	16 子 皇 眞 田	阿莘14
406	丙午	反正01		応神17	17 1 子 稚 皇 阿	腆支02
407	丁未	反正02		応神18	18 2 1 皇 大 女 倍	腆支03
408	戊申	反正03		応神19	19 3 2 子 原 瀞 1 仁 根 皇 淡 紀 葛	腆支04
409	己酉	反正04		応神20	20 4 3 1 皇 來 2 德 鳥 女 路 之 道 葛	腆支05
410	庚戌	反正05		応神21	21 5 4 2 女 田 3 1 皇 1 皇 郷 稚 道 若	腆支06
411	辛亥			応神22	22 6 5 3 1 皇 4 2 子 2 女 野 郎 矢 稚 野	腆支07
412	壬子	允恭01		応神23	23 7 6 4 2 女 5 3 1 3 1 皇 子 田 郎 毛	腆支08
413	癸丑	允恭02		応神24	24 8 7 5 3 1 6 4 2 4 2 女 1 皇 雌 姫 二	腆支09
414	甲寅	允恭03		応神25	25 9 8 6 4 2 7 5 3 5 3 1 2 女 鳥 1 俣 雄	腆支10
415	乙卯	允恭04		応神26	26 10 9 7 5 3 8 6 4 6 4 2 3 1 皇 2 1 總	腆支11
416	丙辰	允恭05		応神27	27 11 10 8 6 4 9 7 5 7 5 3 4 2 女 3 2 別 大 髮	腆支12
417	丁巳	允恭06		応神28	28 12 11 9 7 5 10 8 6 8 6 4 5 3 1 4 3 1 葉 (古 長	腆支13
418	戊午	允恭07		応神29	29 13 12 10 8 6 11 9 7 9 7 5 6 4 2 5 4 2 枝 小 幡 川 伊 媛	腆支14
419	己未	允恭08		応神30	30 14 13 11 9 7 12 10 8 10 8 6 7 5 3 6 5 3 1 葉 日 原 著 1	腆支15
420	庚申	允恭09		応神31	31 15 14 12 10 8 13 11 9 11 9 7 8 6 4 7 6 4 2 枝 之 田 王 徒 2	腆支16
421	辛酉	允恭10		応神32	32 16 15 13 11 9 14 12 10 12 10 8 9 7 5 8 7 5 3 1 郎 1 郎 忍 麻 3	久尓辛02
422	壬戌	允恭11		応神33	33 17 16 14 12 10 15 13 11 13 11 9 10 8 6 9 8 6 6 2 女 2 女 坂 1 4	久尓辛03
423	癸亥	允恭12		応神34	34 18 17 15 13 11 16 14 ・ 14 12 10 11 9 7 10 9 7 6 3 1 3 1 大 登 2 5	久尓辛04
424	甲子	允恭13		応神35	35 19 18 16 14 12 17 15 ・ 15 13 11 12 10 8 11 10 8 6 4 2 4 2 中 富 3 6	久尓辛05
425	乙丑	允恭14		応神36	36 20 19 17 15 13 18 16 ・ ・ ・ 13 11 9 12 11 9 6 5 3 5 3 1 志 か 4 7	久尓辛06
426	丙寅	允恭15		応神37	37 21 20 18 16 14 19 17 瑞 ・ ・ ・ 14 12 10 13 12 10 6 6 4 6 4 2 た 5 8	久尓辛07
427	丁卯	允恭16	仁徳崩	応神38	38 22 21 19 17 15 20 18 中 住 15 13 11 14 13 11 6 7 5 7 5 3 1 ち 6 9	久尓辛08
428	戊辰	允恭17		応神39	39 23 22 20 18 16 ・ 19 1 吉 16 14 12 15 14 12 7 8 6 8 6 4 2 王 7 10	毗有02
429	己巳	允恭18		応神40	40 24 23 ・ 19 17 ・ 20 2 中 17 15 13 16 15 大 忍 13 8 9 7 9 7 5 3 1 8 11	毗有03
430	庚午	允恭19		応神41	41 25 24 ・ 20 18 21 3 1 反 18 16 14 17 16 郎 坂 14 10 10 8 10 8 6 4 2 9 12	毗有04
431	辛未	允恭20		空位	○ 26 25 ・ 19 22 4 2 正 19 17 15 18 17 子 大 15 ・ 11 9 11 9 7 5 3 10 13	毗有05
432	壬申	允恭21	履中崩	空位	27 26 ・ 20 23 5 3 1 20 18 16 19 18 1 中 允 16 ・ 12 10 12 10 8 6 4 11 14	毗有06
433	癸酉	允恭22		仁徳01	・ ○ ・ 24 6 4 2 ○ 19 17 20 19 2 姫 恭 17 13 11 13 11 9 7 6 12 15	毗有07
434	甲戌	允恭23		仁徳02	・ ・ 25 7 5 3 20 18 ・ 20 3 1 1 18 ・ 12 14 12 10 8 6 13 16	毗有08
435	乙亥	允恭24		仁徳03	26 8 6 4 21 19 ・ 21 4 2 2 19 ・ 13 15 13 11 9 7 14 17 崚	毗有09
436	丙子	允恭25		仁徳04	27 9 7 5 22 20 22 5 3 3 20 14 16 14 12 10 8 15 大 18 接	毗有10
437	丁丑	允恭26		仁徳05	28 10 8 6 23 21 23 6 4 4 21 15 17 15 13 11 9 16 草 19 皇	毗有11
438	戊寅	允恭27		仁徳06	29 11 9 7 24 22 24 7 5 5 22 16 18 16 14 12 10 17 香 20 女	毗有12
439	己卯	允恭28		仁徳07	30 12 10 8 25 23 25 8 6 6 23 17 ・ ・ ・ ・ ・ ・ 1 21 1	毗有13
440	庚辰	允恭29		仁徳08	31 13 11 9 26 24 26 9 7 7 24 18 ・ ・ ・ ・ ・ ・ 2 22 2	毗有14
441	辛巳	允恭30		仁徳09	32 14 12 10 27 ・ 10 8 8 19 3 23 3	毗有15
442	壬午	允恭31		仁徳10	33 15 13 11 28 ・ 11 9 9 20 4 24 4	毗有16
443	癸未	允恭32		仁徳11	34 16 14 12 29 12 10 10 21 5 25 5	毗有17
444	甲申	允恭33		仁徳12	日 35 17 15 13 30 13 11 11 22 6 26 6	毗有18
445	乙酉	允恭34		仁徳13	本 36 18 16 14 31 14 12 12 23 7 27 7	毗有19
446	丙戌	允恭35		仁徳14	書 手 37 19 17 15 32 15 13 13 24 8 28 8	毗有20
447	丁亥	允恭36		仁徳15	紀 井 38 20 18 16 ・ 16 14 14 木 25 9 29 9	毗有21
448	戊子	允恭37		仁徳16	繼 王 39 21 市 19 17 香 ・ 17 15 15 梨 ・ 10 30 10	毗有22
449	己丑	允恭38		仁徳17	体 1 40 22 辺 20 18 大 18 16 16 軽 名 ・ 11 31 11	毗有23
450	庚寅	允恭39		仁徳18	1 2 41 23 押 21 19 草 19 17 17 皇 形 幡 12 32 12	毗有24
451	辛卯	允恭40		仁徳19	2 3 42 24 磐 22 20 1 円 20 18 18 1 大 梭 13 33 13	毗有25
452	壬辰	允恭41		仁徳20	3 4 43 25 皇 23 21 2 娘 21 19 19 2 娘 璦 皇 14 14	毗有26
453	癸巳	允恭42		仁徳21	4 5 44 26 子 御 24 22 3 1 22 20 20 3 1 黒 女 15 15	毗有27
454	甲午	安康01		仁徳22	5 6 45 27 1 馬 25 23 4 2 財 23 21 21 4 2 彦 安 1 16 中 16	毗有28
455	乙未	安康02		仁徳23	6 7 46 28 2 皇 26 24 5 3 1 高 24 22 22 5 3 1 康 2 17 磯 17	毗有29
456	丙申	安康03		仁徳24	7 8 47 29 3 子 27 25 6 4 2 部 25 23 23 6 4 2 1 軽 3 18 皇 18	蓋鹵02
457	丁酉	雄略01		仁徳25	8 9 48 30 4 1 青 28 26 7 5 3 1 26 24 24 7 5 3 2 大 八 4 19 女 19	蓋鹵03
458	戊戌	雄略02		仁徳26	9 10 49 31 5 2 海 29 27 8 6 4 2 27 25 25 8 6 4 3 鯖 釣 5 20 1 20	蓋鹵04
459	己亥	雄略03		仁徳27	10 11 50 32 6 3 皇 30 28 9 7 5 3 28 26 26 9 7 5 4 1 白 6 21 2 21 武	蓋鹵05
460	庚子	雄略04		履中01	11 日 12 ○ 33 7 4 女 ○ 29 10 8 6 4 29 27 27 10 8 6 5 2 彦 7 22 3 ・ 寧	蓋鹵06
461	辛丑	雄略05		履中02	12 本 日 13 34 8 5 1 30 11 9 7 5 30 28 28 11 9 7 6 3 1 雄 但 8 23 4 ・ 王	蓋鹵07
462	壬寅	雄略06		履中03	13 書 本 14 35 9 6 2 31 12 10 8 6 31 29 29 12 10 8 7 4 2 略 馬 9 24 5 1	蓋鹵08

463	癸卯	雄略07		履中04		14	紀	書		彦	15				36	10	7	3		32	13	11	9	7	32	30	30	13	11	9	8	5	3	1	橘		10	25	6		2	蓋鹵09
464	甲辰	雄略08		履中05		15	安	紀		主	16				37	11	8	4		33	14	12	10	8	33	31	31	14	12	10	9	6	4	2	娘		11	26	7		3	蓋鹵10
465	乙巳	雄略09		履中06		16	閑	宣		人	17				38	12	9	5		34	15	13	11	9	34	32	32	15	13	11	10	7	5	3	1	酒	12	27	8		4	蓋鹵11
466	丙午	雄略10		反正01		17	1	化		王	18				○	13	10	6		35	16	14	12	10	35	33	33	16	14	12	11	8	6	4	2	見	13	28	9		5	蓋鹵12
467	丁未	雄略11		反正02		18	2	1		1	19					14	11	7		36	17	15	13	11	36	34	34	17	15	13	12	9	7	5	3	1	14	29	10		6	蓋鹵13
468	戊申	雄略12		反正03		19	3	2		2	20					15	12	8		37	18	16	14	12	37	35	35	18	16	14	13	10	8	6	4	2	15	30	11		7	蓋鹵14
469	己酉	雄略13		反正04		20	4	3		3	21					16	13	9		38	19	17	15	13	38	36	36	19	17	15	14	11	9	7	5	3	16	31	12		8	蓋鹵15
470	庚戌	雄略14		反正05		21	5	4		4	22					17	14	10		39	20	18	16	14	39	37	37	20	18	16	15	12	10	8	6	4	17	32	13		9	蓋鹵16
471	辛亥	雄略15		允恭01		22	6	5		5	23				碧	18	15	11		○	21	19	17	15	・	38	38	21	19	17	16	13	11	9	7	5	18	33	14		10	蓋鹵17
472	壬子	雄略16		允恭02		23	7	6		6	24				夏	19	16	12			22	20	18	16	・	39	39	22	20	18	17	14	12	10	8	6	19	34	15		11	蓋鹵18
473	癸丑	雄略17		允恭03		24	8	7		7	25			仁	1	20	17	13			23	21	19	17		40	40	23	・	・	18	15	13	11	9	7	20	35	16	○	12	蓋鹵19
474	甲寅	雄略18		允恭04		25	9	8		8	・			賢	2	21	18	14			24	22	20	18		41	41	24	・	・	19	16	14	12	10	8	21	36	17	眉	13	蓋鹵20
475	乙卯	雄略19		允恭05		26	10	9		9	・		顕	1	3	22	19	15			25	23	21	19		42	42	25			20	17	15	13	11	9	22	37	18	輪	14	蓋鹵21
476	丙辰	雄略20		允恭06		27	11	10		10		忍	宗	2	4	23	20	16			26	24	22	20		43	43	26			21	18	16	14	・	10	23	38	19	王	15	文周02
477	丁巳	雄略21		允恭07		28	12	11		11		海	1	3	5	24	21	17			27	25	23	21		44	44	27			22	19	・	15	・	・	24	39	20	1	16	文周03
478	戊午	雄略22		允恭08		29	13	12		12		部	2	4	6	25	22	18			28	26	24	22		45	45	28			23	20	・	16		・	25	40	21	2	17	三斤02
479	己未	雄略23		允恭09		30	14	13		13	橘	1	3	5	7	26	23	19			・	・	・	・		46	46	29			24	21		17			26	41	22	3	18	三斤03
480	庚申	清寧01		允恭10		31	15	14		14	王	2	4	6	8	27	24	20			・	・	・	・		47	47	30			25	22		18			27	42	23	4	19	東城02
481	辛酉	清寧02		安康01		32	16	15		15	1	3	5	7	9	28	25	21								48	○	○			26	○	春	19			28	○	24	5	20	東城03
482	壬戌	清寧03		安康02		33	17	16		16	2	4	6	8	10	29	26	22								49					27		日	20			29		25	6	21	東城04
483	癸亥	清寧04		安康03		34	18	17	継	17	3	5	7	9	11	30	27	23								50					28		大	21			30		26	7	22	東城05
484	甲子	清寧05		雄略01		35	19	18	体	18		6	8	10		○	○	24								51					○		娘	22			31		○	○	23	東城06
485	乙丑	顕宗01		雄略02		36	20	19	1	19		7	9	11				25								52							1	23			32				24	東城07
486	丙寅	顕宗02		雄略03		37	21	20	2	20		8	10	12				26								・							2	24			33				25	東城08
487	丁卯	顕宗03		雄略04		38	22	21	3	・		9	11	13				27								・							3	25			34				26	東城09
488	戊辰	仁賢01		雄略05		39	23	22	4	・		10	12	14				28															4	26							27	東城10
489	己巳	仁賢02	雄略崩	雄略06		40	24	23	5			11	13	15				29														磐	5	27							28	東城11
490	庚午	仁賢03		雄略07		41	25	24	6			12	14	16				30														城	6	28							29	東城12
491	辛未	仁賢04		雄略08		42	26	25	7			13	15	17				31													星	1	7	29							30	東城13
492	壬申	仁賢05		雄略09		43	27	26	8			14	16	18				32												清	川	2	8	30							31	東城14
493	癸酉	仁賢06		雄略10		44	28	27	9			15	17	19				・											稚	寧	1	3	9	31							32	東城15
494	甲戌	仁賢07		雄略11		45	29	28	10			16	18	20				・											足	1	2	4	10	32							33	東城16
495	乙亥	仁賢08		雄略12		46	30	29	11			17	19	21				・											姫	2	3	5	11	33							34	東城17
496	丙子	仁賢09		雄略13		47	31	30	12			18	20	22				・											1	3	4	6	12	34							35	東城18
497	丁丑	仁賢10		雄略14		48	32	31	13			19	21	23															2	4	5	7	13	35							36	東城19
498	戊寅	仁賢11		雄略15		49	33	32	14			20	22	24															3	5	6	8	14	36							37	東城20
499	己卯	武烈01		雄略16		50	34	33	15	安		21	23	25															4	6	7	9	15	37							38	東城21
500	庚辰	武烈02		雄略17		51	35	34	16	閑	宣	22	24	26															5	7	8	10	16	38							39	東城22
501	辛巳	武烈03		雄略18		52	36	35	17	1	化	23	25	27															6	8	9	11	17	39							40	東城23
502	壬午	武烈04		雄略19		53	37	36	18	2	1	24	26	28	高														7	9	10	12	18	40							41	武寧02
503	癸未	武烈05		雄略20		54	38	37	19	3	2	25	27	29	橋	朝													8	10	11	13	19	41							42	武寧03
504	甲申	武烈06		雄略21		55	39	38	20	4	3	26	28	30	大	嬬		手											9	11	12	14	20	42							43	武寧04
505	乙酉	武烈07		雄略22		56	40	39	21	5	4	27	29	31	娘	皇		白											10	12	13	15	21	43							44	武寧05
506	丙戌	武烈08		雄略23		57	41	40	22	6	5	28	30	32	1	女		香											11	13	14	16	22	44							45	武寧06
507	丁亥	継体01		清寧01	継体1	58	42	41	23	7	6	29	31	33	2	1		皇	樟										12	14	○	○	23	○							46	武寧07
508	戊子	継体02		清寧02	継体2	59	43	42	24	8	7	30	32	34	3	2		女	米										13	15			24								47	武寧08
509	己丑	継体03		清寧03	継体3	60	44	43	25	9	8	31	33	35	4	3		1	皇										14	16			25								48	武寧09
510	庚寅	継体04		清寧04	継体4	61	45	44	26	10	9	32	34	36	5	4		2	女	橘									15	17			26								49	武寧10
511	辛卯	継体05		清寧05	継体5	62	46	45	27	11	10	33	35	37	6	5		3	1	皇									16	18			27								50	武寧11
512	壬辰	継体06		顕宗01	継体6	63	47	46	28	12	11	○	36	38	7	6		4	2	女	武								17	○			28								51	武寧12
513	癸巳	継体07		顕宗02	継体7	64	48	47	29	13	12		37	39	8	7		5	3	1	烈								18				29								52	武寧13
514	甲午	継体08		顕宗03	継体8	65	49	48	30	14	13		38	40	9	8		6	4	2	天	嵐							19				30								53	武寧14
515	乙未	継体09		仁賢01	継体9	66	50	49	31	15	14		○	41	10	9		7	5	3	皇	権							20				31								54	武寧15
516	丙申	継体10		仁賢02	継体10	67	51	50	32	16	15			42	11	10		8	6	4	1	皇											32								55	武寧16
517	丁酉	継体11		仁賢03	継体11	68	52	51	33	17	16			43	12	11		9	7	5	2	女											33								56	武寧17
518	戊戌	継体12		仁賢04	継体12	69	53	52	34	18	17			44	13	12		10	8	6	3	1											34								57	武寧18
519	己亥	継体13		仁賢05	継体13	70	54	53	35	19	18			45	14	13		11	9	7	4	2											35								58	武寧19
520	庚子	継体14		仁賢06	継体14	71	55	54	36	20	19			46	15	14		12	10	8	5	3											36								59	武寧20
521	辛丑	継体15		仁賢07	継体15	72	56	55	37	21	20			47	16	15		13	11	9	6	4																			60	武寧21
522	壬寅	継体16		仁賢08	継体16	73	57	56	38	22	21			48	17	16		14	12	10	7	5																			61	武寧22
523	癸卯	継体17		仁賢09	継体17	74	58	57	39	23	22			49	18	17		15	13	11	8	6																			62	武寧23
524	甲辰	継体18		仁賢10	継体18	75	59	58	40	24	23			50	19	18		16	14	12	9	7																				聖02
525	乙巳	継体19		仁賢11	継体19	76	60	59	41	25	24			51	20	19	欽	17	15	13	10	8																				聖03
526	丙午	継体20		武烈01	継体20	77	61	60	42	26	25			○	21	20	明	18	16	14	11	9																				聖04
527	丁未	継体21	継体崩	武烈02	継体21	78	62	61	43	27	26				・	・	1	19	17	15	12	10																				聖05
528	戊申	継体22		武烈03	継体22	79	63	62	44	28	27	石			・	・	2	20		16	13	11																				聖06
529	己酉	継体23		武烈04	継体23	80	64	63	45	29	28	姫	小				3	21		17	14	12																				聖07
530	庚戌	継体24		武烈05	継体24	81	65	64	46	30	29	1	石	倉			4	22		18	15	13																				聖08
531	辛亥	継体25		武烈06	継体25	82	66	65	47	31	30	2	姫	稚	上		5	23		19	16	14																				聖09
532	壬子			武烈07	継体26	×	67	66	48	32	31	3	1	綾	殖		6	24		20	17	15																				聖10
533	癸丑			武烈08	継体27		68	67	49	33	32	4	2	姫	葉		7	25		21	18	16																				聖11
534	甲寅	安閑01		安閑01	継体28		69	68	50	34	33	5	3	1	皇		8	26		22	○	17																				聖12
535	乙卯	安閑02	安閑崩	安閑02			70	69	○	35	34	6	4	2	子		9	27		23		18																				聖13
536	丙辰	宣化01		宣化01			×	70		○	35	7	5	3	1		10	28		24		19																				聖14
537	丁巳	宣化02		宣化02				71			36	8	6	4	2		11	29		25		20																				聖15
538	戊午	宣化03		宣化03				72			37	9	7	5	3		12	30		26		21																				聖16
539	己未	宣化04		宣化04				73			38	10	8	6	4		13	31		27		22																				聖17

540	庚申	欽明01		欽明01		×			○	11	・	7	5		14	32		○		23																					聖18
541	辛酉	欽明02		欽明02						12	・	8	6		15	33				24																					聖19
542	壬戌	欽明03		欽明03						13		・	7		16	・				・																					聖20
543	癸亥	欽明04		欽明04						14		・	8		17	・				・																					聖21
544	甲子	欽明05		欽明05					葦	15			・		18																										聖22
545	乙丑	欽明06		欽明06					田	16			・		19	用																									聖23
546	丙寅	欽明07		欽明07					1	17					20	明	磐																								聖24
547	丁卯	欽明08		欽明08					2	18	敏		石		21	1	隈	鵜																							聖25
548	戊辰	欽明09		欽明09		春			3	19	達		上		22	2	皇	嘴																	茨						聖26
549	己巳	欽明10		欽明10		日			4	20	1	笠	1		23	3	女	島																	城						聖27
550	庚午	欽明11		欽明11		山			5	21	2	縫	2	倉	24	4	1	皇																	1	葛	穴		穴		聖28
551	辛未	欽明12		欽明12		田	橘		6	22	3	1	3	1	25	5	2	子	○																2	城	穗		穗		聖29
552	壬申	欽明13		欽明13		1	麻		7	23	4	2	4	2	26	6	3	1	推																3	1	部		部		聖30
553	癸酉	欽明14		欽明14		2	呂		○	24	5	3	5	3	27	7	4	2	古						椀									4	2	皇		皇			聖31
554	甲戌	欽明15		欽明15		3	1			25	6	4	6	4	28	8	5	3	1						子									5	3	女		子			聖32
555	乙亥	欽明16		欽明16		4	2			26	7	5	7	5	29	9	6	4	2						1	大	石							6	4	1		1	崇		威徳02
556	丙子	欽明17		欽明17		5	3			27	8	6	8	6	30	10	7	5	3						2	宅	上							7	5	2		2	峻		威徳03
557	丁丑	欽明18		欽明18		6	4			28	9	7	9	7	31	11	8	6	4						3	1	部							8	6	3		3	1		威徳04
558	戊寅	欽明19		欽明19		7	5			29	10	8	10	8	32	12	9	7	5						4	2	1	山						9	7	4		4	2		威徳05
559	己卯	欽明20		欽明20		8	6			30	11	9	11	9	33	13	10	8	6						5	3	2	背						10	8	5		5	3		威徳06
560	庚辰	欽明21		欽明21		9	7			31	12	10	12	10	34	14	11	9	7						6	4	3	1	大					11	9	6		6	4		威徳07
561	辛巳	欽明22		欽明22		10	8			32	13	11	13	11	35	15	12	10	8						7	5	4	2	伴					12	10	7		7	5		威徳08
562	壬午	欽明23		欽明23		11	9			33	14	・	14	12	36	16	13	11	9						8	6	5	3	1	櫻				13	11	8		8	6		威徳09
563	癸未	欽明24		欽明24		12	10			34	15		15	13	37	17	14	12	10						9	7	6	4	2	井				14	12	9		9	7		威徳10
564	甲申	欽明25		欽明25		13	11			35	16	押	・	14	38	18	15	13	11						10	8	7	5	3	1	肩			15	13	10		10	8		威徳11
565	乙酉	欽明26		欽明26		14	12			36	17	坂		・	39	19	16	14	12						11	9	8	6	4	2	野	橘		16	14	11		11	9		威徳12
566	丙戌	欽明27		欽明27		15	13			37	18	彦			40	20	17	15	13						12	10	9	7	5	3	1	本		17	15	12		12	10		威徳13
567	丁亥	欽明28		欽明28		16	14			38	19	人		菟	41	21	18	16	14	菟					13	11	10	8	6	4	2	稚		18	16	13		13	11		威徳14
568	戊子	欽明29		欽明29		17	15			39	20	1	逆	道	42	22	19	17	15	道					14	12	11	9	7	5	3	1	舎	19	17	14		14	12		威徳15
569	己丑	欽明30		欽明30		18	16			40	21	2	登	磯	43	23	20	18	16	貝					15	13	12	10	8	6	4	2	人	20	18	15		15	13		威徳16
570	庚寅	欽明31		欽明31		19	17			41	22	3	1	津	44	24	21	19	17	鮹					16	14	13	11	9	7	5	3	1	21	19	16	聖	16	14		威徳17
571	辛卯	欽明32		欽明32	藤	20	18			42	23	4	2	貝	45	25	22	20	18						17	15	14	12	10	8	6	4	2	22	20	17	徳	17	15		威徳18
572	壬辰	敏達01		敏達01	手	21	19			43	24	5	3	1	○	26	23	21	19	1	竹				18	16	15	13	11	9	7	5	3	23	21	18	太	18	16		威徳19
573	癸巳	敏達02		敏達02	姫	22	20			・	25	6	4	2		27	24	22	20	2	田	小			19	17	16	14	12	10	8	6	4	24	22	19	子	19	17		威徳20
574	甲午	敏達03		敏達03	1	23	21			・	26	7	5	3		28	25	23	21	3	1	墾			20	18	17	15	13	11	9	7	5	25	23	20	1	20	18		威徳21
575	乙未	敏達04		敏達04	2	・	・				27	8	6	4		29	26	24	22	4	2	田	鸕			19	18	16	14	12	10	8	6	・	・	21	2	21	19		威徳22
576	丙申	敏達05		敏達05	3	・	・				28	9	7	5		30	27	25	23	5	3	1	守			20	19	17	15	13	11	9	7	・	・	22	3	22	20		威徳23
577	丁酉	敏達06		敏達06	4						29	10	8	6		31	28	26	24	6	4	2				21	20	18	16	14	12	10	8			23	4	23	21		威徳24
578	戊戌	敏達07		敏達07	5						30	11	9	7		32	29	27	25	7	5	3	1	尾			21	19	17	15	13	11	9			24	5	24	22		威徳25
579	己亥	敏達08		敏達08	6						31	12		8		33	30	28	26	8	6	4	2	張			22	20	18	16	14	12	10			25	6	25	23		威徳26
580	庚子	敏達09		敏達09	7						32	13		9		34	31	29	27	9	7	5	3	1	田	櫻	23	21	19	17	15	13	11			26	7	26	24		威徳27
581	辛丑	敏達10		敏達10	8						33	14		10		35	32	30	28	10	8	6	4	2	眼	井	24	22	20	18	16	14	12			27	8	27	25		威徳28
582	壬寅	敏達11		敏達11	9						34	15		11		36	33	31	29	11	9	7	5	3	1	弓	25	23	21	19	17	15	13			28	9	28	26		威徳29
583	癸卯	敏達12		敏達12	10						35	16		12		37	34	32	30	12	10	8	6	4	2	張	26	24	22	20	18	16	14			29	10	29	27		威徳30
584	甲辰	敏達13	敏達崩	敏達13	11						36	17		13		38	35	33	31	・	11	9	7	5	3	1	27	25	23	21	19	17	15			30	11	30	28		威徳31
585	乙巳	敏達14		敏達14	12			茅			37	18		14		39	36	34	32	・	12	・	8	6	4	2	28	26	24	22	20	18	16			31	12	31	29		威徳32
586	丙午	用明01		用明01	13			淳			○	19		15		40	37	35	33		13	・	9	7	5	3	29	27	25	23	21	19	17			32	13	32	30		威徳33
587	丁未	用明02	用明崩	用明02	14			1				20		16		41	38	36	34		14		・	8	6	4	30	28	26	24	22	20	18			33	14	33	31		威徳34
588	戊申	崇峻01		崇峻01	15			2				21		17		○	・	・	35				・	9	7	5	・	・	・	・	・	・	19			34	15	○	32		威徳35
589	己酉	崇峻02		崇峻02	16			3				22		18			・	・	36					10	8	6	・	・	・	・	・	・	20			35	16		33	長	威徳36
590	庚戌	崇峻03		崇峻03	17			4	◎			23		19					37					11	9	7							21			36	17		34	谷	威徳37
591	辛亥	崇峻04		崇峻04	18			5	舒			24		20					38					12	10	8							22		佐	37	18		35	部	威徳38
592	壬子	崇峻05	崇峻崩	崇峻05	19			6	明			25		21					39					13	11	9							23		富	38	19		36	王	威徳39
593	癸丑	推古01		推古01	20			7	1			26		22					40					14	12	10							24		1	39	20		○	1	威徳40
594	甲寅	推古02		推古02	・			8	2			27		23					41				位	15	13	11							25		2	40	21			2	威徳41
595	乙卯	推古03		推古03	・			9	3			28		24					42				奈	16	14	12							26		3	41	22			3	威徳42
596	丙辰	推古04		推古04				10	4			29		25					43				部	17	15	13							27		4	42	23			4	威徳43
597	丁巳	推古05		推古05				11	5			30		26					44				橘	18	16	14							28		5	43	24			5	威徳44
598	戊午	推古06		推古06				12	5		山	31		27					45				王	19	17	15							29		6	44	25			6	威徳45
599	己未	推古07		推古07				13	7		代	32		・					46				1	20	18	16							30		7	45	26			7	恵02
600	庚申	推古08		推古08				14	8		王	33		・					47				2	21	19	17							31		8	46	27			8	法02
601	辛酉	推古09		推古09				15	9		1	34							48				3	22	20	18							32		9	47	28			9	武02
602	壬戌	推古10		推古10				16	10		2	35							49				4	23	21	19							33		10	48	29			10	武03
603	癸亥	推古11		推古11				17	11		3								50				5	24	22	20							34		11	49	30			11	武04
604	甲子	推古12		推古12				18	12		4								51				6	25	23	21							○		12	50	31			12	武05
605	乙丑	推古13		推古13			斉	19	13		5								52				7	・	24	22									13	51	32			13	武06
606	丙寅	推古14		推古14			明	20	14		・								53				8	・	25	23									14	52	33			14	武07
607	丁卯	推古15		推古15			1	21	15		・								54				9		・	24									15	53	34			15	武08
608	戊辰	推古16		推古16			2	22	16										55				10		・	25									16	54	35			16	武09
609	己巳	推古17		推古17			3	23	17										56				11			26									17	55	36			17	武10
610	庚午	推古18		推古18			4	24	18										57				12			27									18	56	37			18	武11
611	辛未	推古19		推古19			5	25	19										58				13			28									19	57	38			19	武12
612	壬申	推古20		推古20			6	26	20										59				14			29									20	58	39			20	武13
613	癸酉	推古21		推古21			7	27	21										60				15			30									21	59	40			21	武14
614	甲戌	推古22		推古22			8	28	22										61			白	16			31									22	60	41			22	武15
615	乙亥	推古23		推古23			9	29	23										62			髮	17			32									23	61	42			23	武16
616	丙子	推古24		推古24			10	30	24										63			部	18			33									24	62	43			24	武17

617	丁丑	推古25		推古25		11	31	25	64	王	19	34	25	63	44	25	武18
618	戊寅	推古26		推古26		12	32	26	65	1	20	35	26	64	45	26	武19
619	己卯	推古27		推古27		13	33	27	66	2	21	36	27	65	46	27	武20
620	庚辰	推古28		推古28		14	34	28	67	3	22	37	28	66	47	28	武21
621	辛巳	推古29		推古29		15	35	29	68	4	23	38	29	67	48	29	武22
622	壬午	推古30		推古30		16	36	30	69	5	24	39	30	○	49	30	武23
623	癸未	推古31		推古31	◎	17	37	31	70	6	・	40	31		○	31	武24
624	甲申	推古32		推古32	天	18	38	32	71	7	・	41	32			32	武25
625	乙酉	推古33		推古33	智	19	39	33	72	8		42	33			33	武26
626	丙戌	推古34		推古34	1	20	・	34	73	9		43	34			34	武27
627	丁亥	推古35		推古35	2	21	・	35	74	10		44	35			35	武28
628	戊子	推古36	推古崩	推古36	3	22		36	75	11		・	36			36	武29
					・	・		・	○	・		・				○	

参考文献

◆原書

「日本書紀（上下）　」 日本古典文学大系新装版　岩波書店

「日本書紀（上下）　」 宇治谷孟訳　講談社学術文庫

「古事記　祝詞　日本古典文学大系」 倉野憲司、武田祐吉校注　岩波書店

「古事記（上中下）全訳注」 次田真幸訳　１９８４　講談社学術文庫

「続日本紀二　新日本古典文学大系」 青木、稲岡、笹山等校注　岩波書店

「続日本紀（上中下)」 宇治谷孟訳　講談社学術文庫

「上宮聖徳法王帝説」『聖徳太子集　日本思想大系２』家永三郎等　岩波書店

「新撰姓氏録」『新撰姓氏録の研究』佐伯有清　吉川弘文館

「釋日本紀」『国史大系７』卜部兼方　Ｍ７３　経済雑誌社

「三国史記１～４」金富軾　井上秀雄訳注　東洋文庫

「完訳　三国遺事」一然　金思燁訳　明石書店

「扶桑略記」『国史大系１６』皇円　経済雑誌社　明治 39

「愚管抄」『日本古典文学大系　第８６』慈円　岡見正雄等校注　岩波書店

「一代要記」『改定史籍集覧　第１冊』近藤瓶城編　臨川書店

「仁寿鏡」『文化 14』阿波国文庫

「神皇正統記」『日本の名著９』北畠親房　責任編集永原慶二　中央公論社

「本朝後胤紹運録」『群書類従　第４，５輯』 塙保己一他 1960

「萬葉集釋注一」伊藤博　集英社　1995

「口譯萬葉集（上)」『折口信夫全集第四巻』中公文庫

「聖徳太子平氏傳雑勘文」『大日本仏教全書第７１巻』鈴木学術財団 1972

「新訂魏志倭人伝　他三篇」石原道博編訳　岩波文庫

「東アジア民族史１正史東夷伝」井上秀雄他訳注　東洋文庫

◆辞書

「日本古代氏族人名辞典」　平野邦男、坂本太郎監修　吉川弘文館

「日本古代氏族事典」　佐伯有清編　雄山閣出版 1990

「増補大日本地名辞典」　　　　吉田東伍編　冨山房
「帝國　地名辞典　全」　　　　太田為三郎編　名著出版

◆書籍

水谷千秋「謎の大王　継体天皇」 文春新書
板橋旺爾「大王家の棺　継体と推古をつなぐ謎」 海鳥社
西川 寿勝「継体天皇二つの陵墓、四つの王宮」 新泉社
高槻市教育委員会編「継体天皇と今城塚古墳」吉川弘文館 1997
関祐二「継体天皇の謎」 ＰＨＰ文庫
吉井巌「継体天皇とうすずみ桜」 学生社
米田良三「逆賊磐井は国父倭薈だ」新泉社　1999
和田萃「ヤマト国家の成立―雄略朝と継体朝の政権」『新・古代史検証３』文英堂
朴時亨「広開土王陵碑」 浩天訳　そしえて　1985
井上光貞「日本国家の起源」岩波新書
遠山美都男「天皇誕生　日本書紀が描いた王朝交替」 中公新書　2001
青木和夫「古代豪族」講談社学術文庫
吉村武彦「古代天皇の誕生」角川選書
高城修三「紀年を解読する－古事記・日本書紀の真実」 ミネルヴァ書房 2000
倉西裕子「日本書紀の真実―紀年論を解く」講談社選書メチエ　2003 年
伊藤太文＆鳥海ヤエ子「日本誕生史　実年代と史実」叢文社
森浩一「語っておきたい古代史」新潮文庫
黒岩重吾「古代史への旅」 講談社文庫
黒岩重吾「古代漫遊紀行」講談社文庫
恵美嘉樹「日本の神様と神社 - 神話と歴史の謎を解く」 講談社 + α 文庫
田中琢「日本の歴史２倭人争乱」集英社
吉村武彦「日本の歴史３古代王権の展開」 集英社
熊谷公男「日本の歴史 03 大王から天皇へ」講談社学術文庫

武光誠「大和朝廷と天皇家」平凡社新書

森鹿三責任編集「中国文明の歴史４分裂の時代魏晋南北朝」　中公文庫

内倉武久著「古代史の探訪④」ミネルヴァ書房

安本美典「巨大古墳の被葬者は誰か」廣済堂

坂本義種「倭の五王－空白の五世紀」教育社

猪熊兼勝編「見瀬丸山古墳と天皇陵」『季刊考古学・別冊２』雄山閣 1992

◆論文抜粋

平子鐸嶺「継体以下三皇紀の錯簡を論ず」『史学雑誌』16-6,7

喜田貞吉「継体以下三天皇皇位継承に関する疑問」『日本文化の起源２』平凡社 S46

林屋辰三郎「継体・欽明朝内乱の史学的分析」『古代国家の解体』東京大学出版会 S30

三品彰英「継体紀の諸問題」『日本書紀研究２』塙書房 S41

塚口義信「継体天皇と息長氏」『日本書紀研究９』塙書房 S51

住野勉一「継体朝序説―男大迹天皇の出自について」『日本書紀研究１８』Ｈ４塙書房

笠井倭人「三国遺事百済王歴と日本書紀」『朝鮮学報』S37-7

◆小説

黒岩重吾「北風に起つ　継体戦争と蘇我稲目」　中公文庫

黒岩重吾「ワカタケル大王」文藝春秋

黒岩重吾「人と影の王子１～４」文春文庫

八木荘司「古代からの伝言　民族の雄飛」　角川文庫

八木荘司「古代からの伝言　悠久の大和」　角川文庫

田辺聖子「隼別王子の反乱」　中公文庫

中島敦「李陵・三月記」新潮文庫

著者　神谷政行（かみや・まさゆき）
1952 年　東京生まれ
東京都立豊多摩高等学校卒業
工学院大学工業化学科卒業
株式会社ロジパルエクスプレスを定年ののち
歴史研究に専念する。
2006 年当該ホームページを立ち上げる
http://www7a.biglobe.ne.jp/~kamiya1/
主な著書に『天武天皇の年齢研究』（叢文社）

継体大王の年齢研究

発行　2013年3月15日　初版第1刷

著　者　神谷　政行
発行人　伊藤　太文
発行元　株式会社　叢文社
　　　　東京都文京区関口1-47-12江戸川橋ビル
　　　　電　話　03-3513-5285
　　　　FAX　03-3513-5286

印　刷　モリモト印刷

乱丁・落丁についてはお取り替えいたします。
定価はカバーに表示してあります。

ISBN978-4-7947-0703-1